高等学校新商科大数据与会计系列教材

微课版

Excel
在财务中的应用

高晓林◎主　编
孙翠云◎副主编

電子工業出版社
Publishing House of Electronics Industry
北京·BEIJING

内 容 简 介

Excel 是微软办公套装软件的重要组成部分，它可以进行各种数据的处理、统计、分析等操作，广泛应用于管理、财经、金融等众多领域。本书以 Excel 在财务工作中的具体应用为主线，按照财务岗位从初级到高级的职能特点谋篇布局，通过介绍典型应用案例，讲解如何利用 Excel 解决财务工作中的实际问题。本书共十二章，分别介绍了 Excel 基础知识，以及 Excel 在凭证与账簿、财务报表、薪酬管理、应收账款管理、存货管理、固定资产管理、成本费用管理、本量利分析、投资决策、筹资决策、财务分析中的应用等内容。

本书主要面向需要提高 Excel 应用技术水平的财务从业人员和相关专业学生，既可作为各高等学校讲授 Offce 办公软件课程的教材，也可作为企业财务人员的自学教材和广大 Excel 爱好者的学习参考书。

未经许可，不得以任何方式复制或抄袭本书之部分或全部内容。
版权所有，侵权必究。

图书在版编目（CIP）数据

Excel 在财务中的应用 / 高晓林主编．—北京：电子工业出版社，2023.3
ISBN 978-7-121-45103-4

Ⅰ．①E… Ⅱ．①高… Ⅲ．①表处理软件－应用－财务会计－高等学校－教材 Ⅳ．①F275-39

中国国家版本馆 CIP 数据核字（2023）第 030050 号

责任编辑：卢小雷　　文字编辑：韩玉宏
印　　刷：北京建宏印刷有限公司
装　　订：北京建宏印刷有限公司
出版发行：电子工业出版社
　　　　　北京市海淀区万寿路 173 信箱　邮编：100036
开　　本：787×1 092　1/16　印张：16.5　字数：422.4 千字
版　　次：2023 年 3 月第 1 版
印　　次：2025 年 7 月第 2 次印刷
定　　价：59.00 元

凡所购买电子工业出版社图书有缺损问题，请向购买书店调换。若书店售缺，请与本社发行部联系，联系及邮购电话：（010）88254888，88258888。
质量投诉请发邮件至 zlts@phei.com.cn，盗版侵权举报请发邮件至 dbqq@phei.com.cn。
本书咨询联系方式：（010）88254199，sjb@phei.com.cn。

前言

为了顺应高速发展的互联网时代，无论是财务专业的学生、教师还是财务从业人员，都需要熟练掌握相关的计算机软件应用技术，Excel 就是应用技术中比较重要的部分。企业借助 Excel 不仅能提高财务工作的效率，还能增强公司的整体竞争力。例如，企业通过 Excel 的信息处理、分析和统计功能处理庞大的数据，对员工的薪酬、固定资产等细节问题进行科学的分析和统计，等等。将 Excel 融入财务工作中，可以减少烦琐的计算，减少财务部门的工作量，降低财务成本，提高企业的经济效益。因此，Excel 作为基础性、便利性、适配性最好的数据处理软件之一，在财务工作中扮演着不可替代的角色。

本书以 Excel 在财务工作中的具体应用为主线，按照财务岗位从初级到高级的职能特点谋篇布局，主要讲解如何利用 Excel 解决财务工作中的实际问题。本书共十二章：第一章介绍了 Excel 基础知识，使读者掌握工作表和工作簿的基本操作，对 Excel 的数据输入与编辑、数据管理与分析及 Excel 常用公式与函数有所了解；第二章和第三章结合会计工作的账务处理程序，分别介绍了在新会计准则下记账凭证的编制，日记账、科目汇总表和总分类账的生成，以及资产负债表和利润表的编制；第四章介绍了 Excel 在薪酬管理中的应用，主要包括员工信息表的编制、考勤表与业绩表的编制、员工工资表的编制和工资条的编制；第五章介绍了 Excel 在应收账款管理中的应用，主要包括应收账款的分析、逾期应收账款的分析及应收账款的账龄分析；第六章介绍了 Excel 在存货管理中的应用，主要包括进货的统计分析、销货的统计分析及存货的分类汇总；第七章介绍了 Excel 在固定资产管理中的应用，主要包括固定资产的登记与变更和固定资产的折旧处理；第八章介绍了 Excel 在成本费用管理中的应用，主要包括产品成本的统计分析和日常费用的统计分析；第九章介绍了 Excel 在本量利分析中的应用，主要包括分解混合成本的方法和本量利关系的敏感分析；第十章介绍了 Excel 在投资决策中的应用，主要包括货币时间价值的认识和投资决策指标的计算；第十一章介绍了 Excel 在筹资决策中的应用，主要包括资金需要量的预测、资本成本的测算和长期借款筹资的决策分析；第十二章介绍了 Excel 在财务分析中的应用，主要包括财务结构分析、财务趋势分析和财务指标分析。

本书的特点主要体现在以下两个方面。第一，采用图文结合的讲解方式。书中 Excel 主要操作步骤后均附有对应的图表，读者在学习过程中能够更直观、清晰地看到操作步骤，易于理解和掌握。第二，采用程序化的讲解方式。本书将每项财务内容细化，在 Excel 中的操作采用流程化的表达方式，让读者一目了然，提高学习效率。同时，本书将财务理论与 Excel 技术相融合，内容安排由浅入深，以财务理论为先导，以经典实例为载体，以 Excel 应用技术和方法为手段，以提高财务管理工作质量和效率为目的，全面地阐释了 Excel 在财务工作中的应用，系统地开展了方法训练和思维训练。本书主要面向需要提高 Excel 应用技术水平的财务从业人员和相关专业学生，既可作为各高等学校讲授 Office 办公软件课程的教材，也可作为企业财务人员的自学教材和广大 Excel 爱好者的学习参考书。

本书由高晓林担任主编，孙翠云担任副主编。高晓林负责全书内容规划、章节设计及第二章撰写，孙翠云负责第六、七、八、十、十一章的撰写，宋正敏负责第一、五章的撰写，刘宇轩负责第三、四章的撰写，张娜负责第九、十二章的撰写。在本书的出版过程中，电子工业出版社姜淑晶编辑给予了大力支持和帮助，隋东旭对书稿做了细致的审校工作，在此一并表示感谢。

在本书编撰过程中引用了诸多同行专家的研究成果，在此深表感谢。由于作者水平有限，书中纰漏之处在所难免，欢迎广大读者批评指正。

编　者

目 录

第一章　Excel 基础知识 ··· 1
 第一节　Excel 认知 ··· 2
  一、数据输入与编辑 ··· 2
  二、数据管理与分析 ··· 6
 第二节　Excel 常用公式与函数 ··· 14
  一、Excel 常用公式 ··· 14
  二、数学与统计函数 ·· 18
  三、逻辑与文本函数 ·· 19
  四、日期与时间函数 ·· 20
 本章实训 ·· 21

第二章　Excel 在凭证与账簿中的应用 ··· 23
 第一节　记账凭证的编制 ··· 24
  一、创建记账凭证 ·· 27
  二、编辑记账凭证 ·· 32
  三、优化凭证号 ··· 35
  四、输入后续凭证数据 ··· 37
 第二节　日记账的生成 ·· 38
  一、设置现金日记账格式 ·· 38
  二、登记现金日记账 ·· 39
 第三节　科目汇总表的生成 ··· 42
  一、设置科目汇总表格式 ·· 42
  二、获取本期发生额 ·· 42
 第四节　总分类账的生成 ··· 48
  一、设置总分类账格式 ··· 48
  二、录入期初数 ··· 50
  三、计算总账科目本期发生额 ·· 50
  四、计算期末数 ··· 51
 本章实训 ·· 52

第三章　Excel 在财务报表中的应用 ··· 53
 第一节　资产负债表的编制 ··· 54
  一、设置资产负债表格式 ·· 54
  二、获取一级科目期初数 ·· 56
  三、计算资产负债表期初数 ··· 59

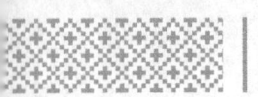

	四、获取发生额	61
	五、计算资产负债表期末数	64
第二节	利润表的编制	66
	一、设置利润表格式	66
	二、获取本期发生额	66
	三、计算利润表本期金额	69
本章实训		71

第四章 Excel在薪酬管理中的应用 74

第一节	员工信息表的编制	75
	一、创建参数表	76
	二、创建员工信息表	77
	三、添加员工信息	84
第二节	考勤表与业绩表的编制	84
	一、编制考勤表	86
	二、编制业绩表	88
第三节	员工工资表的编制	91
	一、创建员工工资表	91
	二、计算"五险一金"	95
	三、计算个人所得税	99
	四、计算实发数	100
第四节	工资条的编制	101
	一、生成工资条	101
	二、打印工资条	101
本章实训		103

第五章 Excel在应收账款管理中的应用 105

第一节	应收账款的分析	106
	一、编制应收账款统计表	106
	二、分类汇总应收账款	109
	三、绘制应收账款三维饼图	113
第二节	逾期应收账款的分析	117
	一、编制逾期应收账款表	117
	二、绘制逾期应收账款簇状柱形图	120
	三、编制应收账款催款函	123
第三节	应收账款的账龄分析	129
	一、编制应收账款账龄分析表	129
	二、计算应收账款坏账准备金额	130
本章实训		131

第六章 Excel在存货管理中的应用 133

第一节	进货的统计分析	134
	一、创建存货参数表	134

二、创建入库单界面……135
　　三、编制入库统计表……137
第二节　销货的统计分析……141
　　一、创建出库单界面……141
　　二、编制出库统计表……143
第三节　存货的分类汇总……146
　　一、创建存货汇总表……146
　　二、计算总金额和总数量……147
本章实训……150

第七章　Excel 在固定资产管理中的应用……151
第一节　固定资产的登记与变更……152
　　一、登记固定资产……152
　　二、变更固定资产……159
第二节　固定资产的折旧处理……163
　　一、创建固定资产折旧表……164
　　二、年限平均法计提折旧……165
　　三、双倍余额递减法计提折旧……166
　　四、年数总和法计提折旧……167
　　五、分析折旧费用……168
本章实训……171

第八章　Excel 在成本费用管理中的应用……172
第一节　产品成本的统计分析……173
　　一、创建产品成本计算表……174
　　二、计算产品成本……174
　　三、分析产品成本差异……182
第二节　日常费用的统计分析……185
　　一、创建参数表……185
　　二、创建费用汇总报销单……187
　　三、编制日常费用统计表……188
　　四、按费用类别分析日常费用……191
　　五、绘制日常费用分析图……193
本章实训……196

第九章　Excel 在本量利分析中的应用……199
第一节　分解混合成本的方法……200
　　一、利用图表工具分解混合成本……200
　　二、利用相关函数分解混合成本……203
第二节　本量利关系的敏感分析……203
　　一、计算单品种盈亏平衡点……204
　　二、分析单品种敏感性……205
　　三、绘制单品种本量利分析动态图表……206

Excel在财务中的应用

  四、计算多品种盈亏平衡点·················210
 本章实训·····························212
第十章　Excel在投资决策中的应用·················213
 第一节　货币时间价值的认识·····················214
  一、计算现值·························214
  二、计算终值·························216
  三、计算利率·························217
 第二节　投资决策指标的计算·····················218
  一、静态评价指标·······················218
  二、动态评价指标·······················221
 本章实训·····························224

第十一章　Excel在筹资决策中的应用················226
 第一节　资金需要量的预测·····················227
  一、资金习性法预测······················227
  二、销售百分比法预测·····················230
 第二节　资本成本的测算·······················234
  一、创建资本成本计算界面···················234
  二、计算个别资本成本·····················235
  三、计算加权资本成本·····················236
 第三节　长期借款筹资的决策分析···················238
  一、编制等额本息法贷款还本付息计划表·············238
  二、编制等额本金法贷款还本付息计划表·············241
 本章实训·····························242

第十二章　Excel在财务分析中的应用················244
 第一节　财务结构分析························245
  一、分析资产负债表结构····················247
  二、分析利润表结构······················249
 第二节　财务趋势分析························251
  一、绘制资产趋势线······················251
  二、计算增长率························252
 第三节　财务指标分析························252
  一、分析偿债能力·······················252
  二、分析营运能力·······················254
  三、分析盈利能力·······················255
  四、分析成长能力·······················256
 本章实训·····························256

第一章
Excel 基础知识

➜ **知识目标：**

通过本章学习，要求学生对 Excel 的功能有基本的认知，掌握函数、参数、常量、运算符的概念，了解不同种类函数的应用场景。

➜ **技能目标：**

通过本章学习，要求学生掌握 Excel 的基本操作，掌握工作簿、工作表的概念及基本操作，熟练掌握 Excel 中数据的编辑和工作表的修饰，了解 Excel 常用公式与函数并且灵活运用，熟练掌握 Excel 中数据的管理与分析。

➜ **思政目标：**

习近平总书记在党的十九大报告中指出："要尊重世界文明多样性，以文明交流超越文明隔阂、文明互鉴超越文明冲突、文明共存超越文明优越。"对于 Excel 在财务中的应用学习，既要坚持民族自信、文化自信，充分认识与总结 Excel 在财务中的应用研究与实践创新的优秀成果，向世界提供中国智慧，又要汲取世界各国研究取得的成果。同学们正确理解 Excel 基础概念、相关知识及与财务业务有关联的功能，这些将是在会计工作中应用 Excel 所必备的基础知识，在学习过程中坚持行远自迩，笃行不怠。

本章从数据输入与编辑、数据管理与分析、Excel 常用公式、数学与统计函数、逻辑与文本函数、时间与日期函数几个方面对 Excel 进行初步的了解，为后续章节的学习奠定基础。

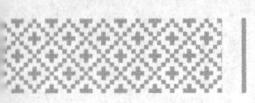

第一节　Excel 认知

一、数据输入与编辑

数据输入与编辑是财务会计人员运用 Excel 解决财务会计工作问题的起点。在输入财务数据时，针对不同数据类型的数据，应分别采用不同的输入方式；为了后期方便对数据进行分析，数据尽量按照数据清单的格式要求输入；为了使工作表中的内容突出显示，需要对工作表进行修饰和美化。

（一）数据输入

1. 输入文本

纯字符的文本或数字与字符混合的文本直接输入即可，而全部由数字组成的字符串可以用以下两种方法输入。

方法一：在数字数据前加上一个英文输入状态下的单撇号（'），说明单元格中的文本被设为文本型。

方法二：选中单元格，单击鼠标右键，选择"设置单元格格式"命令，对于弹出的"设置单元格格式"对话框，选择"数字"选项卡下的"文本"选项，单击"确定"按钮，单元格中的文本被设为文本型。

2. 输入数值

Excel 中的数值可以是 0,1,2,3,…，以及正号"+"、负号"−"、小数点"."、分数符号"/"、百分号"%"、货币符号"¥"等。数值型数据默认为右对齐。

（1）负数的输入

例如，要输入"−3.5"，先依次输入"−""3.5"，再按"Enter"键，显示为"−3.5"；或者利用括号输入，即先依次输入"（""3.5""）"，再按"Enter"键，显示为"−3.5"。

（2）百分数的输入

例如，要输入"30%"，选中一个单元格，先依次输入"30""%"，再按"Enter"键；或者输入"0.3"，选中单元格，单击鼠标右键，选择"设置单元格格式"命令，对于弹出的"设置单元格格式"对话框，选择"数字"选项卡下的"百分比"选项，单击"确定"按钮，单元格中的数字被设为百分数。

（3）货币的输入

例如，要输入"¥1,200.00"，选中一个单元格输入"1200"，然后选中单元格，单击鼠标右键，选择"设置单元格格式"命令，对于弹出的"设置单元格格式"对话框，选择"数字"选项卡下的"货币"选项，设置"小数位数"为"2"，设置"货币符号"为"¥"，单击"确定"按钮。

（4）分数的输入

输入分数的格式为："整数位"+"空格"+"分子"+"/"+"分母"。无整数位时用"0"代替。选中分数所在的单元格，在编辑栏中可以看到分数换算成小数的值。例如，输入"0 1/3"表示"1/3"，在编辑栏中得到的结果是"0.333333333333333"。

例如，要输入"1/3"，还可选中该单元格，单击鼠标右键，选择"设置单元格格式"命令，对于弹出的"设置单元格格式"对话框，选择"数字"选项卡下的"分数"选项，单击"确定"按钮，在此单元格中输入"1/3"即可。

（5）科学计数法数字的输入

当输入一个位数较多的数字时，将会自动出现符号"E"，这是科学计数法表示方法。例如，"1E+10"表示1乘10的10次方，即"10000000000"。

3. 输入日期

一般情况下，日期用"/"或"-"表示，时间用":"表示。系统默认以24小时制的方式输入。如果采用12小时制的方式，则在时间后加上一个空格，然后输入"A"或"AM"表示上午，或者输入"P"或"PM"表示下午。

例如，要输入"2013年1月1日"，先输入"2013/1/1"，此时输入的为一个日期，再调整日期的显示格式：单击鼠标右键，选择"设置单元格格式"命令，对于弹出的"设置单元格格式"对话框，选择"数字"选项卡下的"日期"选项，在"类型"列表框中选择"2012年3月14日"日期格式，单击"确定"按钮。

（二）填充序列

1. 快速填充相同数据

利用填充功能可以输入相同的数据，类似于复制功能。

方法一：使用"填充"命令。

步骤 1 选中单元格区域，该单元格区域中的第一个单元格中应有数据。例如，选中A1:A5，A1单元格中有数据"1"。

步骤 2 在"开始"选项卡下，单击"编辑"组内的"填充"下拉按钮，选择"向下"填充命令，如图1-1所示，则A1:A5单元格区域中的所有单元格内容为"1"。

方法二：使用拖动法填充。

步骤 1 选中有数据"12"的单元格A1，将光标移至单元格右下角时指针变为黑色十字形状，此为填充柄。

步骤 2 单击鼠标左键并向下拖动填充柄至所需位置处，如A8单元格，然后释放鼠标，如图1-2所示，则A1:A8单元格区域中的所有单元格内容为"12"。

2. 填充有规律的数据

如果要建立一个从1到8的序列，则可以按以下步骤操作。

步骤 1 先建一段有规律的数据，例如，在A1:A2中输入"1""2"，需要注意的是，至少要输入两个数据，这样Excel才能够识别是快速填充相同数据还是填充有规律的数据。

Excel在财务中的应用

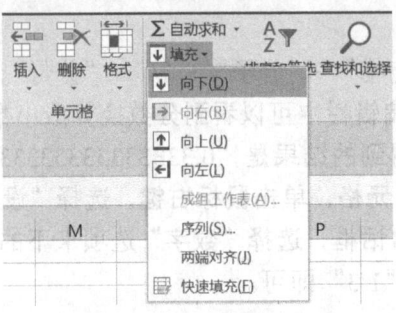

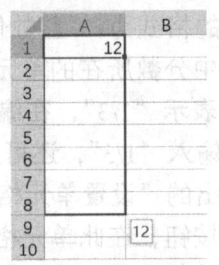

图1-1 "向下"填充命令　　　图1-2 使用拖动法填充

步骤2 选中 A1:A2 单元格区域，将光标移至单元格区域右下角时指针变为黑色十字填充柄，单击鼠标左键并向下拖动填充柄至 A8 单元格，然后释放鼠标，A1:A8 中就为"1"到"8"的数据，如图1-3 所示。

若要采用自动填充，则用鼠标右键（特别注意）拖动黑色十字填充柄，会弹出菜单命令，在其中可以选择不同的填充方式或指定填充规律，对于日期格式的数据，用鼠标右键拖动黑色十字填充柄可以天数填充、填充工作日、以月填充、以年填充，如图1-4 所示。

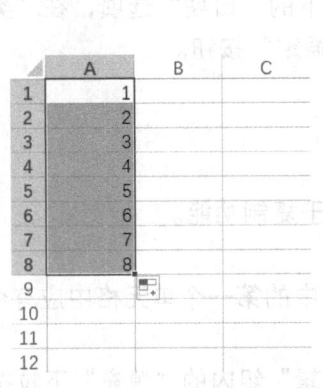

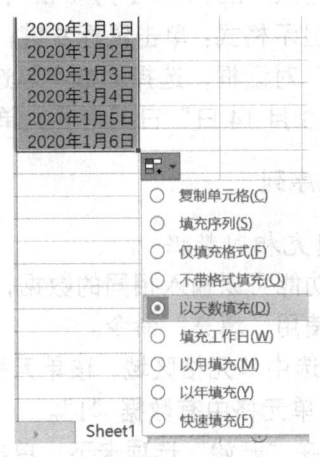

图1-3 序列填充　　　图1-4 自动填充

（三）数据有效性

步骤1 选择应用数据有效性的单元格或区域，在"数据"选项卡下，单击"数据工具"组内的"数据验证"下拉按钮，选择"数据验证"选项，如图1-5 所示。

图1-5 选择"数据验证"选项

第一章 Excel基础知识

步骤2 对于弹出的"数据验证"对话框,其功能主要在"设置"选项卡下的"允许"下拉列表中设置,如图1-6所示。

(四)条件格式

1. 自动套用格式

步骤1 将"来顺公司职工信息情况表"复制到Excel工作表中,选中要套用格式的数据(含标题行),即单元格区域A1:G17。

步骤2 在"开始"选项卡下,单击"样式"组内的"套用表格格式"下拉按钮,选择"表样式中等深浅2"格式。

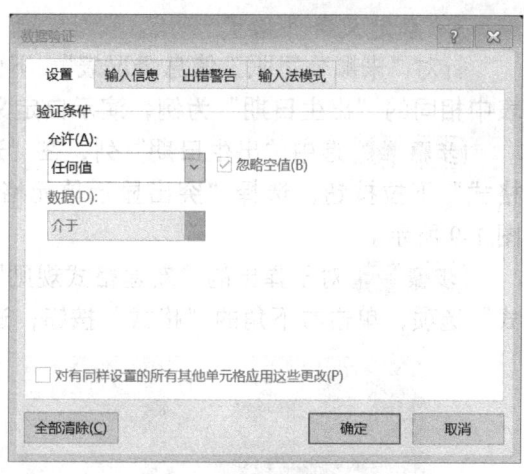

图1-6 "数据验证"功能设置

步骤3 选择格式后,表格将以选定的格式格式化,此时,表格标题行会自动进行数据筛选,选中标题行后,在"数据"选项卡下,单击"排序和筛选"组内的"筛选"按钮,可以取消数据筛选,如图1-7所示。

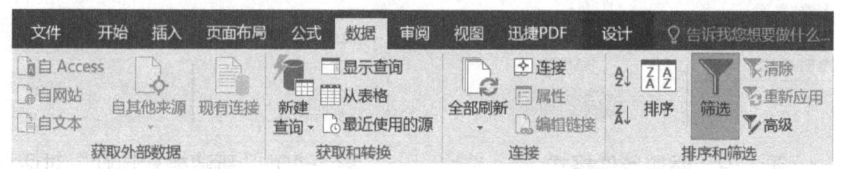

图1-7 "筛选"按钮

2. 添加条件格式

针对"来顺公司职工信息情况表"中的"出生日期"列,下面以用"蓝色数据条"标识其大小为例,演示添加条件格式的操作步骤。

选中"出生日期"列,在"开始"选项卡下,单击"样式"组内的"条件格式"下拉按钮,选择"数据条"下拉列表中"渐变填充"列表中的"蓝色数据条"选项,最终效果如图1-8所示。

员工编号	姓名	性别	部门	学历	工作时间	出生日期
A12	徐磊	男	财务部	本科	2019/5/6	1996/11/2
A14	马化	男	生产部	硕士	2019/8/13	1994/2/1
A35	周科瑞	男	生产部	本科	2020/4/6	1997/11/23
A02	乔范	女	财务部	博士	2021/10/5	1993/3/12
A11	魏威	男	销售部	专科	2019/6/24	1993/2/13
A23	孙嘉泽	男	销售部	专科	2020/1/12	1997/6/23
A34	徐辉	男	财务部	本科	2020/7/26	1994/12/18
A04	任画	女	财务部	硕士	2020/3/26	1996/11/2
A22	张泽瑞	男	财务部	本科	2021/7/14	1999/12/18
A17	刘加	女	销售部	本科	2022/3/12	2000/6/9
A33	季青	男	财务部	硕士	2022/4/29	1998/12/4
A21	张丽	女	生产部	本科	2019/6/13	1997/5/24
A42	李伞	女	财务部	博士	2022/5/4	1995/12/4
A16	苏素	女	生产部	专科	2022/4/6	2000/4/23
A25	肖晓	男	财务部	本科	2021/5/26	2000/6/3
A09	田天	男	销售部	本科	2021/8/14	1998/3/24

图1-8 添加"蓝色数据条"后效果

3. 自定义条件格式

针对"来顺公司职工信息情况表",下面以用"红色加粗"文本显示出职工信息情况表中相同的"出生日期"为例,演示自定义条件格式的操作步骤。

步骤 1 选中"出生日期"列,在"开始"选项卡下,单击"样式"组内的"条件格式"下拉按钮,选择"突出显示单元格规则"下拉列表中的"其他规则"选项,如图1-9所示。

步骤 2 对于弹出的"新建格式规则"对话框,选择"仅对唯一值或重复值设置格式"选项,单击右下角的"格式"按钮,进一步设置重复值的格式,如图1-10所示。

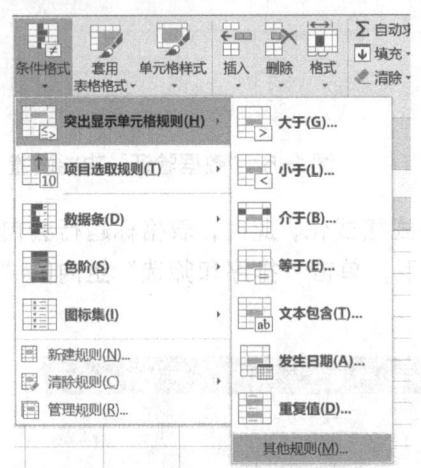

图1-9 添加条件格式 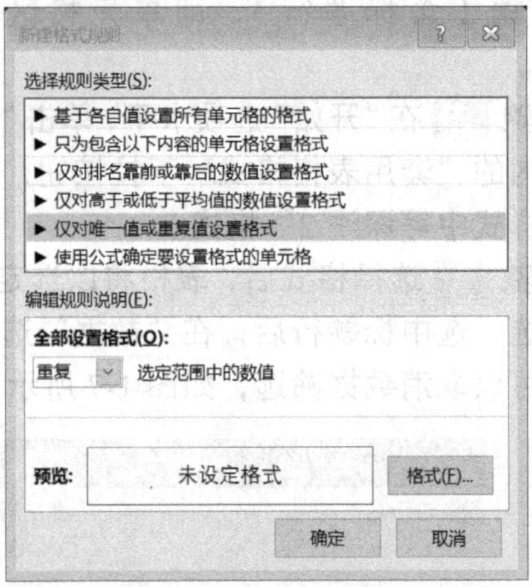　　　　图1-10 "新建格式规则"对话框

步骤 3 对于弹出的"设置单元格格式"对话框,设置"字形"为"加粗",设置"颜色"为"红色",单击"确定"按钮返回到工作表中,效果如图1-11所示。

员工编号	姓名	性别	部门	学历	工作时间	出生日期
A12	徐磊	男	财务部	本科	2019/5/6	1996/11/2
A14	马化	男	生产部	硕士	2019/8/13	1994/2/1
A35	周科瑞	男	生产部	本科	2020/4/6	1997/11/23
A02	乔范	女	财务部	博士	2021/10/5	1993/3/12
A11	魏威	男	销售部	专科	2019/6/24	1993/2/13
A23	孙嘉泽	男	销售部	本科	2020/1/12	1997/6/23
A34	徐辉	男	财务部	本科	2020/8/18	1994/12/18
A04	任画	女	财务部	硕士	2020/3/26	1996/11/2
A22	张泽瑞	男	销售部	本科	2021/7/14	1999/12/18
A17	刘加	女	财务部	本科	2022/3/12	2000/6/9
A33	季青	男	财务部	硕士	2022/6/1	1998/12/4
A21	张丽	女	生产部	本科	2019/9/12	1997/5/24
A42	李伞	女	财务部	博士	2022/5/4	1995/12/4
A16	苏素	女	生产部	专科	2022/4/6	2000/4/23
A25	肖晓	男	财务部	专科	2021/5/26	2000/6/3
A09	田天	男	销售部	本科	2021/8/14	1998/3/24

图1-11 用"红色加粗"文本显示出相同的"出生日期"

二、数据管理与分析

财务基础数据做好后,要筛选得到对工作有帮助的信息,就必须对现有数据进行管

理与分析，常用方法有数据排序、数据筛选和数据透视分析。

（一）数据排序

1. 简单排序

下面以将"来顺公司职工信息情况表"按"工作时间"升序排列数据为例，演示简单排序的操作步骤。

方法一：使用"升序"按钮进行排序。

打开"来顺公司职工信息情况表"，将光标定位于拟排序列中的任意一个单元格，在"数据"选项卡下，单击"排序和筛选"组内的"升序"按钮，如图1-12所示。

方法二：使用"排序"对话框进行排序。

步骤 1 打开"来顺公司职工信息情况表"，将光标定位于拟排序列中的任意一个单元格，在"数据"选项卡下，单击"排序和筛选"组内的"排序"按钮，如图1-13所示。

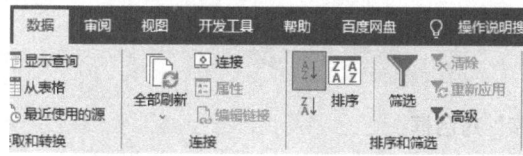
图1-12 "升序"按钮

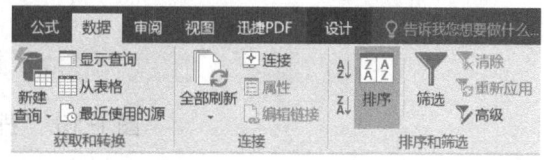
图1-13 "排序"按钮

步骤 2 对于弹出的"排序"对话框，单击"主要关键字"右侧的下拉按钮，在展开的下拉列表中选择"工作时间"选项，在"排序依据"下拉列表中选择"数值"选项，在"次序"下拉列表中选择"升序"选项，单击"确定"按钮完成设置，如图1-14所示。

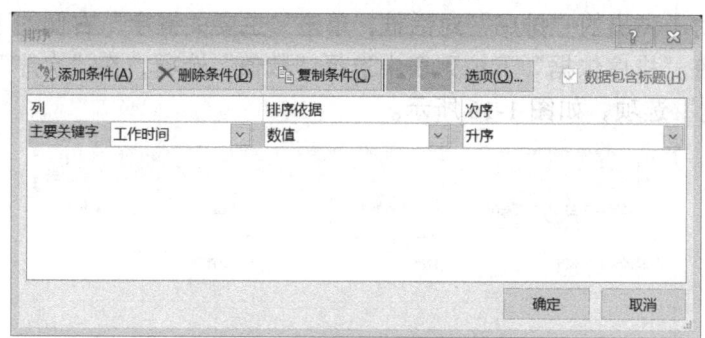
图1-14 "排序"对话框

2. 高级排序

高级排序就是按照多个关键字对数据进行排序。除在弹出的"排序"对话框中设置主要关键字外，还要通过设置其他关键字来实现对数据的排序。设置多个关键字排序的目的是设置排序的优先级。

下面以将"来顺公司职工信息情况表"先按"出生日期"升序排列数据，若"出生日期"相同（如1996/11/2），再按"工作时间"升序排列数据为例，演示高级排序的操作步骤。

Excel在财务中的应用

步骤1 打开"来顺公司职工信息情况表",将光标定位于拟排序列中的任意一个单元格(如F2),在"数据"选项卡下,单击"排序和筛选"组内的"排序"按钮。

步骤2 对于弹出的"排序"对话框,单击"主要关键字"右侧的下拉按钮,选择"出生日期"选项,单击"添加条件"按钮,显示"次要关键字"排序条件,选择排序"次要关键字"为"工作时间",选择"排序依据"为"数值",选择排序"次序"为"升序",如图1-15所示。

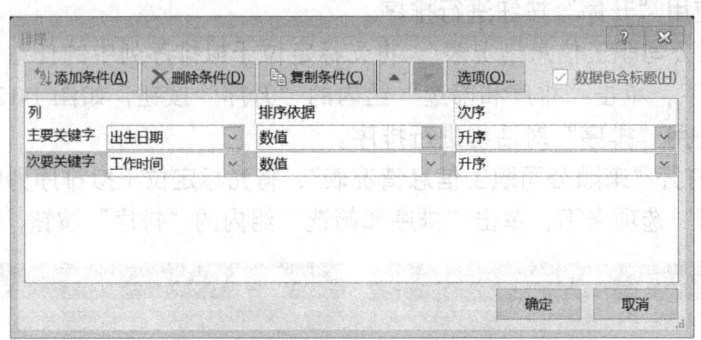

图1-15 "排序"对话框

3. 自定义序列排序

下面以将"来顺公司职工信息情况表"按职工"学历"的"专科、本科、硕士、博士"次序排列数据为例,演示自定义序列排序的操作步骤。

步骤1 打开"来顺公司职工信息情况表",将光标定位于拟排序列中的任意一个单元格,在"数据"选项卡下,单击"排序和筛选"组内的"排序"按钮。

步骤2 对于弹出的"排序"对话框,单击"主要关键字"右侧的下拉按钮,选择"学历"选项,在"排序依据"下拉列表中选择"数值"选项,在"次序"下拉列表中选择"自定义序列"选项,如图1-16所示。

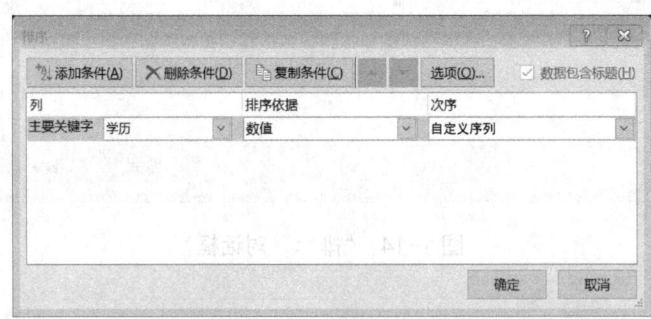

图1-16 "排序"对话框

步骤3 对于弹出的"自定义序列"对话框,在"输入序列"列表框中,按竖列依次输入"专科""本科""硕士""博士",然后单击"添加"按钮,如图1-17所示。

步骤4 单击"添加"按钮后,序列将添加到左侧"自定义序列"列表框中,选择序列"专科,本科,硕士,博士",单击"确定"按钮关闭"自定义序列"对话框,如图1-18所示,单击"确定"按钮关闭"排序"对话框。

第一章 Excel基础知识

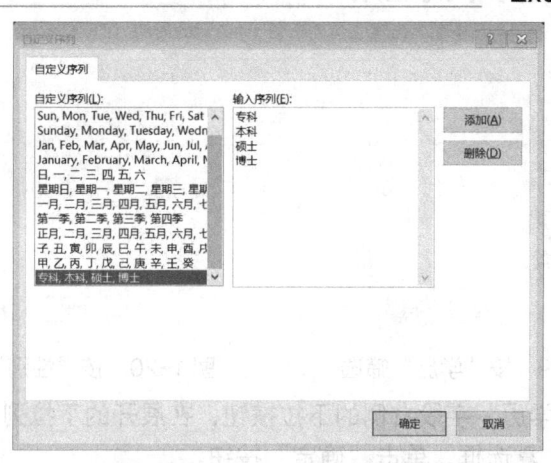

图1-17 "自定义序列"对话框

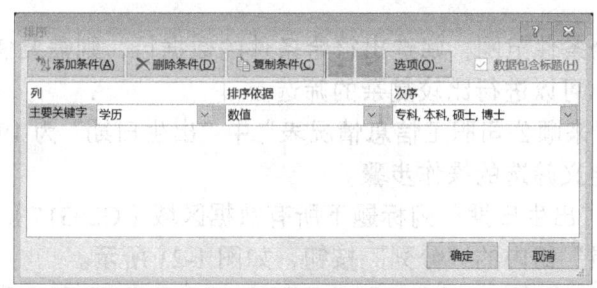

图1-18 "排序"对话框

（二）数据筛选

1. 自动筛选

自动筛选可以用在快速筛选且筛选条件较少的数据时，一般情况下，在使用自动筛选时，筛选条件是单一的。

（1）单条件自动筛选

下面以筛选出"来顺公司职工信息情况表"中"学历"为"本科"的职工信息为例，演示单条件自动筛选的操作步骤。

步骤1 打开"来顺公司职工信息情况表"，将光标定位于工作表中的任意一个单元格，在"数据"选项卡下，单击"排序和筛选"组内的"筛选"按钮。

步骤2 单击"学历"字段右侧的下拉按钮，在展开的下拉列表中取消勾选"全选"复选框，勾选"本科"复选框，单击"确定"按钮，如图1-19所示。

（2）多条件自动筛选

下面以筛选出"来顺公司职工信息情况表"中"学历"为"本科"的"女"职工信息为例，演示多条件自动筛选的操作步骤。

步骤1 打开"来顺公司职工信息情况表"，将光标定位于工作表中的任意一个单元格，在"数据"选项卡下，单击"排序和筛选"组内的"筛选"按钮。

步骤2 单击"性别"字段右侧的下拉按钮，在展开的下拉列表中取消勾选"全选"复选框，勾选"女"复选框，单击"确定"按钮，如图1-20所示。

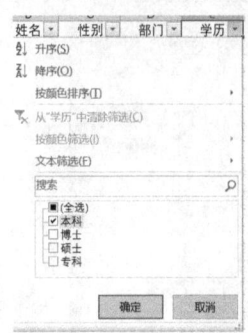
图 1-19 按"学历"筛选

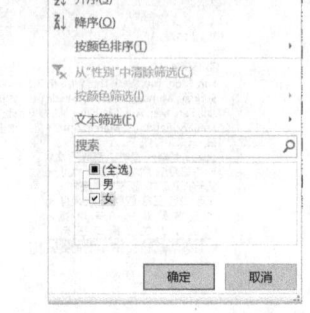
图 1-20 按"性别"筛选

步骤 3 单击"学历"字段右侧的下拉按钮，在展开的下拉列表中取消勾选"全选"复选框，勾选"本科"复选框，单击"确定"按钮。

2．自定义筛选

如果要设置一个条件范围，筛选出符合条件的数据行，则需要使用自定义筛选。自定义筛选比较灵活，可以进行比较复杂的筛选。

下面以筛选出"来顺公司职工信息情况表"中"出生日期"为 1995 年及以后的职工信息为例，演示自定义筛选的操作步骤。

步骤 1 选中"出生日期"列标题下所有数据区域（G2:G17），在"数据"选项卡下，单击"数据工具"组内的"分列"按钮，如图 1-21 所示。

图 1-21 "分列"按钮

步骤 2 对于弹出的"文本分列向导"对话框，单击"下一步"按钮，再次单击"下一步"按钮，进入"文本分列向导-第 3 步，共 3 步"对话框，在"列数据格式"选区中选中"日期"单选按钮，再单击其右侧的下拉按钮，选择"YMD"选项，单击"完成"按钮，如图 1-22 所示。

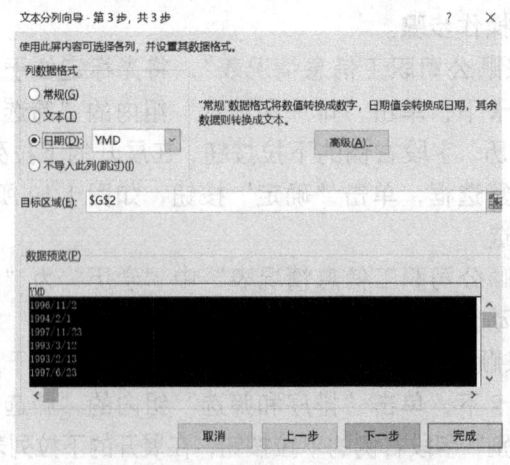
图 1-22 "文本分列向导-第 3 步，共 3 步"对话框

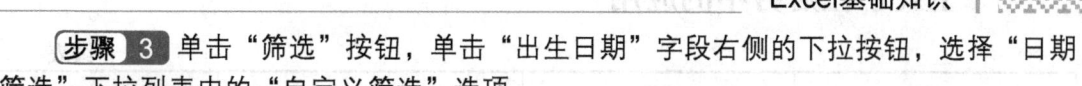

步骤 3 单击"筛选"按钮,单击"出生日期"字段右侧的下拉按钮,选择"日期筛选"下拉列表中的"自定义筛选"选项。

步骤 4 对于弹出的"自定义自动筛选方式"对话框,在"出生日期"下拉列表中选择"在以下日期之后或与之相同""1995/1/1"选项,单击"确定"按钮,如图 1-23 所示。

3. 取消筛选

对工作表进行筛选后,不符合条件的数据行将被隐藏。若需要查看被隐藏的数据行,则需要进行取消筛选操作。

下面以取消筛选"出生日期"为 1995 年及以后的职工信息为例,演示取消筛选的操作步骤。

在"数据"选项卡下,单击"排序和筛选"组内的"清除"按钮,可以清除筛选结果,如图 1-24 所示。

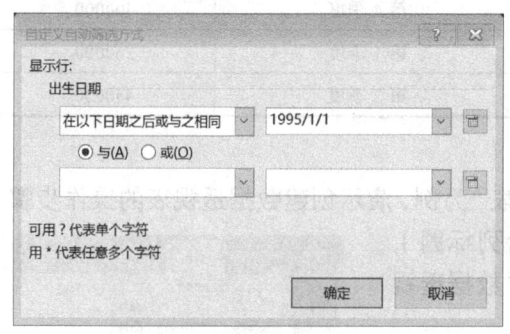
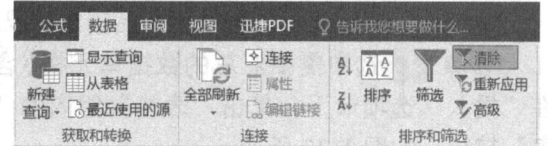

图 1-23 "自定义自动筛选方式"对话框   图 1-24 "清除"按钮

(三)数据透视分析

数据透视表是一种交互式的表格,可以对工作表数据进行重新组合。它通过组合、计数、分类汇总、排序等方式从大量数据中提取总结性信息,用以制作各种分析报表和统计报表。数据透视表可以动态地改变各种报表的版面布置,以便按照不同方式分析数据,也可以重新安排行号、列标和页字段。每一次改变版面布置时,数据透视表会立即按照新的布置重新计算数据。另外,若原始数据发生更改,则可以更新数据透视表。

↳ **数据源:**

来顺公司 2021 年各季度商品销售情况表如表 1-1 所示。

表 1-1 来顺公司 2021 年各季度商品销售情况表

部门	类别	季度	销售额(元)
白色家电	洗衣机	第 1 季度	800000
小家电	豆浆机	第 1 季度	200000
黑色家电	电视机	第 3 季度	600000
厨房电器	集成灶	第 2 季度	550000
黑色家电	音响	第 4 季度	400000

续表

部门	类别	季度	销售额（元）
小家电	榨汁机	第 1 季度	250000
白色家电	空调	第 3 季度	750000
厨房电器	抽油烟机	第 4 季度	300000
厨房电器	集成灶	第 1 季度	300000
白色家电	冰箱	第 3 季度	650000
小家电	电磁炉	第 4 季度	180000
小家电	电热水壶	第 1 季度	100000
白色家电	洗衣机	第 2 季度	500000
厨房电器	抽油烟机	第 3 季度	150000
小家电	豆浆机	第 4 季度	180000
黑色家电	电视机	第 4 季度	400000
黑色家电	音响	第 1 季度	260000
白色家电	空调	第 2 季度	450000

1．创建数据透视表

以“来顺公司 2021 年各季度商品销售情况表”为例，演示创建数据透视表的操作步骤。

步骤 1 选中需要汇总的数据单元格（含列标题），在“插入”选项卡下，单击“表格”组内的“数据透视表”按钮，如图 1-25 所示。

图 1-25 “数据透视表”按钮

步骤 2 对于弹出的“来自表格或区域的数据透视表”对话框，在“选择表格或区域”下的“表/区域”文本框中会自动出现需要汇总的数据单元格（含列标题），在下方的“选择放置数据透视表的位置”选区中选中“新工作表”单选按钮，单击“确定”按钮。

步骤 3 在“数据透视表字段”窗格中，将“部门”和“类别”依次拖动至“行”下的空白框中，将“季度”拖动至“列”下的空白框中，再将“销售额”拖动至“值”下的空白框中，创建好的数据透视表如图 1-26 所示。

求和项:销售额	列标签				
行标签	第1季度	第2季度	第3季度	第4季度	总计
白色家电	800000	950000	1400000		3150000
冰箱			650000		650000
空调		450000	750000		1200000
洗衣机	800000	500000			1300000
厨房电器	300000	550000	150000	300000	1300000
抽油烟机			150000	300000	450000
集成灶	300000	550000			850000
黑色家电	260000		600000	800000	1660000
电视机			600000	400000	1000000
音响	260000			400000	660000
小家电	550000			360000	910000
电磁炉				180000	180000
电热水壶	100000				100000
豆浆机	200000			180000	380000
榨汁机	250000				250000
总计	1910000	1500000	2150000	1460000	7020000

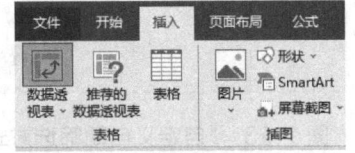

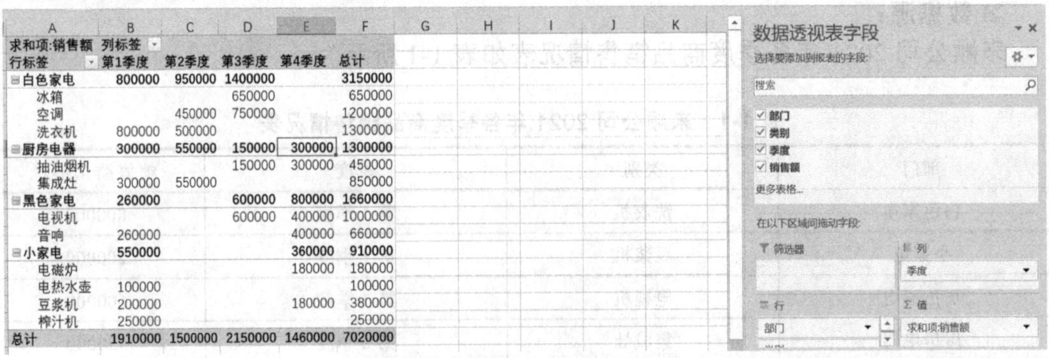

图 1-26 创建好的数据透视表

2. 创建数据透视图

下面以"来顺公司 2021 年各季度商品销售情况表"为例，演示创建数据透视图的操作步骤。

步骤 1 选中需要汇总的数据单元格（含列标题），在"插入"选项卡下，单击"图表"组内的"数据透视图"下拉按钮，选择"数据透视图"选项，如图 1-27 所示。

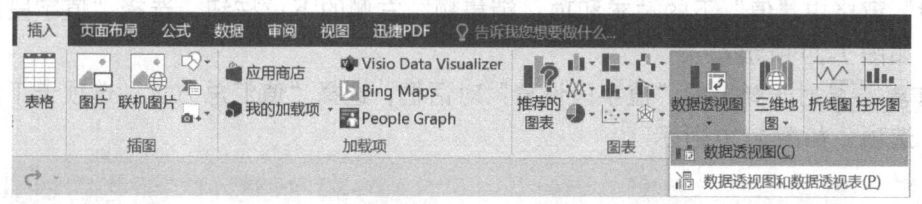

图 1-27 选择"数据透视图"选项

步骤 2 对于弹出的"创建数据透视图"对话框，在"选择一个表或区域"下的"表/区域"文本框中会自动出现需要汇总的数据单元格（含列标题），在下方的"选择放置数据透视图的位置"选区中选中"新工作表"单选按钮，单击"确定"按钮。

步骤 3 在"数据透视图字段"窗格中，将"部门"拖动至"轴（类别）"下的空白框中，将"季度"拖动至"图例（系列）"下的空白框中，再将"销售额"拖动至"值"下的空白框中，创建好的数据透视图如图 1-28 所示。

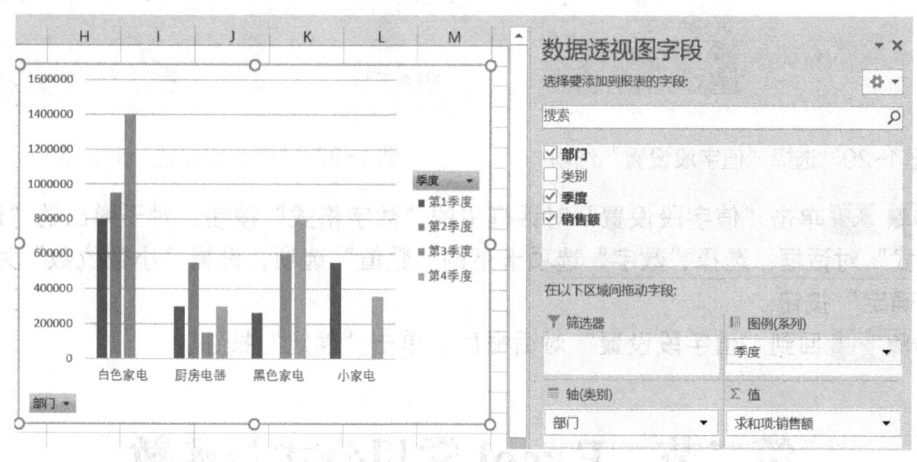

图 1-28 创建好的数据透视图

3. 编辑数据透视表

（1）筛选字段

下面以根据"来顺公司 2021 年各季度商品销售情况表"创建的数据透视表为例，演示筛选字段的操作步骤。

筛选"行标签"字段值：单击"行标签"右侧的下拉按钮，在展开的下拉列表中取消勾选"全选"复选框，勾选"白色家电"复选框，单击"确定"按钮，完成对其他销售区间的隐藏。

筛选"列标签"字段值：单击"列标签"右侧的下拉按钮，在展开的下拉列表中取消勾选"全选"复选框,勾选"第1季度"复选框,单击"确定"按钮。

(2)更改汇总方式

下面以将数据透视表中的销售额的汇总方式改为平均值为例,演示更改汇总方式的操作步骤。

步骤 1 选中要更改汇总方式的数据透视表中的任意一个单元格,单击"数据透视表字段"窗格中"值"下的"求和项:销售额"右侧的下拉按钮,选择"值字段设置"选项,如图1-29所示。

步骤 2 对于弹出的"值字段设置"对话框,选择"值汇总方式"选项卡下的"平均值"选项,如图1-30所示。

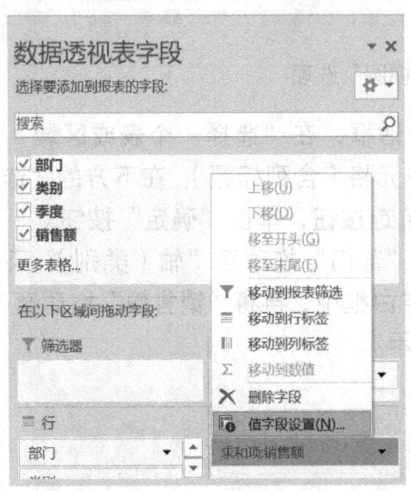　　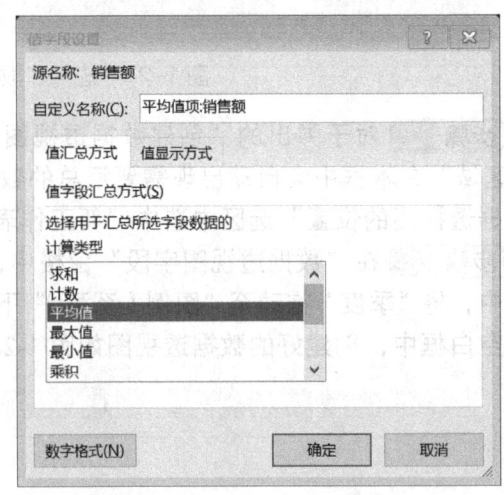

图1-29　选择"值字段设置"选项　　　　图1-30　"值字段设置"对话框

步骤 3 单击"值字段设置"对话框中的"数字格式"按钮,对于弹出的"设置单元格格式"对话框,选择"数字"选项卡下的"数值"选项,设置"小数位数"为"2",单击"确定"按钮。

步骤 4 回到"值字段设置"对话框后,单击"确定"按钮。

第二节　Excel常用公式与函数

一、Excel常用公式

(一)认识公式

1. 认识公式中的运算符

(1)算术运算符

算术运算符用来完成基本的数学运算,如加法、减法、乘法、除法等。

第一章 Excel基础知识

（2）文本运算符

在Excel中，可以利用文本运算符（&）将文本连接起来。在公式中使用文本运算符时，以"="开始输入文本的第一段（文本或单元格引用），然后加入文本运算符（&）输入下一段（文本或单元格引用）。

（3）比较运算符

比较运算符可以比较两个数值并产生逻辑值TRUE或FALSE。

（4）引用运算符

引用运算符主要用于连接或交叉多个单元格区域，从而生成新的单元格区域。

2. 了解运算符的优先级

当公式中同时用到多个运算符时，需要了解运算符的运算顺序。Excel将按照表1-2所示的运算符的优先级顺序进行运算。

表1-2 运算符的优先级

运算符	说明	优先级
（和）	圆括号可以改变运算符的优先级	1
−	负号使正数变为负数（如-2）	2
%	百分号将数字变为百分数	3
^	乘方，一个数自乘一次	4
*和/	乘法和除法	5
+和−	加法和减法	6
&	文本运算符	7
=,<,>,>=,<=,<>	比较运算符	8

如果公式包含了相同优先级的运算符，如加法和减法运算符，则按照从左到右的顺序进行计算。

如果要更改求值的顺序，则将公式中需要先计算的部分用圆括号括起来。

3. 3种单元格引用方式

（1）相对引用

相对引用是基于包含公式和单元格引用的单元格的相对位置的。如果公式所在单元格的位置改变，则引用也将随之改变。在相对引用中，用字母表示单元格的列号，用数字表示单元格的行号，如A1、B2等。

（2）绝对引用

绝对引用是指工作表中固定位置的单元格，其位置与包含公式的单元格无关。在Excel中，通过对单元格引用的"冻结"来达到此目的，即在列号和行号前面添加"$"符号，例如，用$A$1表示绝对引用。当复制含有该引用的单元格时，$A$1是不会改变的。

（3）混合引用

混合引用是指公式中参数的行采用相对引用，列采用绝对引用；或者列采用相对引用，行采用绝对引用，如$A1和A$1。公式中相对引用部分随公式复制而变化，绝对引用部分不随公式复制而变化。

（二）数组公式

数组公式是用于建立可以产生多个结果或对存放在行和列中的一组参数进行运算的一种应用。数组公式的实质是单元格公式的一种书写形式，用来显式地通知 Excel 计算引擎对其执行多项计算。

> **小贴士**
>
> **输入数组公式**
>
> 要输入数组公式，首先必须选择用来存放结果的单元格区域，在编辑栏中输入公式，然后按"Shift+Ctrl+Enter"组合键锁定数组公式作为标识，Excel 将在公式两边自动加上大括号"{ }"，而不要自己输入，否则 Excel 认为输入的是一个正文标签。

（三）公式错误值说明

1. #####！

产生原因：如果单元格所含的数字、日期或时间超出单元格宽度，或者单元格的日期或时间为负值，则会产生错误值#####！。

解决方法：如果单元格所含的数字、日期或时间超出单元格宽度，则可以通过拖动或双击列标题之间的边界来修改列宽。如果使用的是 1900 年的日期系统，那么 Excel 中的日期和时间必须为正值。如果公式正确，则也可以将单元格的格式改为非日期和时间格式来显示该值。

2. #VALUE！

产生原因：当使用错误的参数或运算对象类型时，或者当公式自动更正功能不能更正公式时，将产生错误值#VALUE！。

解决方法：①如果在需要数字或逻辑值时输入了文本，Excel 不能将文本转换为正确的数据类型，那么确认公式或函数所需的运算符或参数正确，并且公式引用的单元格包含有效的数值；②如果将单元格引用、公式或函数作为数组常量输入，那么确认数组常量不是单元格引用、公式或函数；③如果赋予需要单一数值的运算符或函数一个数值区域，那么将数值区域改为单一数值。

3. #DIV/0！

产生原因：当公式被零除时，将产生错误值#DIV/0！。

解决方法：①如果在公式中，除数使用了指向空白单元格或包含零值单元格的单元格引用（在 Excel 中如果运算对象是空白单元格，则 Excel 将此空值当作零值），那么修改单元格引用，或者在用作除数的单元格中输入不为零的值；②如果输入的公式包含明显的除数零，如公式＝2/0，那么将零改为非零值。

4. #N/A

产生原因：当在函数或公式中没有可用数值时，将产生错误值#N/A。

解决方法：如果工作表的某些单元格中暂时没有数值，则可在这些单元格中输入"#N/A"，公式在引用这些单元格时，将不进行数值计算，而是返回#N/A。

5. #REF!

产生原因：删除了由其他公式引用的单元格，或者将移动单元格粘贴到由其他公式引用的单元格中，当单元格引用无效时，将产生错误值#REF!。

解决方法：更改公式或在删除、粘贴单元格之后，立即单击"撤销"按钮，以恢复工作表中的单元格。

6. #NUM!

产生原因：当公式或函数中某个数字有问题时，将产生错误值#NUM!。

解决方法：①如果在需要数字参数的函数中使用了不能接受的参数，那么要确认函数中使用的参数类型正确无误；②如果是公式生成的数字太大或太小，Excel不能表示，则需要修改公式，使其结果在有效数字范围内。

7. #NULL!

产生原因：使用了不正确的区域运算符或不正确的单元格引用，如当试图为两个并不相交的区域指定交叉点时，将产生错误值#NULL!。

解决方法：如果要引用两个不相交的区域，则可使用联合运算符逗号（,）。公式要对两个区域求和，应确认在引用这两个区域时使用了逗号。如果没有使用逗号，则Excel将对同时属于两个区域的单元格求和，若没有共同的单元格（如 A1:A13 和 C12:C23 并不相交），则会报错。

（四）Excel 函数

Excel 中的函数其实是一些预定义的公式。函数由函数的名称、左括号、以半角逗号相隔的参数及右括号组成。函数可以有一个或多个参数，函数的参数可以包含以下 5 种。

1. 常量
常量指输入的文本或数字。

2. 逻辑值
逻辑值指 TRUE 或 FALSE（"真"或"假"）。

3. 数组
数组主要有常量数组和区域数组两类。
① 常量数组将一组给定的常量用作某个公式中的参数，如｛1;2;3;4;5｝、｛"李明";"赵杰";"王天"｝。
② 区域数组是一个矩形的单元格区域，该区域中的单元格共用一个公式，如｛A1:A23｝、｛B5:F14｝。

4. 单元格引用
单元格引用分为绝对引用、相对引用和混合引用。

5. 嵌套函数

嵌套函数指在某些情况下，可将某函数作为另一个函数的参数使用。

二、数学与统计函数

（一）SUM 与 AVERAGE 函数

1. SUM(number1,number2,…)函数

（1）功能说明

返回某一单元格区域中数字、逻辑值及数字的文本表达式之和。

（2）参数说明

number1,number2,…是 1~30 个需要求和的参数。

（3）注意事项

① 输入参数表中的数字、逻辑值及数字的文本表达式将被计算。

② 如果参数为数组或引用，则只有其中的数字将被计算，数组或引用中的空白单元格、逻辑值、文本将被忽略。

③ 如果参数中有错误值或为不能转换为数字的文本，则会导致错误。

2. AVERAGE(number1,number2,…)函数

（1）功能说明

返回参数的算术平均值。

（2）参数说明

与 SUM 函数一样，number1,number2,…是要计算平均值的 1~30 个参数。

（3）注意事项

① 参数可以是数字，或者是涉及数字的名称、数组或引用。

② 如果数组或引用参数包含文本、逻辑值或空白单元格，则这些值将被忽略；但包含零值的单元格将被计算在内。

（二）ROUND 与 INT 函数

1. ROUND(number,num_digits)函数

（1）功能说明

返回某个数字按指定位数进行四舍五入后的数值。

（2）参数说明

① 参数 number 必需，是指要四舍五入的数字。

② 参数 num_digits 必需，是指位数，按此位数对 number 参数进行四舍五入。

（3）注意事项

① 如果 num_digits 大于 0，则四舍五入到指定的小数位。

② 如果 num_digits 等于 0，则四舍五入到最接近的整数。

③ 如果 num_digits 小于 0，则在小数点左侧进行四舍五入。

2. INT(number)函数

（1）功能说明

将数字向下取整为最接近的整数。

（2）参数说明

参数 number 必需，指需要进行向下取整的实数。

三、逻辑与文本函数

（一）IF、AND 与 LEN 函数

1. IF(logical_test,value_if_true,value_if_false)函数

（1）功能说明

根据逻辑条件计算的真、假值，返回不同结果。

（2）参数说明

① 参数 logical_test 是逻辑判断条件。

② 参数 value_if_true 是当逻辑判断条件为 TRUE（真）时 IF 函数返回的结果。

③ 参数 value_if_false 是当逻辑判断条件为 FALSE（假）时 IF 函数返回的结果。

（3）注意事项

IF 函数可以嵌套，但嵌套的级数不能超过 7 级。如果要检验多个条件，则可以使用 LOOKUP、VLOOKUP 和 HLOOKUP 函数。

2. AND(logical1,logical2,…)函数

（1）功能说明

所有参数逻辑值为 TRUE（真）时，返回 TRUE（真）；只要有一个参数逻辑值为 FALSE（假），就返回 FALSE（假）。

（2）参数说明

logical1,logical2,…是待检验的 1~30 个条件，各条件逻辑值可为 TRUE 或 FALSE。

（3）注意事项

参数的计算结果必须是逻辑值（TRUE 或 FALSE），且参数必须是包含逻辑值的数组或引用。如果数组或引用参数包含文本或空白单元格，则这些值将被忽略；如果指定的单元格区域未包含逻辑值，则 AND 函数将返回错误值#VALUE!。

3. LEN(text)函数

（1）功能说明

返回文本字符串中的字符个数。

（2）参数说明

参数 text 是要查找长度的文本，空格作为字符进行计数。

（二）LEFT 与 MID 函数

1. LEFT(text,num_chars)函数

（1）功能说明

从文本字符串的第一个字符起返回指定个数的字符。

（2）参数说明

① text 是包含要提取字符的文本字符串。

② num_chars 是指要提取字符的个数。

（3）注意事项

① num_chars 必须大于或等于 0。

② 如果 num_chars 大于文本长度，则 LEFT 函数返回所有文本。

③ 如果省略 num_chars，则假定其为 1。

2. MID(text,start_num,num_chars)函数

（1）功能说明

从文本字符串中指定的起始位置起返回指定个数的字符。

（2）参数说明

① text 是包含要提取字符的文本字符串。

② ttart_num 是文本字符串中要提取的第一个字符的位置。

③ num_chars 是指希望 MID 函数从文本字符串中返回字符的个数。

（3）注意事项

① 如果 start_num 大于文本长度，则 MID 函数返回空文本（""）。

② 如果 start_num 小于 1，则 MID 函数返回错误值#VALUE!。

四、日期与时间函数

（一）TODAY 与 NOW 函数

1. TODAY()函数

（1）功能说明

返回日期格式的当前日期。该函数与 NOW 函数的作用一样，只是不返回时间部分。工作表打开或重新计算时 Excel 会更新当前日期。

（2）参数说明

没有参数。

（3）注意事项

括号不能省略，返回的结果与系统当前的日期相同。

2. NOW()函数

（1）功能说明

返回日期时间格式的当前日期和时间。

（2）参数说明

没有参数。

（3）注意事项

括号不能省略，返回的结果与系统当前的日期和时间相同。

第一章 Excel基础知识

（二）YEAR、MONTH 与 DAY 函数

1. YEAR(serial_number)函数

（1）功能说明

返回某个日期的年份值。例如，公式"=YEAR（"2021/3/18"）"的运算结果为"2021"。

（2）参数说明

serial_number 是指日期，包含要查找的年份，既可以用多种日期格式，也可以是单元格引用。

（3）注意事项

返回的结果为一个介于 1900 到 9999 之间的整数。

2. MONTH(serial_number)函数

（1）功能说明

返回某个日期的月份值。

（2）参数说明

serial_number 是指日期，包含要查找的月份，既可以用多种日期格式，也可以是单元格引用。

（3）注意事项

返回结果为一个介于 1 到 12 之间的整数。

3. DAY(serial_number)函数

（1）功能说明

返回一个月中的第几天的数值。

（2）参数说明

serial_number 是指日期，既可以用多种日期格式，也可以是单元格引用。

（3）注意事项

返回的结果为一个介于 1 到 31 之间的整数。

本 章 实 训

（一）实训资料

某学校 A 班的成绩统计表如表 1-3 所示。

表 1-3　某学校 A 班的成绩统计表

学号	姓名	平时成绩	期末成绩	总成绩
1	徐磊	8	86	
2	马化	8	89	
3	周科瑞	7	78	

Excel在财务中的应用

续表

学号	姓名	平时成绩	期末成绩	总成绩
4	乔范	9	97	
5	魏威	8	92	
6	孙嘉泽	8	89	
7	徐辉	7	79	
8	任画	6	76	
9	张泽瑞	10	97	
10	刘加	9	91	
11	季青	8	88	
12	张丽	9	92	
13	李伞	10	87	
14	苏素	7	83	
15	肖晓	8	91	

（二）实训要求

1. 美化工作表。
2. 利用公式计算总成绩。
3. 以总成绩作为关键字进行降序排列。
4. 显示总成绩大于等于 80 且小于 90 的记录，然后恢复原状。
5. 利用公式计算各位同学成绩的平均分。
6. 筛选出平时成绩高于 8、期末成绩高于 80 的所有记录。

微课视频

第二章
Excel 在凭证与账簿中的应用

▶ **知识目标：**

通过本章学习，要求学生对 Excel 记账会计循环流程的认知更清晰，熟练掌握记账凭证、日记账、科目汇总表、总分类账的编制方法。

▶ **技能目标：**

通过本章学习，要求学生了解 Excel 中表对象和数据透视表的基本使用方法，掌握录制宏的流程，熟悉 Microsoft Query 提取数据的方法，了解 IFERROR 函数、SUN 函数、IF 函数等的应用场景。

▶ **思政目标：**

习近平总书记在 2020 年 7 月 21 日企业家座谈会上指出："社会主义市场经济是信用经济、法治经济。""法治意识、契约精神、守约观念是现代经济活动的重要意识规范，也是信用经济、法治经济的重要要求。"作为会计人员，在进行会计核算的过程中，要遵循会计法、会计准则及税法等相关规定，为决策者提供真实、准确的会计信息。

本章从记账凭证的编制、日记账的生成、科目汇总表的生成、总分类账的生成 4 个方面介绍如何将 Excel 应用于会计凭证与账簿，以提高会计核算的效率。

第一节　记账凭证的编制

↘ 数据源：

来顺公司成立于 2019 年 5 月 1 日，是一家生产家用电器的中小型企业，公司为一般纳税人。公司由行政部、财务部、销售部、生产部、人力资源部、研发部 6 个部门组成。来顺公司 2021 年 11 月科目余额表如表 2-1 所示。

表 2-1　来顺公司 2021 年 11 月科目余额表

科目代码	科目名称	性质	是否明细	期末余额（元）
1001	库存现金	1	y	13000.00
1002	银行存款	1	n	
100201	农业银行	1	y	320000.00
100202	工商银行	1	y	200000.00
1101	交易性金融资产	1	y	26000.00
1121	应收票据	1	y	—
1122	应收账款	1	n	
112201	万象公司	1	y	230000.00
112202	知味公司	1	y	380000.00
112203	德才公司	1	y	110000.00
112204	赛科公司	1	y	320000.00
1123	预付账款	1	y	—
1221	其他应收款	1	y	—
1231	坏账准备	-1	y	5200.00
1401	材料采购	1	y	
1403	原材料	1	n	
140301	A 零配件	1	y	108000.00
140302	B 零配件	1	y	100000.00
1405	库存商品	1	n	
140501	电冰箱	1	y	600000.00
140502	洗衣机	1	y	360000.00
140503	热水器	1	y	118000.00
140504	电视机	1	y	165300.00
140505	电锅	1	y	56700.00
1501	持有至到期投资	1	y	15600.00
1511	长期股权投资	1	y	182000.00

第二章 Excel在凭证与账簿中的应用

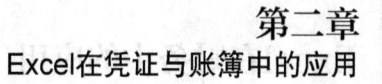

续表

科目代码	科目名称	性质	是否明细	期末余额（元）
1601	固定资产	1	y	2340000.00
1602	累计折旧	-1	y	260000.00
1603	在建工程	1	y	—
1701	无形资产	1	y	85800.00
1801	长期待摊费用	1	y	—
1901	待处理财产损溢	1	y	—
2001	短期借款	-1	y	104000.00
2201	应付票据	-1	y	—
2202	应付账款	-1	n	
220201	科轮公司	-1	y	460000.00
220202	翔宇公司	-1	y	110000.00
220203	茂林公司	-1	y	210000.00
2203	预收账款	-1	y	—
2211	应付职工薪酬	-1	y	—
2221	应交税费	-1	n	
222101	应交增值税（进项）	-1	y	5107.27
222102	应交增值税（销项）	-1	y	7104.88
222103	应交消费税	-1	y	—
222104	应交城市维护建设税	-1	y	—
222105	应交个人所得税	-1	y	58.91
222106	应交所得税	-1	y	728.94
222107	应交教育费附加	-1	y	—
2231	应付利息	-1	y	—
2232	应付股利	-1	y	—
2241	其他应付款	-1	y	18200.00
2501	长期借款	-1	y	1820000.00
2502	应付债券	-1	y	—
4001	实收资本	-1	y	2600000.00
4002	资本公积	-1	y	10400.00
4101	盈余公积	-1	y	93600.00
4103	本年利润	-1	y	—
4104	利润分配	-1	y	26000.00
5001	生产成本	1	n	
500101	电冰箱	1	y	—
500102	电视机	1	y	—

续表

科目代码	科目名称	性质	是否明细	期末余额（元）
5101	制造费用	1	y	—
6001	主营业务收入	-1	y	—
6051	其他业务收入	-1	y	—
6111	投资收益	-1	y	—
6301	营业外收入	-1	y	—
6401	主营业务成本	1	n	
640101	电冰箱	1	y	—
640102	电视机	1	y	—
6402	其他业务成本	1	y	—
6403	税金及附加	1	y	
6601	销售费用	1	y	
6602	管理费用	1	y	
6603	财务费用	1	y	
6701	资产减值损失	1	y	
6711	营业外支出	1	y	
6801	所得税费用	1	y	

此数据源是本章的背景资料，对本章其他节仍有参照意义。

在表2-1的数据信息基础上，假设来顺公司2021年12月发生的经济业务如下。

① 12月2日用支票偿还茂林公司货款57000元，偿还科轮公司货款100000元。

② 12月3日车间领用A零配件10吨，每吨29600元，用于电冰箱的生产。

③ 12月4日从翔宇公司购入B零配件10吨，每吨13500元，货款共计135000元，增值税22950元，用支票支付，材料已入库。

④ 12月5日缴纳上月增值税、个人所得税和企业所得税。

⑤ 12月7日销售给万象公司电视机一批，货款440000元（80台×5500元/台），增值税税率为17%，收到的支票已存入银行。

⑥ 12月9日用现金支付生产设备修理费7000元。

⑦ 12月11日发放本月工资256900元。

⑧ 12月14日由银行支付本月生产部水电费1300元。

⑨ 12月15日用支票支付广告费3000元。

⑩ 12月15日车间领用B零配件5吨，每吨13500元，用于电视机的生产。

⑪ 12月16日销售给知味公司电冰箱一批，货款78000元（10台×7800元/台），货款尚未收到。

⑫ 12月20日发生本月借款利息费用3500元。

⑬ 12月22日分配本月工资，其中，生产电冰箱的生产工人工资77070元，生产电视机的生产工人工资64225元，生产部管理人员工资38535元，其他部门管理人员工资77070元。

⑭ 12月26日计提本月折旧，其中生产部19000元，销售部6000元。
⑮ 12月28日结转本月制造费用，按工人工资比例分配。
⑯ 12月28结转本月已完工的电冰箱成本和电视机成本。
⑰ 12月31日按年末应收账款余额的5‰计提坏账准备。
⑱ 12月31日结转本月销售成本，其中，电冰箱10台，每台6400元，电视机80台，每台3600元。
⑲ 12月31日结转本月各项收入与收益。
⑳ 12月31日结转本月各项成本、费用与支出。
㉑ 12月31日计算并结转所得税费用。所得税费用采用应付税款法计算。
㉒ 12月31日将本年净利润转入利润分配科目。

一、创建记账凭证

（一）创建科目代码表及现金流量类型参数表

步骤1 创建工作簿，将其保存为启用宏的工作簿"凭证与账簿.xlsm"。

步骤2 将"Sheet1"工作表重命名为"科目代码表"，从A1单元格开始按照表2-1的布局和内容输入数据。

步骤3 选中A1单元格，在"插入"选项卡下，单击"表格"组内的"表格"按钮，对于弹出的"创建表"对话框，勾选"表包含标题"复选框，单击"确定"按钮，将指定的单元格区域转换为表对象。

步骤4 在"表设计"选项卡下，在"属性"组内的"表名称"文本框中输入"kmdm"。

步骤5 将E列的标题改为"期初数"。

步骤6 新建名为"参数"的工作表。

步骤7 在A1和B1单元格中分别输入"内容"和"类型代码"，选中A1单元格，在"插入"选项卡下，单击"表格"组内的"表格"按钮，如图2-1所示。

步骤8 对于弹出的"创建表"对话框，勾选"表包含标题"复选框，单击"确定"按钮，将指定的单元格区域转换为表对象，如图2-2所示。

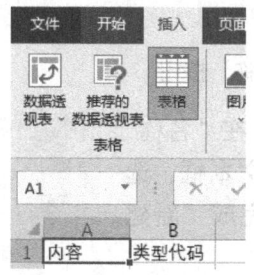
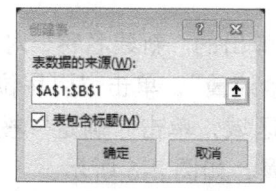

图2-1 "表格"按钮　　图2-2 "创建表"对话框

步骤9 在"表设计"选项卡下，在"属性"组内的"表名称"文本框中输入"现金流量类型"，如图2-3所示。

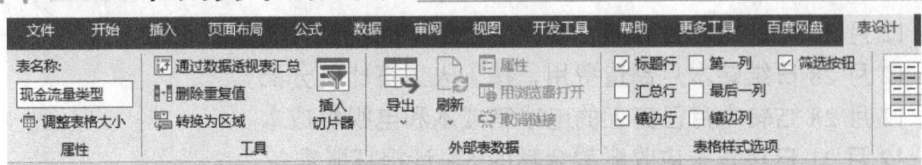

图 2-3 “表设计”选项卡

步骤 10 在 A2:B23 单元格区域中输入现金流量类型的内容和代码，如图 2-4 所示。

	A	B
1	内容	类型代码
2	销售商品、提供劳务收到的现金	101
3	收到的税费返还	102
4	收到的其他与经营活动有关的现金	103
5	购买商品、接受劳务支付的现金	111
6	支付给职工及为职工支付的现金	112
7	支付的各项税费	113
8	支付的其他与经营活动有关的现金	114
9	收回投资所收到的现金	201
10	取得投资收益所收到的现金	202
11	处置固定资产等长期资产收回的现金净额	203
12	处置子公司及其他营业单位收到的现金净额	204
13	收到的其他与投资活动有关的现金	205
14	购建固定资产等长期资产支付的现金	211
15	投资所支付的现金	212
16	取得子公司及其他营业单位支付的现金净额	213
17	支付的其他与投资活动有关的现金	214
18	吸收投资所收到的现金	301
19	借款所收到的现金	302
20	收到的其他与筹资活动有关的现金	303
21	偿还债务所支付的现金	311
22	分配股利、利润或偿付利息所支付的现金	312
23	支付其他与筹资活动有关的现金	313

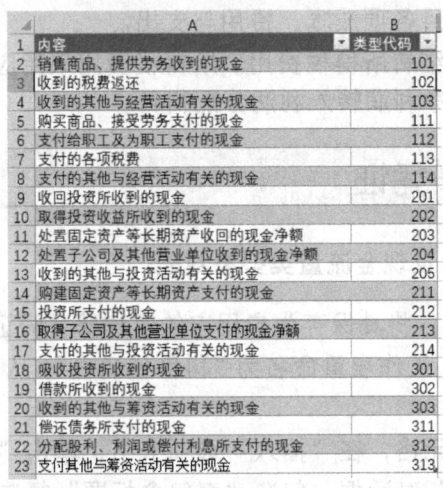

图 2-4 现金流量类型参数表

（二）定义列名称

步骤 1 在“公式”选项卡下，单击“定义的名称”组内的“定义名称”按钮，如图 2-5 所示。

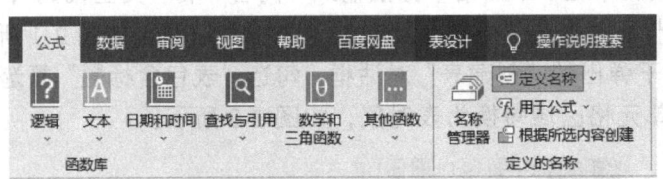

图 2-5 “定义名称”按钮

步骤 2 对于弹出的“新建名称”对话框，在“名称”文本框中输入“现金流量”，单击“引用位置”文本框，选中 A2:A23 单元格区域，单击“确定”按钮，完成“新建名称”对话框的设置，如图 2-6 所示。

图 2-6 “新建名称”对话框

（三）创建记账凭证界面

步骤 1 新建名为“记账凭证”的工作表。

步骤 2 选中 C1 单元格，输入“记账凭证”，选中

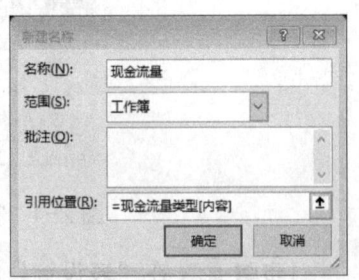

C1:F1 单元格区域，在"开始"选项卡下，单击"对齐方式"组内的"合并后居中"按钮，并为合并后的单元格设置双底框线。

步骤 3 从 B2 单元格开始依次输入"凭证号""日期""附件数""凭证 ID""摘要""会计科目""科目代码""总账科目""明细科目""现金流量类型""借方金额""贷方金额"字段，选中 A3:H18 单元格区域（可根据经济业务调整），在"开始"选项卡下，单击"字体"组内的"边框"下拉按钮，选择"所有框线"选项，并调整字体格式，效果如图 2-7 所示。

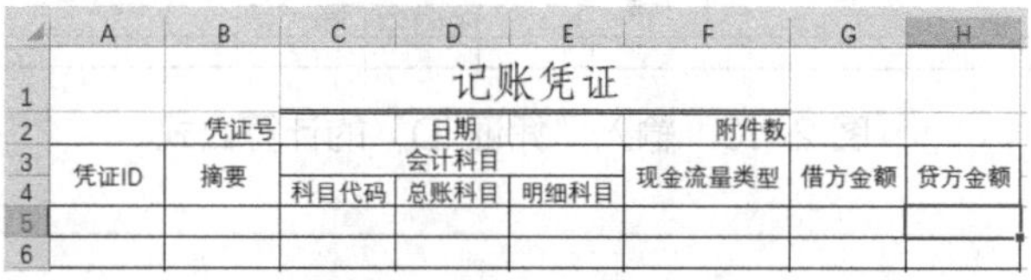

图 2-7　记账凭证界面

步骤 4 选中 E2 单元格，单击鼠标右键，选择"设置单元格格式"命令，对于弹出的"设置单元格格式"对话框，在"数字"选项卡下，在左侧的"分类"列表框中选择"日期"选项，在右侧的"类型"列表框中选择"*2012/3/14"日期格式，单击"确定"按钮。

步骤 5 在"开发工具"选项卡下，单击"控件"组内的"插入"下拉按钮，选择"表单控件"列表中的"按钮（窗体控件）"选项，然后单击 H2 单元格，对于弹出的"指定宏"对话框，直接单击"确定"按钮，生成"按钮 1"，在"按钮 1"上单击鼠标右键，选择"编辑文字"命令，将其重命名为"添加"，效果如图 2-8 所示。

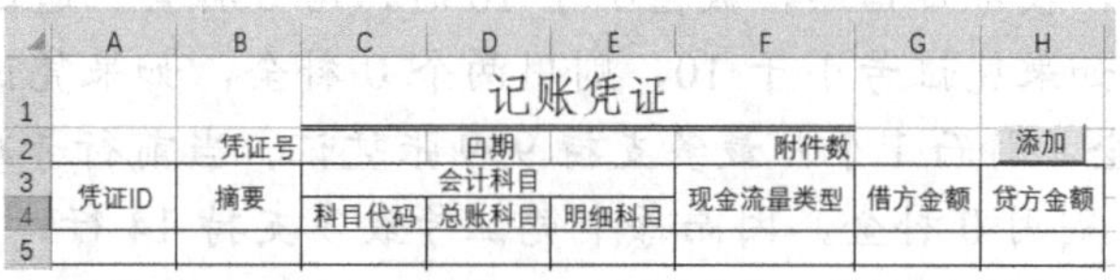

图 2-8　创建"添加"按钮

步骤 6 在"开发工具"选项卡下，单击"控件"组内的"插入"下拉按钮，选择"表单控件"列表中的"按钮（窗体控件）"选项，然后单击 I2 单元格，对于弹出的"指定宏"对话框，直接单击"确定"按钮，生成"按钮 2"，在"按钮 2"上单击鼠标右键，选择"编辑文字"命令，将其重命名为"获取最新凭单号"（凭单号即凭证号），效果如图 2-9 所示。

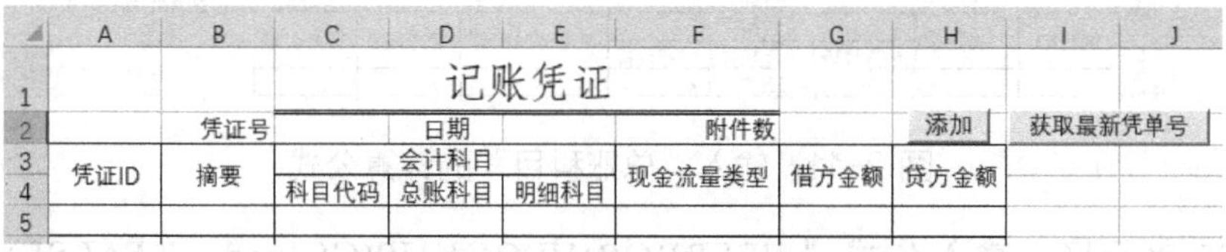

图 2-9　创建"获取最新凭单号"按钮

步骤 7 选中 A5 单元格，输入公式"=IF(B5<>"", YEAR($E$2)&"-"&IF(MONTH($E$2)<10, "0"&MONTH($E$2),MONTH($E$2))&"-"&IF(DAY($E$2)<10,"0"&DAY($E$2),

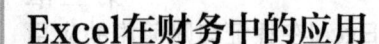

DAY($E$2))&"-"&IF($C$2<10,"00"&$C$2,IF($C$2<100,"0"&$C$2,$C$2))&"-"&IF(ROW()-4<10, "0"&ROW()-4, ROW()-4)&"-"&IF($G$2<10,"0"&$G$2, $G$2), "")",如图 2-10 所示。

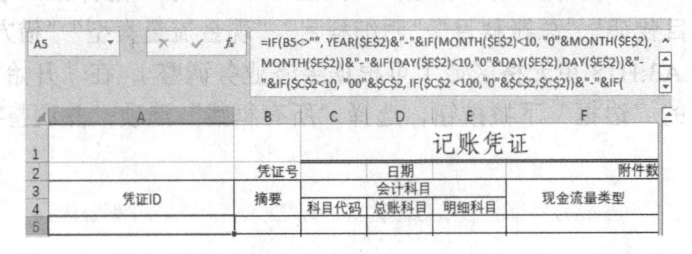

图 2-10 输入"凭证 ID"的计算公式

小贴士

"凭证 ID"计算公式的含义

凭证 ID 具有唯一性，它由年-月-日-凭证号-笔号-附件数构成。其中，年以 4 位数表示；月、日、笔号和附件数都以 2 位数表示，当位数不足 2 位时用 0 补充完整；凭证号用 3 位数来表示，当位数不足 3 位时用 0 补充完整。当凭证中有摘要时，会显示凭证 ID 的内容，否则不显示凭证 ID 的具体内容。凭证 ID 的作用是通过公式分解这个 ID 以获得凭证日期、凭证号及其他相关信息。

A5 单元格中的公式相对复杂，其含义为如果 B5 单元格中有数据信息，就给用户一个凭证 ID，凭证 ID 的内容需要根据下述函数和公式来提取相关数据。这些函数包括：YEAR 函数，获得年份信息；MONTH 函数，获得月份信息，月份小于 10 时，用 0 补全；DAY 函数，获得日信息，数值小于 10 时，用 0 补全。通过 C2 单元格中的值获得凭证号信息，如果凭证号小于 10，则用两个 0 补全，如果凭证号大于 10 但是小于 100，则用 0 补全，因而 1 个月最多支持 999 张凭证。当前行号减 4 作为笔号信息，如果笔号小于 10，则用 0 补全，因而每个凭证号最多支持 14 行。

步骤 8 选中 D5 单元格，输入公式"=IFERROR(VLOOKUP(LEFT(C5,4)+0,kmdm,2,FALSE),"")"，为了避免每张记账凭证都重新输入公式，输入后按"Shift+Ctrl+Enter"组合键，如图 2-11 所示。

图 2-11 输入"总账科目"的计算公式

选中 E5 单元格，输入公式"=IFERROR(VLOOKUP(C5,kmdm,2,FALSE),"")"，输入后按"Shift+Ctrl+Enter"组合键。

步骤 9 选中 F5:F18 单元格区域，在"数据"选项卡下，单击"数据工具"组内的"数据验证"下拉按钮，选择"数据验证"选项。

第二章
Excel在凭证与账簿中的应用

步骤 10 对于弹出的"数据验证"对话框,在"设置"选项卡下,在"允许"下拉列表中选择"序列"选项,在"来源"文本框中输入"=现金流量",单击"确定"按钮,完成"现金流量类型"的数据验证,如图 2-12 所示。

步骤 11 选中 G5:G18 单元格区域,在"开始"选项卡下,单击"样式"组内的"条件格式"下拉按钮,选择"新建规则"选项,打开如图 2-13 所示的"新建格式规则"对话框,在"选择规则类型"列表框中选择"使用公式确定要设置格式的单元格"选项,在"为符合此公式的值设置格式"文本框中输入 "=SUM($H$5:$H$18)<>SUM($G$5:$G$18)",单击"格式"按钮,选择"填充"选项卡,选择红色为填充颜色,连续单击"确定"按钮,完成条件格式的设置。

图 2-12 "数据验证"对话框　　　图 2-13 "新建格式规则"对话框

步骤 12 选中 G5:H18 单元格区域,单击鼠标右键,选择"设置单元格格式"命令,对于弹出的"设置单元格格式"对话框,在"数字"选项卡下,在"分类"列表框中选择"会计专用"选项,设置"货币符号(国家/地区)"为"无",单击"确定"按钮。

步骤 13 分别选中 A5、D5、E5 单元格,用鼠标左键拖动各单元格右下角的黑色十字填充柄,填充其他单元格公式。记账凭证界面创建完成,效果如图 2-14 所示。

图 2-14 记账凭证界面效果

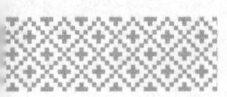

二、编辑记账凭证

下面以 2021 年 12 月发生的第一笔业务为例，演示编制记账凭证的操作步骤。该笔经济业务内容为"12 月 2 日用支票偿还茂林公司货款 57000 元，偿还科轮公司货款 100000 元"。

该笔业务的会计分录如下。

借：应付账款—茂林公司　　57000
　　　　　—科轮公司　　100000
　贷：银行存款　　　　　　157000

（一）编辑记账凭证界面

步骤 1 打开"记账凭证"工作表，选中 C2 单元格，输入凭证号"1"；选中 E2 单元格，输入记账日期"2021-12-2"；选中 G2 单元格，输入附件数"1"；选中 B5 单元格，输入摘要"偿还货款"；选中 C5 单元格，输入科目代码"220203"；选中 G5 单元格，输入金额"57000"；选中 H5 单元格，输入金额"0"。完成记账凭证的第 1 笔记录，如图 2-15 所示。

	A	B	C	D	E	F	G	H
1				记账凭证				
2			凭证号	1	日期	2021/12/2	附件数	1	添加
3	凭证ID	摘要	会计科目			现金流量类型	借方金额	贷方金额
4			科目代码	总账科目	明细科目			
5	2021-12-02-001-01-01	偿还货款	220203	应付账款	茂林公司		57,000.00	0

图 2-15　完成记账凭证的第 1 笔记录

步骤 2 选中 B6 单元格，输入摘要"偿还货款"；选中 C6 单元格，输入科目代码"220201"；选中 G6 单元格，输入金额"100000"；选中 H6 单元格，输入金额"0"。完成记账凭证的第 2 笔记录，如图 2-16 所示。

	A	B	C	D	E	F	G	H
1				记账凭证				
2			凭证号	1	日期	2021/12/2	附件数	1	添加
3	凭证ID	摘要	会计科目			现金流量类型	借方金额	贷方金额
4			科目代码	总账科目	明细科目			
5	2021-12-02-001-01-01	偿还货款	220203	应付账款	茂林公司		57,000.00	0
6	2021-12-02-001-02-01	偿还货款	220201	应付账款	科轮公司		100,000.00	0

图 2-16　完成记账凭证的第 2 笔记录

步骤 3 按照前述方法，完成记账凭证的第 3 笔记录，如图 2-17 所示。到此，第一笔业务记账凭证完成。

	A	B	C	D	E	F	G	H
1					记账凭证			
2			凭证号	1	日期	2021/12/2	附件数	1	添加
3	凭证ID	摘要	会计科目		现金流量类型	借方金额	贷方金额
4			科目代码	总账科目	明细科目			
5	2021-12-02-001-01-01	偿还货款	220203	应付账款	茂林公司		57,000.00	0
6	2021-12-02-001-02-01	偿还货款	220203	应付账款	科轮公司		100,000.00	0
7	2021-12-02-001-03-01	偿还货款	100201	银行存款	农业银行			157,000.00

图 2-17　完成记账凭证的第 3 笔记录（第一笔业务记账凭证内容）

（二）创建凭证汇总表

步骤 1　新建名为"凭证汇总"的工作表。

步骤 2　在 A1:Q1 单元格区域中依次输入"凭证 ID""摘要""科目代码""总账科目""明细科目""现金流量类型""借方金额""贷方金额""类型代码""年""月""日""凭证号""笔号""附件数""性质""审核"字段，完成凭证汇总所需字段的输入。

步骤 3　选中 A1 单元格，在"插入"选项卡下，单击"表格"组内的"表格"按钮，对于弹出的"创建表"对话框，勾选"表包含标题"复选框，单击"确定"按钮，将指定的单元格区域转换为表对象，如图 2-18 所示。

步骤 4　在"表设计"选项卡下，在"属性"组内的"表名称"文本框中输入"pzhz"，完成"凭证汇总"工作表的设计。

步骤 5　为了避免向空表传入数据时会发生错误，选中 A2 单元格，输入任意字母，如"a"，完成首行数据的输入，数据被导入后该行可删除。

（三）录制宏

步骤 1　打开"记账凭证"工作表，在"开发工具"选项卡下，单击"代码"组内的"录制宏"按钮，对于弹出的"录制宏"对话框，在"宏名"文本框中输入"添加"，单击"确定"按钮，开始录制宏，如图 2-19 所示。

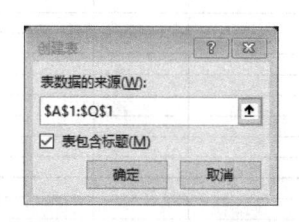

图 2-18　"创建表"对话框　　　图 2-19　"录制宏"对话框

步骤 2　在"开发工具"选项卡下，单击"代码"组内的"使用相对引用"按钮，将录制模式设置为相对模式，如图 2-20 所示。

Excel在财务中的应用

图 2-20　单击"使用相对引用"按钮

步骤 3　选中 H5 单元格，按"Shift+Ctrl+向下方向键"组合键，再按"Shift+Ctrl+向左方向键"组合键，单击鼠标右键，选择"复制"命令，完成对指定单元格的复制。

步骤 4　在"开发工具"选项卡下，再次单击"代码"组内的"使用相对引用"按钮，将录制模式设置为绝对模式，如图 2-21 所示。

图 2-21　再次单击"使用相对引用"按钮

步骤 5　打开"凭证汇总"工作表，选中 A1 单元格，在"开发工具"选项卡下，单击"代码"组内的"使用相对引用"按钮，将录制模式设置为相对模式。

步骤 6　选中 A1 单元格，按"Ctrl+向下方向键"组合键，再按一次"向下方向键"，单击鼠标右键，选择"选择性粘贴"下拉列表中的"值"选项。

步骤 7　在"开发工具"选项卡下，再次单击"代码"组内的"使用相对引用"按钮，将录制模式设置为绝对模式。

步骤 8　打开"记账凭证"工作表，删除 E2 单元格、G2 单元格、B5:C18 及 F5:H18 单元格区域中的内容，如图 2-22 所示。

图 2-22　使用宏添加信息模板

步骤 9　在"开发工具"选项卡下，单击"代码"组内的"停止录制"按钮，完成宏的录制，如图 2-23 所示。

步骤 10 在"添加"按钮上单击鼠标右键,选择"指定宏"命令,对于弹出的"指定宏"对话框,在"宏名"文本框中选择"添加"选项,单击"确定"按钮,完成"指定宏"对话框的设置,如图 2-24 所示。

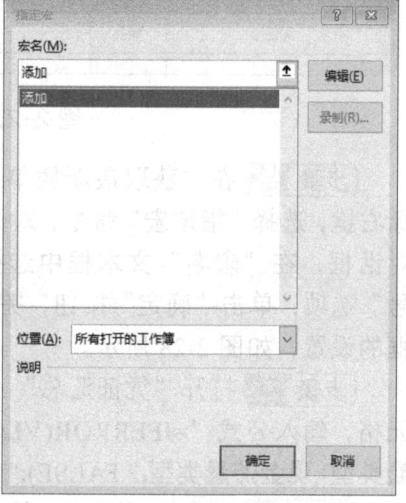

图 2-23 "停止录制"按钮

图 2-24 "指定宏"对话框

步骤 11 打开"凭证汇总"工作表,删除第 2 行,效果如图 2-25 所示。

图 2-25 将第一笔业务的记账凭证添加到"凭证汇总"工作表中

三、优化凭证号

步骤 1 打开"记账凭证"工作表,在"开发工具"选项卡下,单击"代码"组内的"录制宏"按钮,对于弹出的"录制宏"对话框,在"宏名"文本框中输入"获取最新凭单号",单击"确定"按钮,开始录制宏,如图 2-26 所示。

步骤 2 选中 C2 单元格,输入公式"=MAX(IF(pzhz[年]&"-"&pzhz[月]=YEAR(E2)&"-"&MONTH(E2),pzhz[凭证号]),0)+1",输入后按"Shift+Ctrl+Enter"组合键,如图 2-27 所示。

步骤 3 在"开发工具"选项卡下,单击"代码"组内的"停止录制"按钮,完成宏的录制。

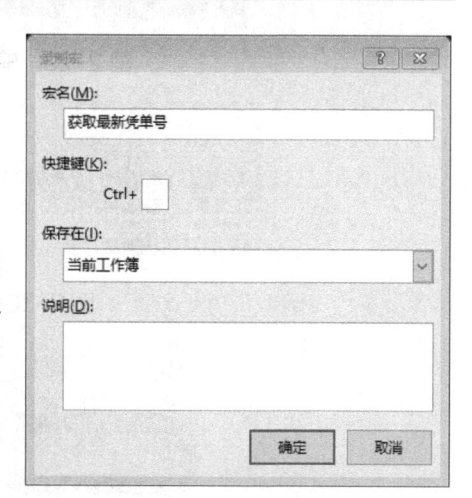

图 2-26 "录制宏"对话框

Excel在财务中的应用

图 2-27 输入"凭证号"的计算公式

步骤 4 在"获取最新凭单号"按钮上单击鼠标右键，选择"指定宏"命令，对于弹出的"指定宏"对话框，在"宏名"文本框中选择"获取最新凭单号"选项，单击"确定"按钮，完成"指定宏"对话框的设置，如图 2-28 所示。

步骤 5 打开"凭证汇总"工作表，选中 I2 单元格，输入公式"=IFERROR(VLOOKUP ([@现金流量类型],现金流量类型,2,FALSE),"")"，如图 2-29 所示。

步骤 6 选中 J2 单元格，输入公式"=LEFT([@凭证ID],4)+0"，如图 2-30 所示。

步骤 7 选中 K2 单元格，输入公式"=MID([@凭证ID],6,2)+0"，如图 2-31 所示。

步骤 8 选中 L2 单元格，输入公式"=MID([@凭证ID],9,2)+0"。

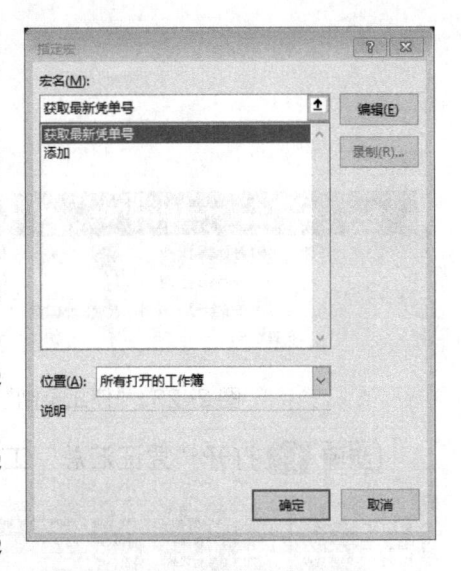

图 2-28 "指定宏"对话框

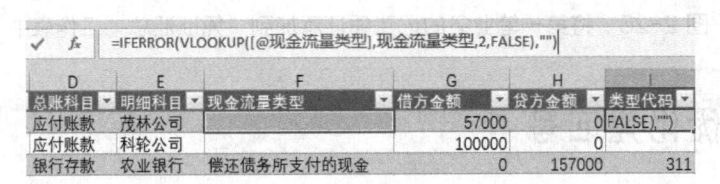

图 2-29 输入"类型代码"的计算公式

图 2-30 输入"年"的计算公式

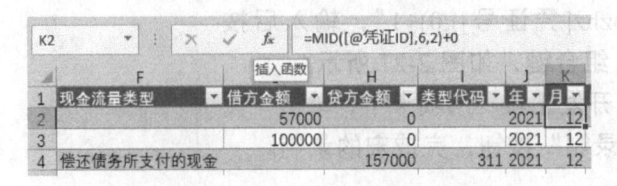

图 2-31 输入"月"的计算公式

第二章 Excel在凭证与账簿中的应用

步骤 9 选中 M2 单元格，输入公式"=MID([@凭证 ID],12,3)+0"。

步骤 10 选中 N2 单元格，输入公式"=MID([@凭证 ID],16,2)+0"。

步骤 11 选中 O2 单元格，输入公式"=RIGHT([@凭证 ID],2)+0"。

步骤 12 选中 P2 单元格，输入公式"=VLOOKUP([@科目代码],kmdm,3,FALSE)"，如图 2-32 所示。

步骤 13 选中 A2 单元格，在"视图"选项卡下，单击"窗口"组内的"冻结窗格"下拉按钮，选择"冻结窗格"选项，如图 2-33 所示。

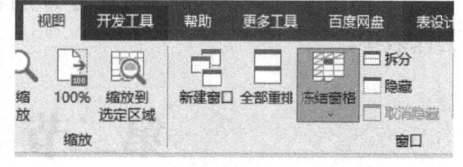

图 2-32 输入"性质"的计算公式

图 2-33 "冻结窗格"下拉按钮

四、输入后续凭证数据

下面以 2021 年 12 月发生的第二笔业务为例，演示输入后续凭证数据并添加到"凭证汇总"工作表中的操作流程。该笔经济业务的内容为"12 月 3 日车间领用 A 零配件 10 吨，每吨 29600 元，用于电冰箱的生产"。

该笔业务的会计分录如下。

借：生产成本——电冰箱　　　296000

　　贷：原材料——A 零配件　　296000

步骤 1 打开"记账凭证"工作表，输入"日期"和"附件数"，单击"获取最新凭单号"按钮，更新本张凭证的凭证号，如图 2-34 所示。

图 2-34 更新凭证号

步骤 2 分别在"摘要""科目代码""现金流量类型""借方金额""贷方金额"列中输入第二笔业务的内容，如图 2-35 所示。

图 2-35 第二笔业务记账凭证内容

步骤 3 单击"添加"按钮,将第二笔业务的记账凭证添加到"凭证汇总"工作表中,打开"凭证汇总"工作表,如图 2-36 所示。

凭证ID	摘要	科目代码	总账科目	明细科目	现金流量类型	借方金额	贷方金额	类型代码	年	月	日	凭证号	笔数	附件数	性质	审核
2021-12-02-001-01-01	偿还货款	220203	应付账款	茂林公司		57000	0		2021	12	2	1	1	1	-1	
2021-12-02-001-02-01	偿还货款	220203	应付账款	科轮公司		100000	0		2021	12	2	1	2	1	-1	
2021-12-02-001-03-01	银行存款	100201	银行存款	农业银行	偿还债务所支付!	0	157000	311	2021	12	2	1	3	1	1	
2021-12-03-002-01-01	领用原材料	500101	生产成本	冰箱		296000	0		2021	12	3	2	1	1	1	
2021-12-03-002-02-01	领用原材料	140301	原材料	A零配件		0	296000		2021	12	3	2	2	1	1	

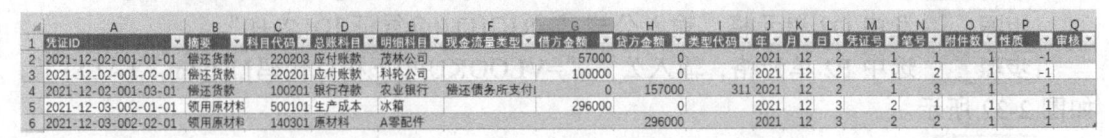

图 2-36 将第二笔业务的记账凭证添加到"凭证汇总"工作表中

步骤 4 将本月其他的业务分别输入"记账凭证"工作表中,并添加到"凭证汇总"工作表中。

第二节 日记账的生成

▶ 数据源:

在本章第一节表 2-1"来顺公司 2021 年 11 月科目余额表"的数据信息基础上,假设来顺公司在 2022 年 1 月发生了以下和现金有关的业务。

① 1 月 1 日转入上年余额 6000 元。
② 1 月 5 日支付办公室水电费 580 元。
③ 1 月 12 日从农业银行提现 20000 元。
④ 1 月 17 日报销经理差旅费 3400 元。
⑤ 1 月 28 日支付杂志期刊订阅费 500 元。

日记账包含现金日记账和银行存款日记账,两者记账的方式完全相同,可通过表对象和数据透视表生成。本节仅演示现金日记账的生成步骤。

一、设置现金日记账格式

步骤 1 新建名为"现金日记账"的工作表。

步骤 2 在 A1:H1 单元格区域中依次输入"年""月""日""编号""摘要""借方发生额""贷方发生额""余额"字段。

步骤 3 选中 A:D 列,单击鼠标右键,选择"设置单元格格式"命令,对于弹出的"设置单元格格式"对话框,选择"数字"选项卡下的"数值"选项,设置"小数位数"为"0",单击"确定"按钮。

步骤 4 选中 E 列,单击鼠标右键,选择"设置单元格格式"命令,对于弹出的"设置单元格格式"对话框,选择"数字"选项卡下的"文本"选项,单击"确定"按钮。

步骤 5 选中 F:H 列,单击鼠标右键,选择"设置单元格格式"命令,对于弹出的"设置单元格格式"对话框,选择"数字"选项卡下的"会计专用"选项,设置"货币符号(国家/地区)"为"无",单击"确定"按钮。

步骤 6 选中 D2 单元格,输入公式"=ROW()-1",完成"编号"列的设置,如图 2-37 所示。

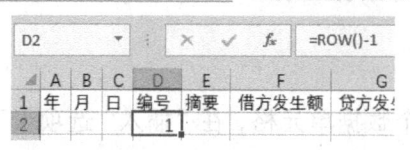

第二章
Excel在凭证与账簿中的应用

图 2-37　输入"编号"计算公式

二、登记现金日记账

（一）登记本月现金业务

步骤 1 从 A2 单元格开始输入第一笔业务的内容，选中 H2 单元格，输入公式"=F2"，完成第一笔业务余额的计算，如图 2-38 所示。

图 2-38　登记第一笔现金日记账

步骤 2 从 A3 单元格开始输入第二笔业务的内容，选中 D2 单元格，将光标移至单元格右下角时指针变为黑色十字填充柄，单击鼠标左键并向下拖动填充柄填充编号；选中 H3 单元格，输入公式"=H2+F3-G3"，完成第二笔业务余额的计算，如图 2-39 所示。

图 2-39　登记第二笔现金日记账

步骤 3 选中 A1 单元格，在"插入"选项卡下，单击"表格"组内的"表格"按钮，对于弹出的"创建表"对话框，勾选"表包含标题"复选框，单击"确定"按钮，将指定的单元格区域转换为表对象。

步骤 4 在"表设计"选项卡下，在"属性"组内的"表名称"文本框中输入"xjrjz"。

步骤 5 选中 A1 单元格，在"表设计"选项卡下，选择"表格样式"组内的"表样式浅色 15"选项，设置表格样式。

步骤 6 将其他现金业务登记入账，登记完成的现金日记账如图 2-40 所示。

图 2-40　登记完成的现金日记账

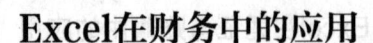

（二）按月汇总

步骤 1 选中任意一个数据单元格，在"插入"选项卡下，单击"表格"组内的"数据透视表"按钮。

步骤 2 对于弹出的"来自表格或区域的数据透视表"对话框，在"选择表格或区域"下的"表/区域"文本框中，选中该工作表中的所有数据区域（或直接输入表对象名称"xjrjz"），在"选择放置数据透视表的位置"选区中选中"新工作表"单选按钮，单击"确定"按钮，如图 2-41 所示。

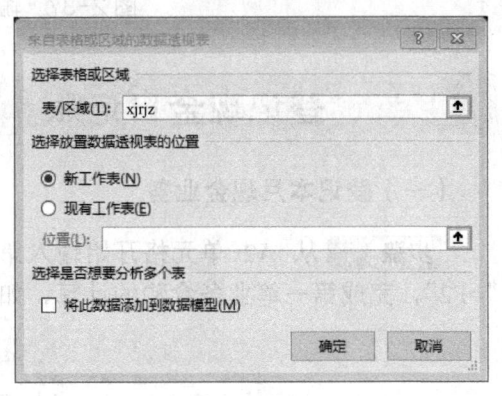

步骤 3 此时系统会自动在工作表前面创建一个名为"Sheet1"的新工作表，将此表重命名为"现金日记账数据透视表"，新工作表具有数据透视表的基本框架，并在右侧弹出"数据透视表字段"窗格。

图 2-41 "来自表格或区域的数据透视表"对话框

步骤 4 在"数据透视表字段"窗格中，将"月"和"日"依次拖动至"行"下的空白框中，将"借方发生额"和"贷方发生额"依次拖动至"值"下的空白框中，操作如图 2-42 所示。创建好的现金日记账数据透视表如图 2-43 所示。

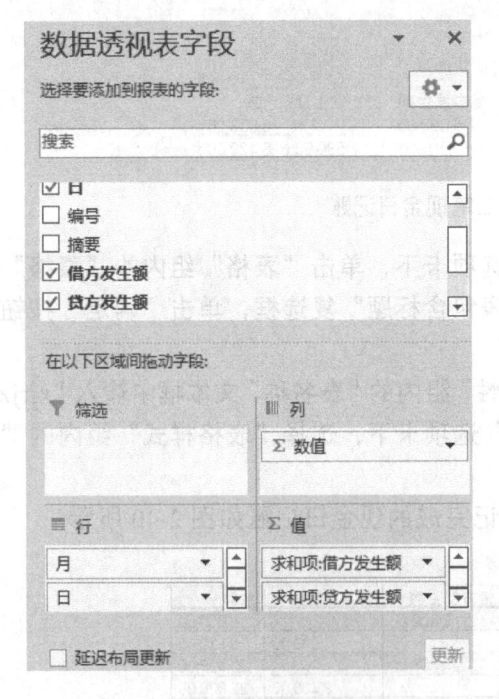

图 2-42 设置数据透视表字段　　图 2-43 创建好的现金日记账数据透视表

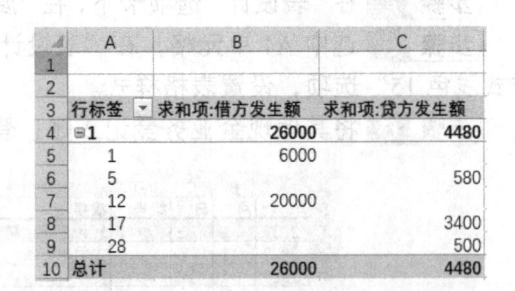

步骤 5 依次选中 B4:B9 单元格区域和 C4:C9 单元格区域，在"数据透视表工具"栏的"数据透视表分析"选项卡下，单击"活动字段"组内的"字段设置"按钮，如图 2-44 所示。

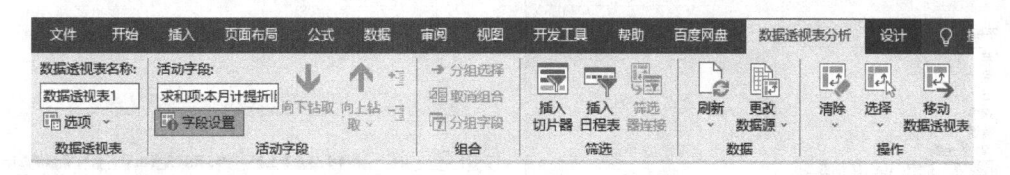

图 2-44 "字段设置"按钮

步骤 6 对于弹出的"值字段设置"对话框，在"值汇总方式"选项卡下，在"计算类型"列表框中选择"求和"选项，如图 2-45 所示，然后单击"数字格式"按钮；对于弹出的"设置单元格格式"对话框，在"数字"选项卡下，在"分类"列表框中选择"会计专用"选项，设置"小数位数"为"2"，设置"货币符号（国家/地区）"为"无"，单击"确定"按钮。

步骤 7 选中数据透视表中的任意一个单元格，在"数据透视表工具"栏的"数据透视表分析"选项卡下，单击"计算"组内的"字段、项目和集"下拉按钮，选择"计算字段"选项，如图 2-46 所示。

步骤 8 对于弹出的"插入计算字段"对话框，在"名称"文本框中输入"余额总计"，将"公式"文本框中的"0"删除，选择"字段"列表框中的"借方发生额"选项，单击"插入字段"按钮，接着输入减号"-"，然后选择"字段"列表框中的"贷方发生额"选项，单击"插入字段"按钮，最后单击"确定"按钮，如图 2-47 所示。

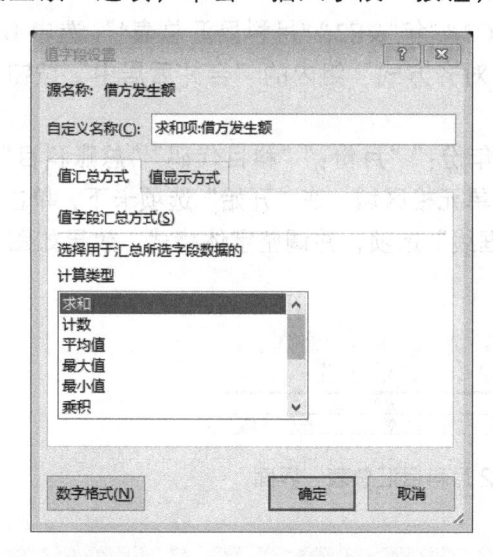

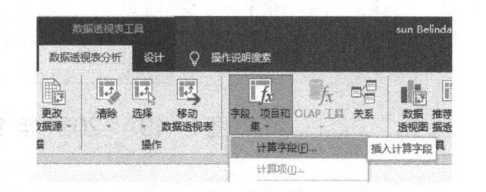

图 2-45 "值字段设置"对话框　　图 2-46 "字段、项目和集"下拉按钮

步骤 9 选中 A3 单元格，在"数据透视表工具"栏的"设计"选项卡下，单击"布局"组内的"报表布局"下拉按钮，选择"以表格形式显示"选项。以表格形式显示的现金日记账数据透视表如图 2-48 所示。

Excel在财务中的应用

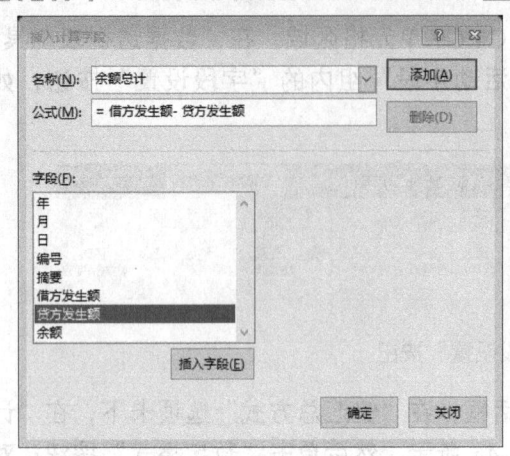

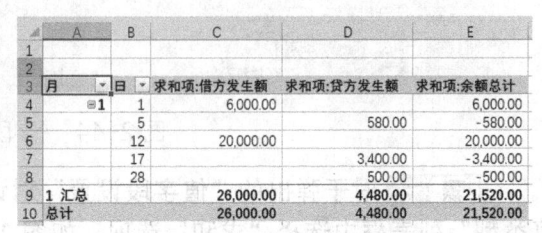

图 2-47 "插入计算字段"对话框　　图 2-48 以表格形式显示的现金日记账数据透视表

第三节　科目汇总表的生成

一、设置科目汇总表格式

步骤 1　新建名为"科目汇总表"的工作表。

步骤 2　选中 C1 单元格，输入公式"=C2&"年"&E2&"月科目汇总表""，选中 B1:E1 单元格区域，在"开始"选项卡下，单击"对齐方式"组内的"合并后居中"按钮，并为合并后的单元格设置双底框线。

步骤 3　从 B2 单元格开始依次输入"年份：""月份：""科目代码""总账科目""借方发生额""贷方发生额"字段，选中 B3:E3 单元格区域，在"开始"选项卡下，单击"字体"组内的"边框"下拉按钮，选择"所有框线"选项，并调整字体格式，效果如图 2-49 所示。

图 2-49 "2021 年 12 月科目汇总表"界面

二、获取本期发生额

（一）创建新数据源

步骤 1　在"数据"选项卡下，单击"获取外部数据"组内的"自其他来源"下拉按钮,选择"来自 Microsoft Query"选项。

步骤 2 对于弹出的"选择数据源"对话框,选择"数据库"列表框中的"<新数据源>"选项,单击"确定"按钮。

步骤 3 对于弹出的"创建新数据源"对话框,在"请输入数据源名称"文本框中输入"凭证与账簿",在"为您要访问的数据库类型选定一个驱动程序"下拉列表中选择"Microsoft Excel Driver(*.xls,*.xlsx,*.xlsm,*.xlsb)"选项,如图 2-50 所示。

单击"连接"按钮,对于弹出的"ODBC Microsoft Excel 安装"对话框,在"版本"下拉列表中选择"Excel 12.0"选项,单击"选择工作簿"按钮,如图 2-51 所示。

对于弹出的"选择工作簿"对话框,选择"凭证与账簿.xlsm"文件路径,单击"确定"按钮,如图 2-52 所示。

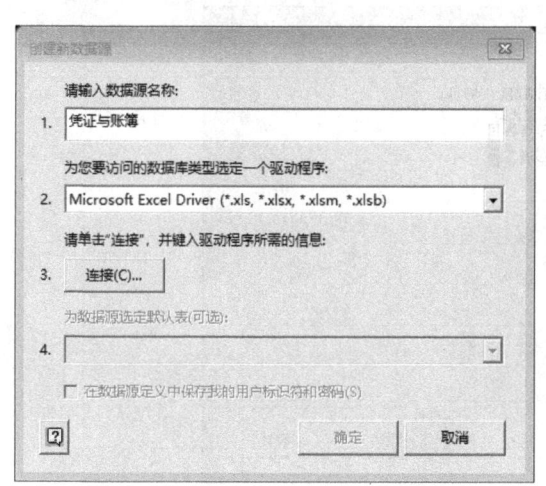

图 2-50 "创建新数据源"对话框 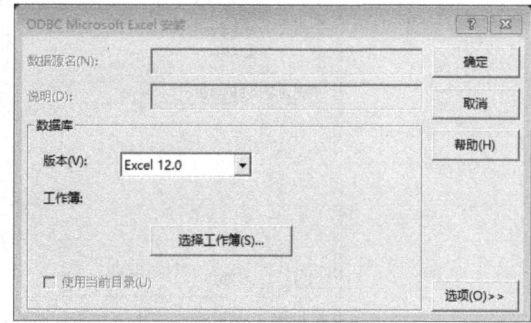　　图 2-51 "ODBC Microsoft Excel 安装"对话框

步骤 4 返回到"ODBC Microsoft Excel 安装"对话框,单击"确定"按钮。返回到"创建新数据源"对话框,在"为数据源选定默认表(可选)"下拉列表中选择"凭证汇总$"选项,单击"确定"按钮,如图 2-53 所示。

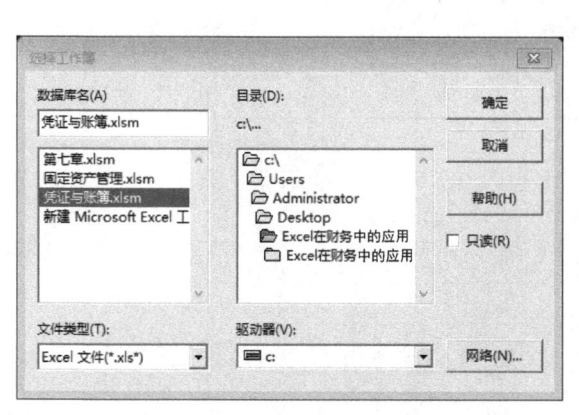

图 2-52 "选择工作簿"对话框 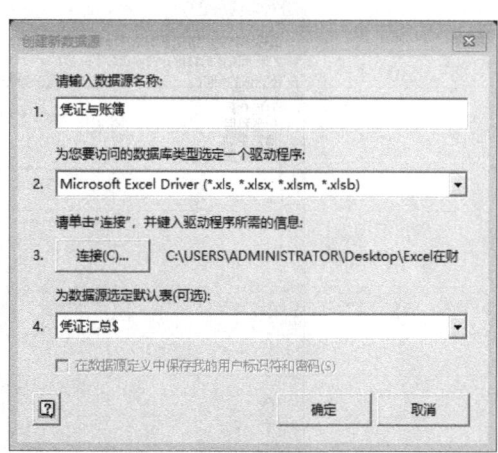　　图 2-53 返回到"创建新数据源"对话框

Excel在财务中的应用

（二）导入数据到科目汇总表中

步骤 1 选中"科目汇总表"工作表中的 B4 单元格，在"数据"选项卡下，单击"获取外部数据"组内的"自其他来源"下拉按钮，选择"来自 Microsoft Query"选项，对于弹出的"选择数据源"对话框，选择"数据库"列表框中的"凭证与账簿"选项，单击"确定"按钮。

步骤 2 对于弹出的"查询向导-选择列"对话框，单击"可用的表和列"列表框中的"凭证汇总$"前的"+"按钮，展开该选项所包含的列，分别选择"科目代码""总账科目""借方金额""贷方金额"选项，单击">"按钮，将其导入"查询结果中的列"列表框中，单击"下一页"按钮，如图 2-54 所示。

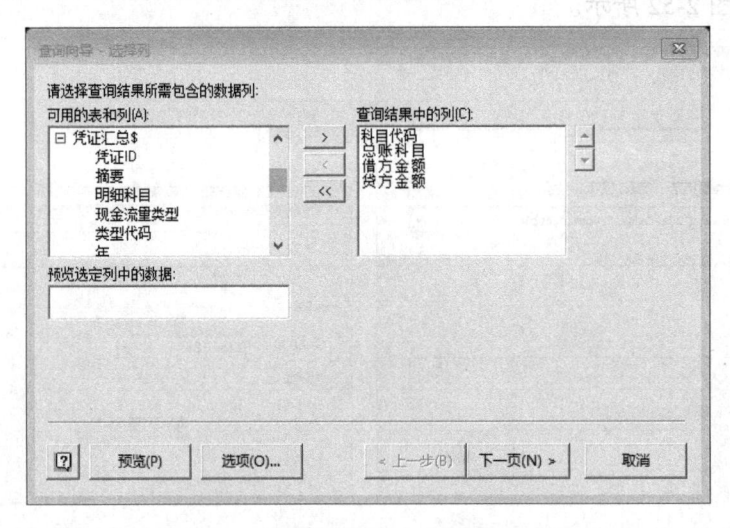

图 2-54 "查询向导-选择列"对话框

步骤 3 对于弹出的"查询向导-筛选数据"对话框，单击"下一页"按钮，跳过筛选的过程，如图 2-55 所示。

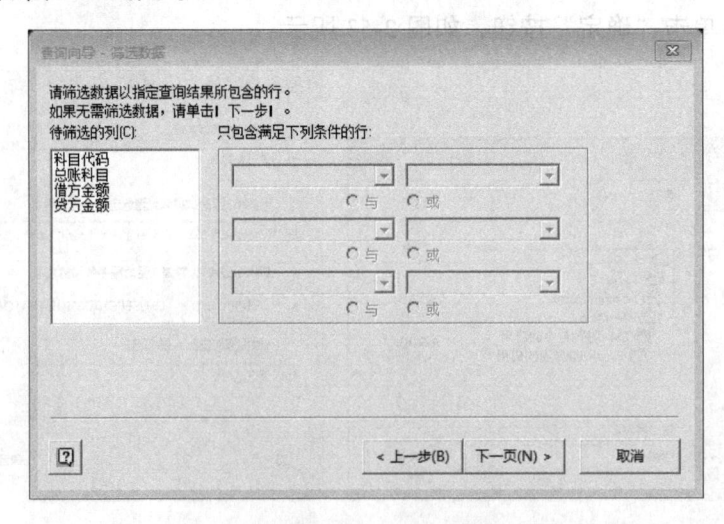

图 2-55 "查询向导-筛选数据"对话框

步骤 4 对于弹出的"查询向导-排序顺序"对话框,单击"下一页"按钮,跳过排序的过程,如图 2-56 所示。

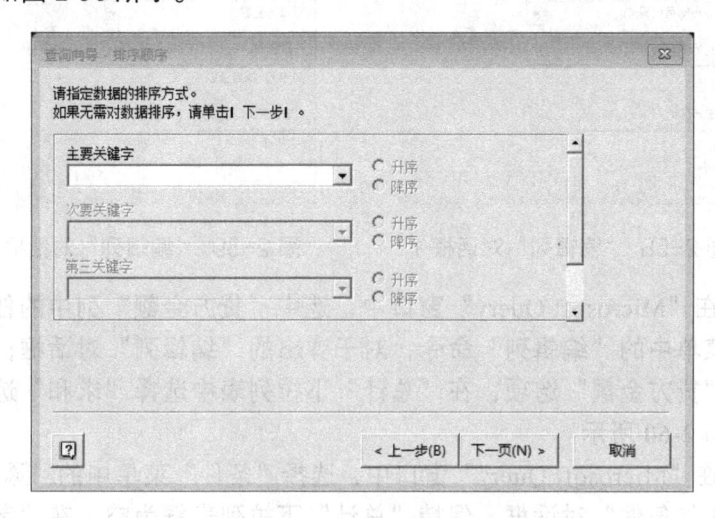

图 2-56 "查询向导-排序顺序"对话框

步骤 5 对于弹出的"查询向导-完成"对话框,选中"在 Microsoft Query 中查看数据或编辑查询"单选按钮,单击"完成"按钮,完成查询向导的操作,如图 2-57 所示。

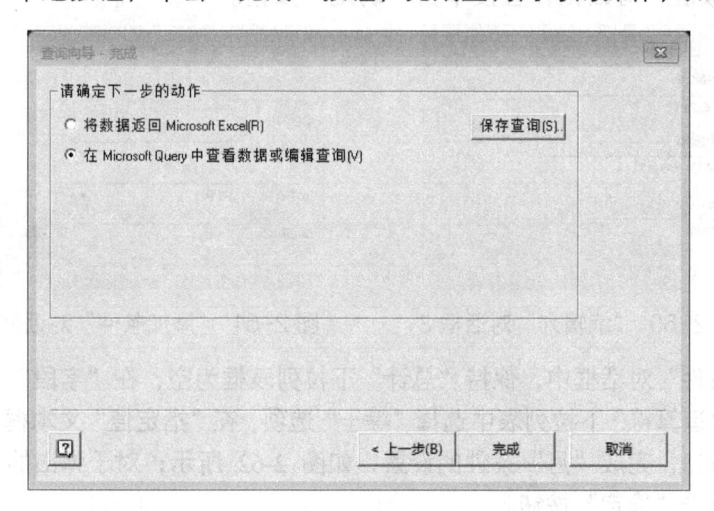

图 2-57 "查询向导-完成"对话框

步骤 6 对于弹出的"Microsoft Query"窗口,选中"科目代码"列中的任意一个数据,选择"记录"菜单中的"编辑列"命令,对于弹出的"编辑列"对话框,在"字段"下拉列表中选择"科目代码"选项,单击下拉列表框,补充输入"left(科目代码,4)",单击"确定"按钮,如图 2-58 所示。

步骤 7 在"Microsoft Query"窗口中,选中"借方金额"列中的任意一个数据,选择"记录"菜单中的"编辑列"命令,对于弹出的"编辑列"对话框,在"字段"下拉列表中选择"借方金额"选项,在"总计"下拉列表中选择"求和"选项,单击"确定"按钮,如图 2-59 所示。

Excel在财务中的应用

图 2-58 "编辑列"对话框 1   图 2-59 "编辑列"对话框 2

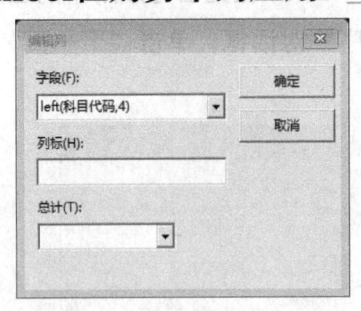

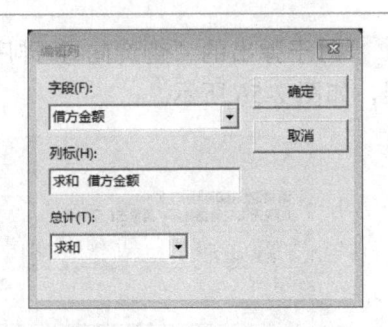

步骤 8 在"Microsoft Query"窗口中，选中"贷方金额"列中的任意一个数据，选择"记录"菜单中的"编辑列"命令，对于弹出的"编辑列"对话框，在"字段"下拉列表中选择"贷方金额"选项，在"总计"下拉列表中选择"求和"选项，单击"确定"按钮，如图 2-60 所示。

步骤 9 在"Microsoft Query"窗口中，选择"条件"菜单中的"添加条件"命令，对于弹出的"添加条件"对话框，保持"总计"下拉列表框为空，在"字段"下拉列表中选择"年"选项，在"运算符"下拉列表中选择"等于"选项，在"指定值"文本框中输入"[nian]"，单击"添加"按钮，完成"年"条件的设置，如图 2-61 所示；对于弹出的"输入参数值"对话框，直接单击"确定"按钮。

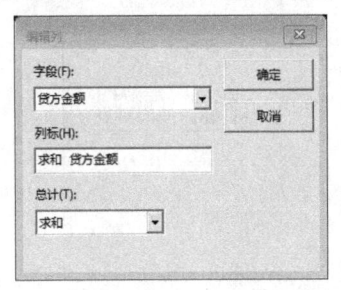

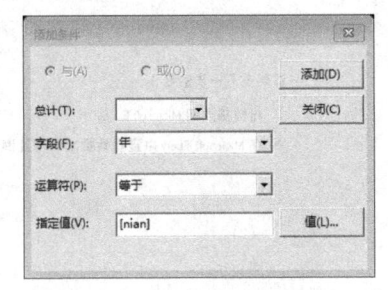

图 2-60 "编辑列"对话框 3   图 2-61 "添加条件"对话框 1

在"添加条件"对话框中，保持"总计"下拉列表框为空，在"字段"下拉列表中选择"月"选项，在"运算符"下拉列表中选择"等于"选项，在"指定值"文本框中输入"[yue]"，单击"添加"按钮，完成"月"条件的设置，如图 2-62 所示；对于弹出的"输入参数值"对话框，直接单击"确定"按钮。

步骤 10 设置参数值后，在"Microsoft Query"窗口中的显示效果如图 2-63 所示。

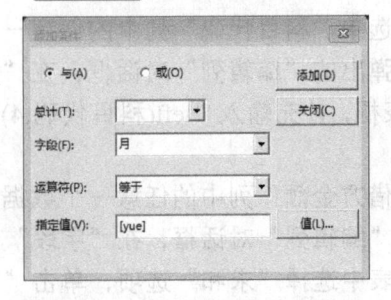

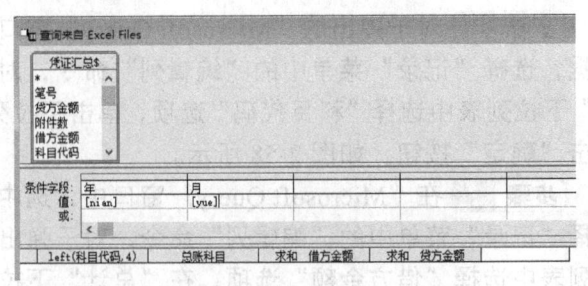

图 2-62 "添加条件"对话框 2   图 2-63 设置参数值后的显示效果

第二章
Excel在凭证与账簿中的应用

步骤 11 在"Microsoft Query"窗口中，选择"文件"菜单中的"将数据返回 Microsoft Excel"命令，对于弹出的"导入数据"对话框，选中"现有工作表"单选按钮，在"现有工作表"文本框中，单击"科目汇总表"工作表中的 B4 单元格，单击"确定"按钮，完成数据导入的操作，如图 2-64 所示。

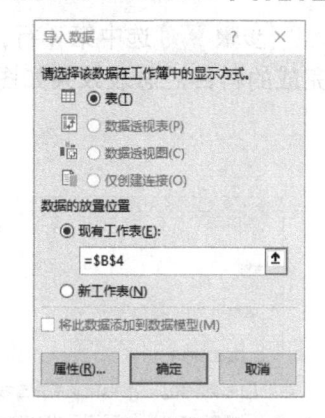

步骤 12 对于弹出的"输入参数值"对话框，在"nian"文本框中，单击"科目汇总表"工作表中的 C2 单元格，并勾选"在以后的刷新中使用该值或该引用"和"当单元格值更改时自动刷新"复选框，单击"确定"按钮，如图 2-65 所示。

对于弹出的"输入参数值"对话框，在"yue"文本框中，单击"科目汇总表"工作表中的 E2 单元格，并勾选"在以后的刷新中使用该值或该引用"和"当单元格值更改时自动刷新"复选框，单击"确定"按钮，如图 2-66 所示。

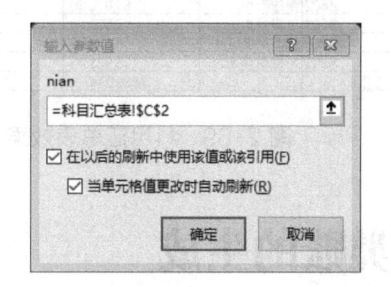

图 2-64 "导入数据"对话框

图 2-65 "输入参数值"对话框 1 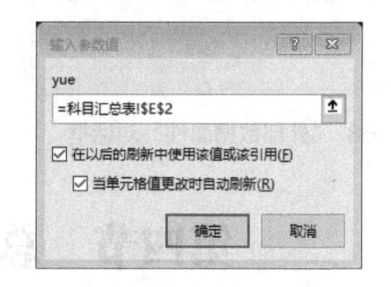　　图 2-66 "输入参数值"对话框 2

（三）设置格式和布局

步骤 1 选中 B4 单元格，在"表设计"选项卡下，选择"表格样式"组内的"无"选项，勾选"表格样式选项"组内的"汇总行"复选框。

步骤 2 选中 B4:E26 单元格区域，在"开始"选项卡下，单击"字体"组内的"边框"下拉按钮，选择"所有框线"选项。选中 E26 单元格，单击鼠标左键并向左拖动填充柄至 D26 单元格，填充借方金额的求和，效果如图 2-67 所示。

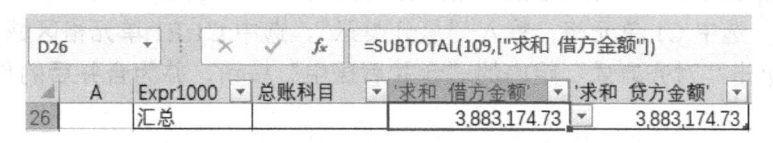

图 2-67 借方金额汇总求和填充结果

步骤 3 选中 D5:E26 单元格区域，单击鼠标右键，选择"设置单元格格式"命令，对于弹出的"设置单元格格式"对话框，选择"数字"选项卡下的"会计专用"选项，设置"货币符号（国家/地区）"为"无"，单击"确定"按钮。

步骤 4 选中 B4 单元格，在"表设计"选项卡下，单击"外部表数据"组内的"属性"按钮，对于弹出的"外部数据属性"对话框，取消勾选"调整列宽"复选框，单击"确定"按钮，完成表格的设置，如图 2-68 所示。

步骤 5 选中第 4 行，单击鼠标右键，选择"隐藏"命令，将表对象的标题行隐藏。完成的科目汇总表效果如图 2-69 所示。

科目代码	总账科目	借方发生额	贷方发生额
	2021年12月科目汇总表		
年份:	2021	月份:	12
1001	库存现金	-	7,000.00
1002	银行存款	606,060.00	589,150.00
1231	坏账准备	-	5,656.30
1403	原材料	135,000.00	363,500.00
1405	库存商品	563,630.00	352,000.00
1602	累计折旧	-	25,000.00
2202	应付账款	157,000.00	-
2211	应付职工薪酬	256,900.00	256,900.00
2221	应交税费	35,950.00	104,003.43
2231	应付利息	-	3,500.00
4103	本年利润	518,000.00	518,000.00
4104	利润分配	-	47,830.27
5001	生产成本	563,630.00	563,630.00
5101	制造费用	58,835.00	58,835.00
6001	主营业务收入	518,000.00	518,000.00
6401	主营业务成本	352,000.00	352,000.00
6601	销售费用	9,000.00	9,000.00
6602	管理费用	84,070.00	84,070.00
6603	财务费用	3,500.00	3,500.00
6701	资产减值损失	5,656.30	5,656.30
6801	所得税费用	15,943.43	15,943.43
汇总		3,883,174.73	3,883,174.73

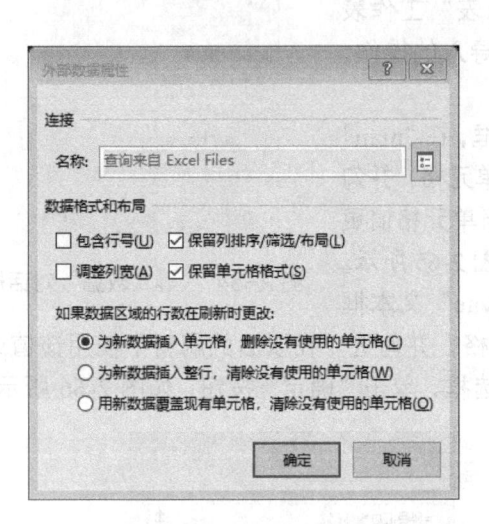

图 2-68 "外部数据属性"对话框　　　　图 2-69 科目汇总表效果

第四节　总分类账的生成

↳ 数据源：

本节沿用本章第一节表 2-1 "来顺公司 2021 年 11 月科目余额表"和来顺公司 2021 年 12 月发生的经济业务的数据信息。

一、设置总分类账格式

步骤 1 新建名为"总分类账"的工作表。

步骤 2 选中 C1 单元格，输入"总分类账"，选中 C1:E1 单元格区域，在"开始"选项卡下，单击"对齐方式"组内的"合并后居中"按钮，并为合并后的单元格设置双底框线。

步骤 3 从 A2 单元格开始依次输入"科目代码:""会计科目:""年""月""日""摘要""借方金额""贷方金额""借或贷""余额"字段，选中 A3:G7 单元格区域，在"开始"选项卡下，单击"字体"组内的"边框"下拉按钮，选择"所有框线"选项，并调整字体格式，效果如图 2-70 所示。

步骤 4 选中 C2 单元格，在"数据"选项卡下，单击"数据工具"组内的"数据验证"按钮。

步骤 5 对于弹出的"数据验证"对话框，在"设置"选项卡下，在"允许"下拉列表中选择"序列"选项,单击"来源"文本框,选中"科目代码表"工作表中的 A2:A78 单元格区域,单击"确定"按钮,完成"科目代码"的数据验证,如图 2-71 所示。

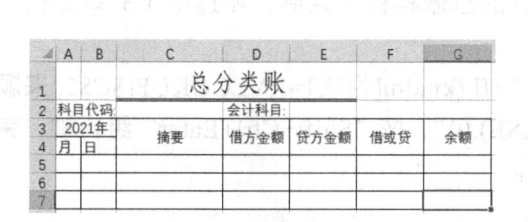

图 2-70 总分类账界面

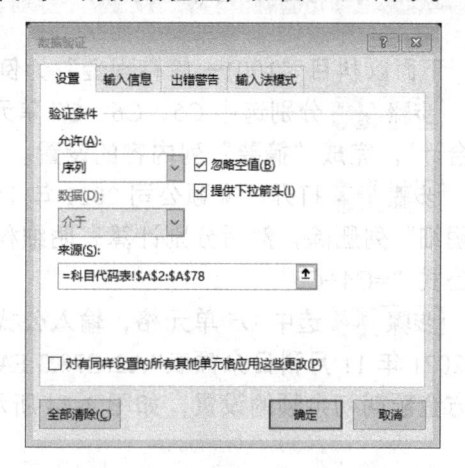

图 2-71 "数据验证"对话框

步骤 6 选中 E2 单元格,输入公式"=IF(LEN(C2)=4,VLOOKUP($C$2,kmdm,2,FALSE),(VLOOKUP(LEFT($C$2,4)+0,kmdm,2,FALSE))&"-"&VLOOKUP($C$2,kmdm,2,FALSE))",完成会计科目名称的设置,如图 2-72 所示。

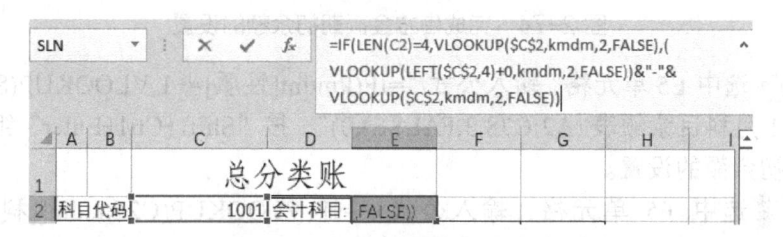

图 2-72 完成会计科目名称的设置

步骤 7 选中 A3 单元格,输入"2021";选中 A5 单元格,输入"12",选中 A5 单元格,将光标移至单元格右下角时指针变为黑色十字填充柄,单击鼠标左键并向下拖动填充柄填充月份信息;选中 B5 单元格,手动输入"1";选中 B6 单元格,输入公式"=DAY(DATE($A$3, $A$5+1,0))",完成指定月份天数的计算,如图 2-73 所示。

步骤 8 选中 B7 单元格,输入公式"=B6",完成日信息的填制。

图 2-73 完成指定月份天数的计算

二、录入期初数

下面以科目"1001——库存现金"为例，演示生成总分类账的操作步骤。

步骤 1 分别选中 C5、C6、C7 单元格，依次输入"期初余额""本月发生额""本月合计"，完成"摘要"列内容的设置。

步骤 2 打开"来顺公司 2021 年 11 月科目余额表"工作表，将"性质"列和"是否明细"列删除，然后分别计算有明细科目的总账科目的余额，如选中 C3 单元格，输入公式"=C4+C5"。

步骤 3 选中 D5 单元格，输入公式"=IF(kmdm[性质]=1,VLOOKUP($C$2,'来顺公司 2021 年 11 月科目余额表'!A2:C78,3,FALSE),0)"，按"Shift+Ctrl+Enter"组合键，完成借方金额期初余额的设置，如图 2-74 所示。

图 2-74 完成借方金额期初余额的设置

步骤 4 选中 E5 单元格，输入公式"=IF(kmdm[性质]=-1,VLOOKUP($C$2,'来顺公司 2021 年 11 月科目余额表'!A2:C78,3,FALSE),0)"，按"Shift+Ctrl+Enter"组合键，完成贷方金额期初余额的设置。

步骤 5 选中 F5 单元格，输入公式"=IF(VLOOKUP(C2,kmdm[[科目代码]:[性质]],3)>0,"借","贷")"，完成借贷方向的设置。

步骤 6 选中 G5 单元格，输入公式"=IF（F5="借",D5-E5,E5-D5)"，完成期初余额的计算。

三、计算总账科目本期发生额

步骤 1 打开"科目汇总表"工作表，选中 B5:B25 单元格区域，在"数据"选项卡下，单击"数据工具"组内的"分列"按钮，对于弹出的"文本分列向导-第 1 步，共 3 步"对话框，单击"下一步"按钮，如图 2-75 所示。再次单击"下一步"按钮，对于弹出的"文本分列向导-第 3 步，共 3 步"对话框，单击"完成"按钮，如图 2-76 所示。

步骤 2 选中 D6 单元格，输入公式"=IFERROR(VLOOKUP($C$2,科目汇总表,3,FALSE),0)"，按"Shift+Ctrl+Enter"组合键，完成借方金额本月发生额的计算。

步骤 3 选中 E6 单元格，输入公式"=IFERROR(VLOOKUP(C2,科目汇总表,4),"")"，按"Shift+Ctrl+Enter"组合键，完成贷方金额本月发生额的计算。

步骤 4 选中 G6 单元格，输入公式"=IF($F$5="借",D6-E6,E6-D6)"，按"Shift+Ctrl+Enter"组合键，完成本月余额的计算。

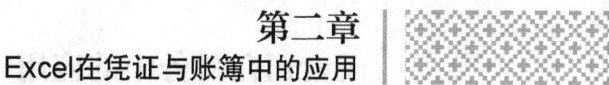

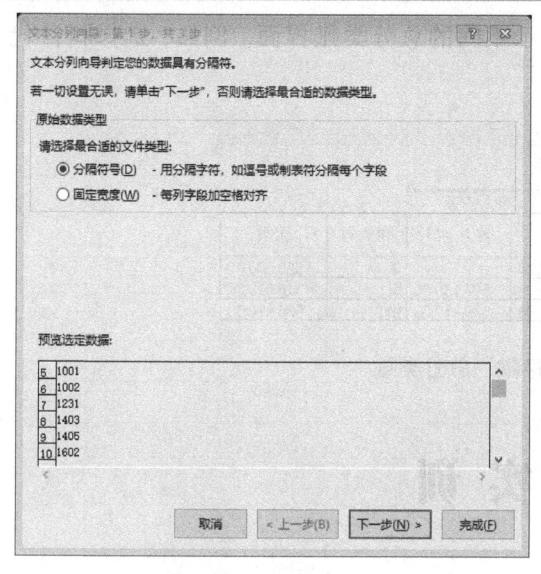

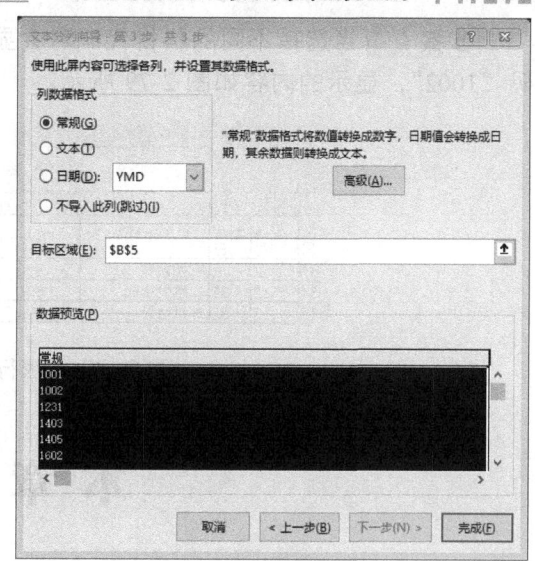

第二章
Excel在凭证与账簿中的应用

图2-75 "文本分列向导-第1步，共3步"对话框　　图2-76 "文本分列向导-第3步，共3步"对话框

步骤 5 选中 F6 单元格，输入公式"=IF(AND($F$5="借",G6<0),"贷",IF(AND($F$5="贷",G6<0),"借",IF(G6=0,"平",$F$5)))"，按"Shift+Ctrl+Enter"组合键，完成借贷方向的设置，如图 2-77 所示。

图 2-77　输入借贷方向的计算公式

四、计算期末数

步骤 1 选中 D7 单元格，输入公式"=SUM(D5:D6)"。
步骤 2 选中 E7 单元格，输入公式"=SUM(E5:E6)"。
步骤 3 选中 F6 单元格，将光标移至单元格右下角时指针变为黑色十字填充柄，单击鼠标左键并向下拖动填充柄填充至 F7 单元格；选中 G6 单元格，将光标移至单元格右下角时指针变为黑色十字填充柄，单击鼠标左键并向下拖动填充柄填充至 G7 单元格。"库存现金"总分类账效果如图 2-78 所示。

图 2-78　"库存现金"总分类账效果

步骤 4 当选择不同的科目代码时会显示不同的总分类账界面。例如,选择科目代码"1002",显示的内容如图 2-79 所示。

	A	B	C	D	E	F	G
1				总分类账			
2	科目代码:		1002	会计科目:	银行存款		
3	2021	年	摘要	借方金额	贷方金额	借或贷	余额
4	月	日					
5	12	1	期初余额	520,000.00	-	借	520,000.00
6	12	31	本月发生额	606,060.00	589,150.00	借	16,910.00
7	12	31	本月合计	1,126,060.00	589,150.00	借	536,910.00

图 2-79 "银行存款"总分类账

本 章 实 训

(一)实训资料

WE 公司为一般纳税人,其 2022 年 1 月发生的经济业务如下。

① 购买编号为 BP01 的商品,货款 1500 元,购买编号为 BP02 的商品,货款 5000 元,增值税税率为 17%,由建行账户支付货款。

② 工行账户收到里美公司归还的货款 23100 元。

③ 公司向凯旋公司销售产品 PR01,销售收入 15600 元,PR01 的产品成本 10200 元。

④ 用现金支付销售部门报销的招待费 700 元。

⑤ 公司向三利公司销售产品 PR02,共计 25700 元,未收到货款,PR02 的产品成本 12300 元。

⑥ 财务部购买办公用品,共计 830 元,由工行账户支付。

⑦ 购买打印机 3 台,共计 6000 元,由工行账户支付。

⑧ 工行账户收到新通公司归还的货款 24100 元。

⑨ 现金支付 1000 元的广告费。

⑩ 由建行账户支付劳保用品费 6500 元。

(二)实训要求

1. 创建记账凭证,并将本月发生的业务输入记账凭证中,生成凭证汇总表。

2. 假设银行存款的期初余额是 42800 元,根据 2022 年 1 月发生的业务,生成银行存款日记账。

3. 生成 2022 年 1 月的科目汇总表。

微课视频

第三章
Excel 在财务报表中的应用

➲ **知识目标：**

通过本章学习，要求学生熟练掌握利用 Excel 编制资产负债表和利润表的方法。

➲ **技能目标：**

通过本章学习，要求学生熟练运用财务报表计算的 SUMIF 函数，掌握通过 Microsoft Query 进行数据源提取和整合数据的方法。

➲ **思政目标：**

习近平总书记指出："实事求是，是马克思主义的根本观点，是中国共产党人认识世界、改造世界的根本要求，是我们党的基本思想方法、工作方法、领导方法。"实事求是要求言出必行、有诺必践。因为财务报表涉及企业、投资者及社会等多方面，业务延续时间较长，所以要求企业必须以实事求是的态度、诚实守信的品质根据相关会计准则的规定，正确进行相应的会计处理及信息披露。

本章延续第二章的内容，以生成的科目代码表及凭证汇总表为基础，依次介绍使用 Excel 编制资产负债表和利润表的步骤，提高报表的编制效率。

Excel在财务中的应用

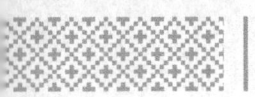

第一节　资产负债表的编制

根据"凭证与账簿.xlsm"工作簿中的相关数据，编制来顺公司 2021 年 12 月的资产负债表。

一、设置资产负债表格式

步骤 1　创建工作簿，将其保存为"财务报表.xlsx"。
步骤 2　将"Sheet1"工作表重命名为"资产负债表"。
步骤 3　在 A1:D1 单元格区域中依次输入"年份""月份"字段及内容。
步骤 4　选中 A2:H2 单元格区域，在"开始"选项卡下，单击"对齐方式"组内的"合并后居中"按钮。
步骤 5　在 A2:H2 单元格区域中输入"资产负债表"并设置合适的字号；选中 A3 单元格，输入"编制单位：来顺公司"。
步骤 6　选中 D3:E3 单元格区域，在"开始"选项卡下，单击"对齐方式"组内的"合并后居中"按钮，在合并后的单元格中输入公式"=B1&"年"&D1&"月""，如图 3-1 所示。

图 3-1　输入报表日期的计算公式

步骤 7　选中 H2 单元格，输入"单位：元"，在 A4:H4 单元格区域中依次输入"资产""行次""期初数""期末数""负债及所有者权益""行次""期初数""期末数"字段，如图 3-2 所示。

图 3-2　输入字段

步骤 8　在 A 列中输入各资产项目的名称，在 E 列中输入各负债及所有者权益项目的名称，将 B 列和 F 列中的行次填写完整，创建资产负债表，如图 3-3 所示。
步骤 9　同时选中 C5:D37、G5:H37 单元格区域，单击鼠标右键，选择"设置单元格格式"命令，对于弹出的"设置单元格格式"对话框，选择"数字"选项卡下的"会计专用"选项，设置"货币符号（国家/地区）"为"无"，单击"确定"按钮，完成数字格式的设置，如图 3-4 所示。

图 3-3 创建资产负债表

年份	2021	月份	12			
		资产负债表				
编制单位：来顺公司		2021年12月				单位：元
资产	行次	期初数	期末数	负债及所有者权益	行次	期初数 期末数
流动资产				流动负债		
货币资金	1			短期借款	34	
交易性金融资产	2			交易性金融负债	35	
应收票据	3			应付票据	36	
应收账款	4			应付账款	37	
预付款项	5			预收账款	38	
应收利息	6			应付职工薪酬	39	
应收股利	7			应交税费	40	
其他应收款	8			应付利息	41	
存货	9			应付股利	42	
一年内到期得非流动资产	10			其他应付款	43	
其他流动资产	11			一年内到期的非流动负债	44	
流动资产合计	12			其他流动负债	45	
非流动资产	13			流动负债合计	46	
可供出售金融资产	14			非流动负债	47	
持有至到期投资	15			长期借款	48	
长期应收款	16			应付债券	49	
长期股权投资	17			长期应付款	50	
投资性房地产	18			专项应付款	51	
固定资产	19			预计负债	52	
在建工程	20			递延所得税负债	53	
工程物资	21			其他非流动负债	54	
固定资产清理	22			非流动负债合计	55	
生物性生物资产	23			负债合计	56	
油气资产	24			所有者权益	57	
无形资产	25			实收资本	58	
开发支出	26			资本公积	59	
商誉	27			减：库存股	60	
长期待摊费用	28			盈余公积	61	
递延所得税资产	29			未分配利润	62	
其他非流动性资产	30			所有者权益合计	63	
非流动性资产合计	31				64	
资产总计	32			负债和所有者权益合计	65	
	33				66	

图 3-3 创建资产负债表

图 3-4 "设置单元格格式"对话框

Excel在财务中的应用

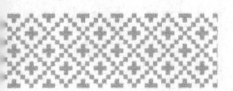

二、获取一级科目期初数

步骤 1 新建名为"数据"的工作表。

步骤 2 在"数据"选项卡下,单击"获取外部数据"组内的"自其他来源"下拉按钮,选择"来自Microsoft Query"选项,如图3-5所示。

步骤 3 对于弹出的"选择数据源"对话框,选择"数据库"列表框中的"凭证与账簿"选项,单击"确定"按钮,如图3-6所示。

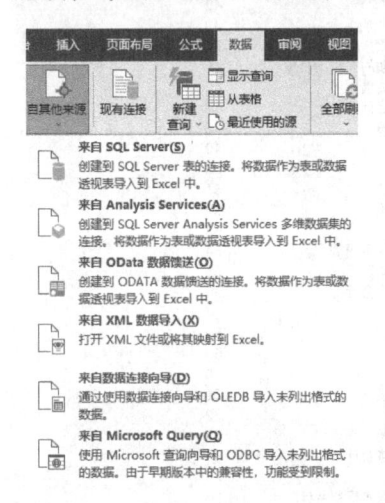

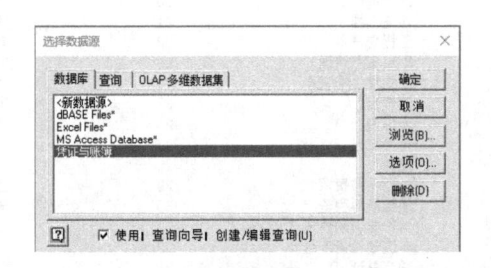

图3-5 选择"来自Microsoft Query"选项　　图3-6 "选择数据源"对话框

步骤 4 对于弹出的"查询向导-选择列"对话框,选择"科目代码表$"下的"科目代码"选项,单击"下一页"按钮,完成要显示列的选择,如图3-7所示。

步骤 5 对于弹出的"向导查询-筛选数据"对话框,单击"下一页"按钮,跳过筛选的过程,如图3-8所示。

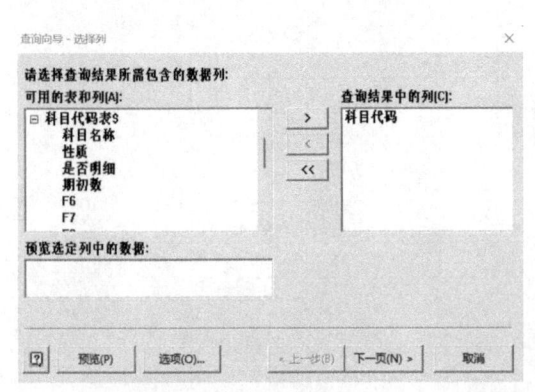

图3-7 "查询向导-选择列"对话框　　图3-8 "向导查询-筛选数据"对话框

步骤 6 对于弹出的"查询向导-排序顺序"对话框,单击"下一页"按钮,跳过排序的过程。

第三章
Excel在财务报表中的应用

步骤 7 对于弹出的"查询向导-完成"对话框,选中"在 Microsoft Query 中查看数据或编辑查询"单选按钮,单击"完成"按钮,完成查询向导的操作,如图 3-9 所示。

步骤 8 对于弹出的"Microsoft Query"窗口,选择"记录"菜单中的"添加列"命令,对于弹出的"添加列"对话框,在"字段"下拉列表框中输入"期初数*性质",在"列标"文本框中输入"qcs",在"总计"下拉列表中选择"求和"选项,单击"添加"按钮,完成新列的设置,添加完成后单击"关闭"按钮,如图 3-10 所示。

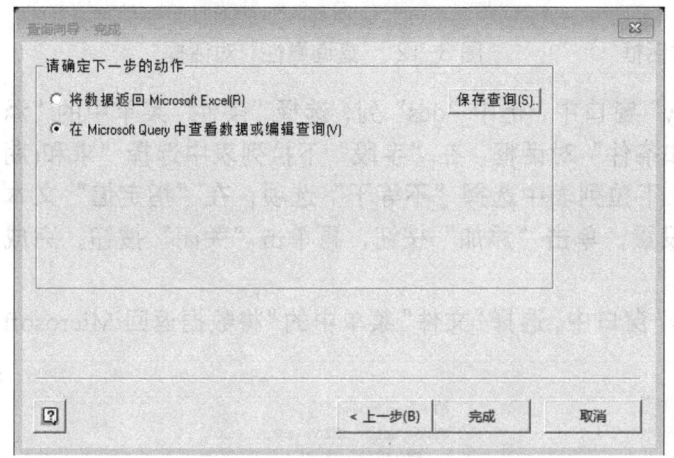

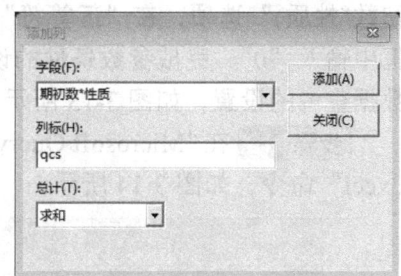

图 3-9 "向导查询-完成"对话框　　　图 3-10 "添加列"对话框

> **小贴士**
>
> **期初数性质的不同**
>
> "期初数"列中所有的数据都是正数,"性质"列决定了会计科目余额的产生方式。在科目代码表中,当性质为"1"时,表示借方余额;当性质为"-1"时,表示贷方余额。

步骤 9 在"Microsoft Query"窗口中,选择"记录"菜单中的"编辑列"命令,对于弹出的"编辑列"对话框,在"字段"下拉列表框中输入"left(科目代码,4)",在"列标"文本框中输入"kmdm",单击"确定"按钮,完成一级科目的设置,如图 3-11 所示。

步骤 10 在"Microsoft Query"窗口中,选择"视图"菜单中的"查询属性"命令,对于弹出的"查询属性"对话框,勾选"分组记录"复选框,单击"确定"按钮,完成分组显示的设置,如图 3-12 所示。

> **小贴士**
>
> **分组记录的作用**
>
> 通过 LEFT 函数对科目代码进行查询后会导致一级科目重复出现,但是这些一级科目并不需要重复显示,因此可以通过设置"查询属性"的分组记录方式来实现不重复显示。

Excel在财务中的应用

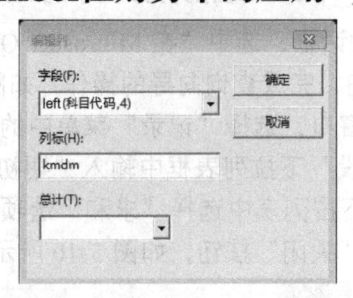

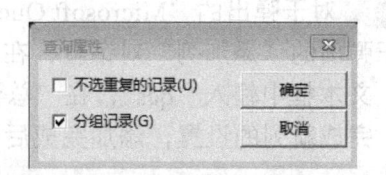

图3-11 "编辑列"对话框   图3-12 "查询属性"对话框

步骤 11 在"Microsoft Query"窗口中，选中"qcs"列，选择"条件"菜单中的"添加条件"命令，对于弹出的"添加条件"对话框，在"字段"下拉列表中选择"求和(期初数*性质)"选项，在"运算符"下拉列表中选择"不等于"选项，在"指定值"文本框中输入"0"，完成参数条件的设置，单击"添加"按钮，再单击"关闭"按钮，完成数据查询的设置，如图3-13所示。

步骤 12 在"Microsoft Query"窗口中，选择"文件"菜单中的"将数据返回Microsoft Excel"命令，如图3-14所示。

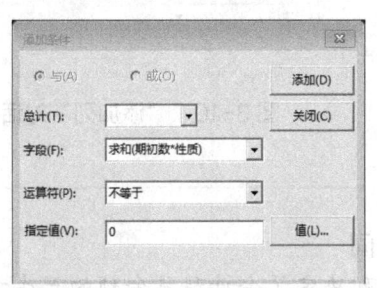

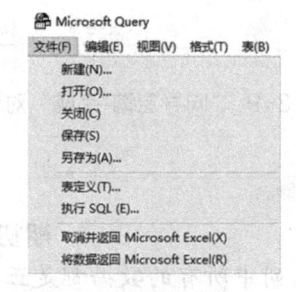

图3-13 "添加条件"对话框   图3-14 选择"将数据返回Microsoft Excel"命令

步骤 13 对于弹出的"导入数据"对话框，选中"现有工作表"单选按钮，在"现有工作表"文本框中，单击"数据"工作表中的A1单元格，单击"确定"按钮，完成数据导入的操作，如图3-15所示。

步骤 14 在"数据"工作表中，查看导入的一级科目及期初数数据，如图3-16所示。

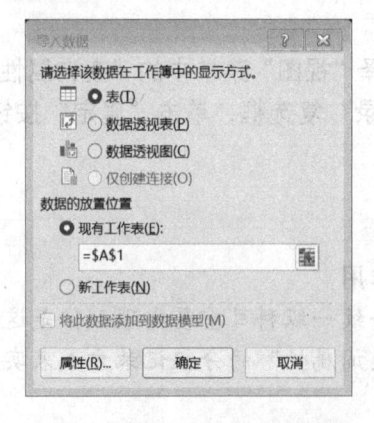

图3-15 "导入数据"对话框   图3-16 查看导入的一级科目及期初数数据

步骤 15 选中 A1 单元格，在"表设计"选项卡下，在"属性"组内的"表名称"文本框中输入"qcs"。

三、计算资产负债表期初数

步骤 1 选中 C6 单元格，输入公式"=SUMIF(qcs["kmdm"],"1001",qcs ["qcs"])+SUMIF(qcs["kmdm"],"1002",qcs["qcs"])"，如图 3-17 所示。

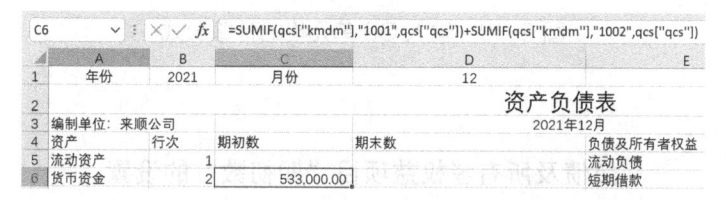

图 3-17　输入 C6 单元格的计算公式

小贴士

来顺公司的"货币资金"项目

来顺公司的"货币资金"项目由"库存现金"和"银行存款"组成，对应的一级科目代码分别为"1001"和"1002"。

计算资产负债表中各项目的方法是使用 SUMIF 函数从"数据"工作表中的"qcs"表对象中提取数据。

步骤 2 在资产负债表中其他资产项目的"期初数"单元格中输入公式，如图 3-18 所示。

资产	行次	期初数
流动资产	1	
货币资金	2	=SUMIF(qcs["kmdm"],"1001",qcs["qcs"])+SUMIF(qcs["kmdm"],"1002",qcs["qcs"])
交易性金融资产	3	=SUMIF(qcs["kmdm"],"1101",qcs["qcs"])
应收票据	4	
应收账款	5	=SUMIF(qcs["kmdm"],"1122",qcs["qcs"])+SUMIF(qcs["kmdm"],"1231",qcs["qcs"])
预付款项	6	
应收利息	7	
应收股利	8	
其他应收款	9	
存货	10	=SUMIF(qcs["kmdm"],"1403",qcs["qcs"])+SUMIF(qcs["kmdm"],"1405",qcs["qcs"])
一年内到得非流动资产	11	
其他流动资产	12	
流动资产合计	13	=SUM(C6:C16)
非流动资产	14	
可供出售金融资产	15	
持有至到期投资	16	=SUMIF(qcs["kmdm"],"1501",qcs["qcs"])
长期应收款	17	
长期股权投资	18	=SUMIF(qcs["kmdm"],"1511",qcs["qcs"])
投资性房地产	19	
固定资产	20	=SUMIF(qcs["kmdm"],"1601",qcs["qcs"])+SUMIF(qcs["kmdm"],"1602",qcs["qcs"])
在建工程	21	
工程物资	22	
固定资产清理	23	
生物性生物资产	24	
油气资产	25	
无形资产	26	=SUMIF(qcs["kmdm"],"1701",qcs["qcs"])
开发支出	27	
商誉	28	
长期待摊费用	29	
递延所得税资产	30	
其他非流动资产	31	
非流动性资产合计	32	=SUM(C19:C35)
资产总计	33	=C36+C17

图 3-18　输入资产负债表中其他资产项目"期初数"的计算公式

步骤 3 选中 G6 单元格，输入公式"=-1*SUMIF(qcs["kmdm"],"2001",qcs["qcs"])"，如图 3-19 所示。

	C	D	E	F	G
G6			fx	=-1*SUMIF(qcs["kmdm"],"2001",qcs["qcs"])	
1		月份	12		
2			资产负债表		
3			=B1&"年"&D1&"月"		
4	期初数		期末数	负债及所有者权益	行次	期初数
5				流动负债	34	
6	=SUMIF(qcs["kmdm"],"1001",qcs["qcs"])	=C6+SUMIF(fse	短期借款	35	=-1*SUMIF(qcs["kmdm"],"2001",qcs["qcs"])

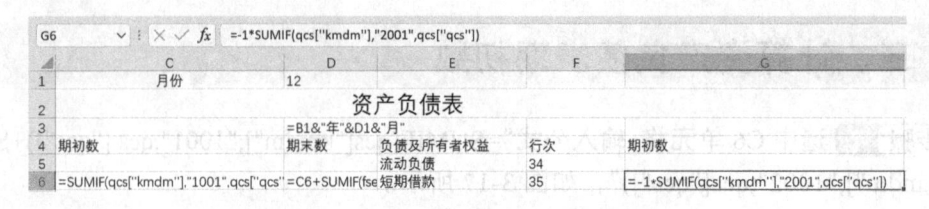

图 3-19　输入 G6 单元格的计算公式

> **小贴士**
>
> **负债及所有者权益项目"期初数"的设置**
>
> 负债及所有者权益项目的"期初数"在贷方，科目代码表中性质为-1 的部分科目在导入"数据"工作表中时是按照负数来显示的，需要将提取到的值乘-1 以便填充到资产负债表中。

步骤 4 在资产负债表中其他负债及所有者权益项目的"期初数"单元格中输入公式，如图 3-20 所示。

负债及所有者权益	行次	期初数
流动负债	34	
短期借款	35	=-1*SUMIF(qcs["kmdm"],"2001",qcs["qcs"])
交易性金融负债	36	
应付票据	37	
应付账款	38	=-1*SUMIF(qcs["kmdm"],"2202",qcs["qcs"])
预收账款	39	
应付职工薪酬	40	
应交税费	41	=-1*SUMIF(qcs["kmdm"],"2221",qcs["qcs"])
应付利息	42	
应付股利	43	
其他应付款	44	=-1*SUMIF(qcs["kmdm"],"2241",qcs["qcs"])
一年内到期的非流动负债	45	
其他流动负债	46	
流动负债合计	47	=SUM(G6:G17)
非流动负债	48	
长期借款	49	=-1*SUMIF(qcs["kmdm"],"2501",qcs["qcs"])
应付债券	50	
长期应付款	51	
专项应付款	52	
预计负债	53	
递延所得税负债	54	
其他非流动负债	55	
非流动负债合计	56	=SUM(G20:G26)
负债合计	57	=G27+G18
所有者权益	58	
实收资本	59	=-1*SUMIF(qcs["kmdm"],"4001",qcs["qcs"])
资本公积	60	=-1*SUMIF(qcs["kmdm"],"4002",qcs["qcs"])
减：库存股	61	
盈余公积	62	=-1*SUMIF(qcs["kmdm"],"4101",qcs["qcs"])
未分配利润	63	=-1*SUMIF(qcs["kmdm"],"4104",qcs["qcs"])
所有者权益合计	64	=SUM(G30:G34)
	65	
负债和所有者权益合计	66	=G28+G35

图 3-20　输入资产负债表中其他负债及所有者权益项目"期初数"的计算公式

步骤 5 完成资产负债表期初数的计算，如图 3-21 所示。

第三章 Excel在财务报表中的应用

年份	2021		月份	12			
			资产负债表				
编制单位：来顺公司			2021年12月			单位：元	
资产	行次	期初数	期末数	负债及所有者权益	行次	期初数	期末数
流动资产	1			流动负债	34		
货币资金	2	533,000.00		短期借款	35	104,000.00	
交易性金融资产	3	26,000.00		交易性金融负债	36		
应收票据	4			应付票据	37		
应收账款	5	1,034,800.00		应付账款	38	780,000.00	
预付款项	6			预收账款	39		
应收利息	7			应付职工薪酬	40		
应收股利	8			应交税费	41	13,000.00	
其他应收款	9			应付利息	42		
存货	10	1,508,000.00		应付股利	43		
一年内到期得非流动资产	11			其他应付款	44	18,200.00	
其他流动资产	12			一年内到期的非流动负债	45		
流动资产合计	13	3,101,800.00		其他流动负债	46		
非流动资产	14			流动负债合计	47	915,200.00	
可供出售金融资产	15			非流动负债	48		
持有至到期投资	16	15,600.00		长期借款	49	1,820,000.00	
长期应收款	17			应付债券	50		
长期股权投资	18	182,000.00		长期应付款	51		
投资性房地产	19			专项应付款	52		
固定资产	20	2,080,000.00		预计负债	53		
在建工程	21			递延所得税负债	54		
工程物资	22			其他非流动负债	55		
固定资产清理	23			非流动负债合计	56	1,820,000.00	
生物性生物资产	24			负债合计	57	2,735,200.00	
油气资产	25			所有者权益	58		
无形资产	26	85,800.00		实收资本	59	2,600,000.00	
开发支出	27			资本公积	60	10,400.00	
商誉	28			减：库存股	61		
长期待摊费用	29			盈余公积	62	93,600.00	
递延所得税资产	30			未分配利润	63	26,000.00	
其他非流动性资产	31			所有者权益合计	64	2,730,000.00	
非流动性资产合计	32	2,363,400.00			65		
资产总计	33	5,465,200.00		负债和所有者权益合计	66	5,465,200.00	

图 3-21 完成资产负债表期初数的计算

四、获取发生额

步骤 1 在"数据"选项卡下，单击"获取外部数据"组内的"自其他来源"下拉按钮，选择"来自 Microsoft Query"选项。

步骤 2 对于弹出的"选择数据源"对话框，选择"数据库"列表框中的"凭证与账簿"选项，单击"确定"按钮。

步骤 3 对于弹出的"查询向导-选择列"对话框，选择"凭证汇总$"下的"科目代码"选项，单击"下一页"按钮，完成要显示列的选择。

步骤 4 对于弹出的"查询向导-筛选数据"对话框，单击"下一页"按钮，跳过筛选的过程。

步骤 5 对于弹出的"查询向导-排序顺序"对话框，单击"下一页"按钮，跳过排序的过程。

步骤 6 对于弹出的"查询向导-完成"对话框，选中"在 Microsoft Query 中查看数据或编辑查询"单选按钮，单击"完成"按钮，完成查询向导的操作。

步骤 7 对于弹出的"Microsoft Query"窗口，选择"记录"菜单中的"编辑列"命令，对于弹出的"编辑列"对话框，在"字段"下拉列表框中输入"left(科目代码,4)"，在"列标"文本框中输入"kmdm"，单击"确定"按钮，完成一级科目的设置，如图 3-22 所示。

步骤 8 在"Microsoft Query"窗口中，选择"视图"菜单中的"查询属性"命令，对于弹出的"查询属性"对话框，勾选"分组记录"复选框，单击"确定"按钮，完成分组显示的设置，如图 3-23 所示。

Excel在财务中的应用

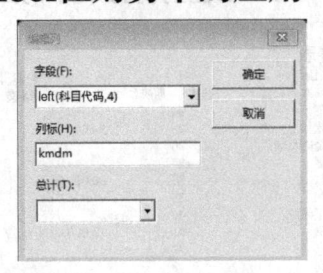

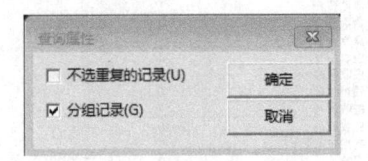

图3-22 "编辑列"对话框   图3-23 "查询属性"对话框

步骤 9 在"Microsoft Query"窗口中，选择"记录"菜单中的"添加列"命令，对于弹出的"添加列"对话框，在"字段"下拉列表框中输入"借方金额-贷方金额"，在"列标"文本框中输入"fse"，在"总计"下拉列表中选择"求和"选项，单击"添加"按钮，完成新列的设置，单击"关闭"按钮，如图3-24所示。

步骤 10 在"Microsoft Query"窗口中，选择"条件"菜单中的"添加条件"命令，对于弹出的"添加条件"对话框，在"字段"下拉列表中选择"年"选项，在"运算符"下拉列表中选择"等于"选项，在"指定值"文本框中输入"[nian]"，单击"添加"按钮，完成"年"条件的设置，如图3-25所示。

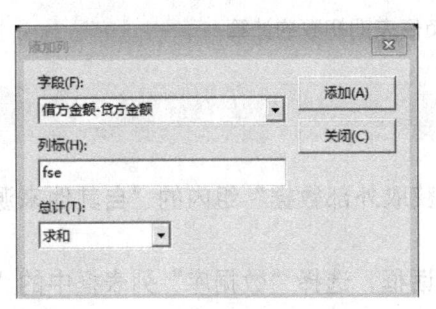

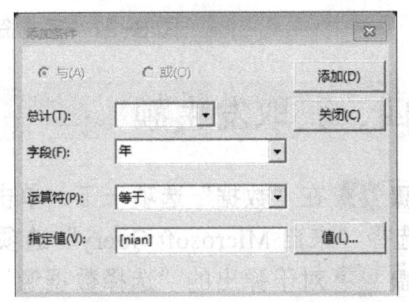

图3-24 "添加列"对话框   图3-25 "添加条件"对话框1

步骤 11 对于弹出的"输入参数值"对话框，直接单击"确定"按钮，如图3-26所示。

步骤 12 在"添加条件"对话框中，在"字段"下拉列表中选择"月"选项，在"运算符"下拉列表中选择"小于或等于"选项，在"指定值"文本框中输入"[yue]"，单击"添加"按钮，完成"月"条件的设置，如图3-27所示。

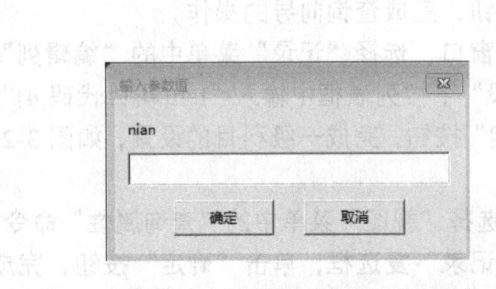

图3-26 "输入参数值"对话框1   图3-27 "添加条件"对话框2

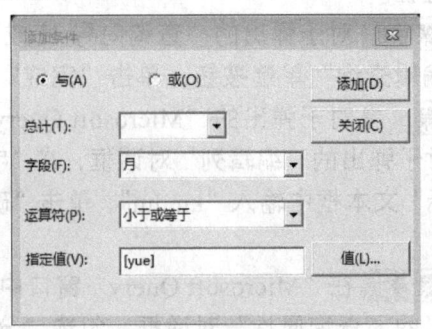

第三章
Excel在财务报表中的应用

步骤 13 对于弹出的"输入参数值"对话框,直接单击"确定"按钮,如图3-28所示。

步骤 14 在"Microsoft Query"窗口中,选择"文件"菜单中的"将数据返回Microsoft Excel"命令。

步骤 15 对于弹出的"导入数据"对话框,选中"现有工作表"单选按钮,在"现有工作表"文本框中,单击"数据"工作表中的D1单元格,单击"确定"按钮,完成数据导入的操作,如图3-29所示。

步骤 16 对于弹出的"输入参数值"对话框,在"nian"文本框中输入"=资产负债表!$B$1",并勾选"在以后的刷新中使用该值或该引用"和"当单元格值更改时自动刷新"复选框,单击"确定"按钮,完成年份参数值的设置,如图3-30所示。

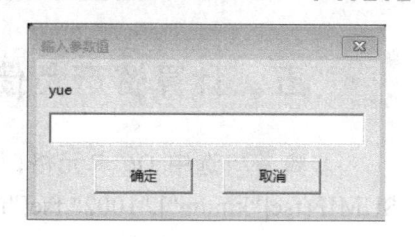

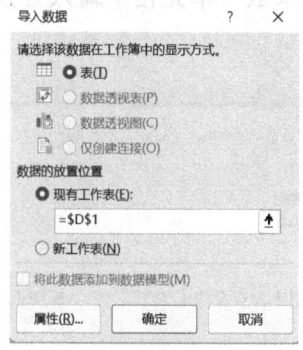

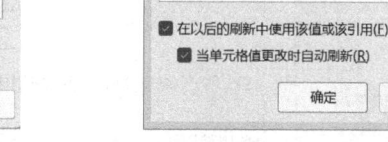

图 3-28 "输入参数值"对话框2

图 3-29 "导入数据"对话框

图 3-30 "输入参数值"对话框1

步骤 17 对于弹出的"输入参数值"对话框,在"yue"文本框中输入"=资产负债!$D$1",并勾选"在以后的刷新中使用该值或该引用"和"当单元格值更改时自动刷新"复选框,单击"确定"按钮,完成月份参数值的设置,如图3-31所示。

步骤 18 在"数据"工作表中,查看导入的一级科目及发生额数据,如图3-32所示。

步骤 19 选中D1单元格,在"表设计"选项卡下,在"属性"组内的"表名称"文本框中输入"fse"。

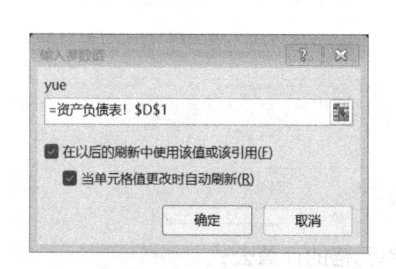

'kmdm'	'fse'
1001	-7000
1002	16910
1231	-5656.3
1403	-228500
1405	211630
1602	-25000
2202	157000
2211	
2221	-68053.43
2231	-3500
4103	0
4104	-47830.27
5001	0
5101	0
6001	0
6401	0
6601	0
6602	0
6603	0
6701	0
6801	0

图 3-31 "输入参数值"对话框2

图 3-32 查看导入的一级科目及发生额数据

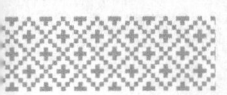

五、计算资产负债表期末数

步骤 1 选中 D6 单元格，输入公式 "=C6+SUMIF(fse["kmdm"],"1001",fse["fse"])+SUMIF(fse["kmdm"],"1002",fse["fse"])"，如图 3-33 所示。

图 3-33 输入 D6 单元格的计算公式

步骤 2 在资产负债表中其他资产项目的"期末数"单元格中输入公式，如图 3-34 所示。

图 3-34 输入资产负债表中其他资产项目"期末数"的计算公式

步骤 3 选中 H9 单元格，输入公式 "=G9+(-1)*SUMIF(fse["kmdm"],"2202",fse["fse"])"，如图 3-35 所示。

图 3-35 输入 H9 单元格的计算公式

第三章
Excel在财务报表中的应用

步骤 4 在资产负债表中其他负债及所有者权益项目的"期末数"单元格中输入公式，如图3-36所示。

步骤 5 查看资产负债表中的数据，如图3-37所示。

	E	F	H
4	负债及所有者权益	行次	期末数
5	流动负债	34	
6	短期借款	35	=G6
7	交易性金融负债	36	
8	应付票据	37	
9	应付账款	38	=G9+(-1)*SUMIF(fse[''kmdm''],"2202",fse[''fse''])
10	预收账款	39	
11	应付职工薪酬	40	
12	应交税费	41	=G12+(-1)*SUMIF(fse[''kmdm''],"2221",fse[''fse''])
13	应付利息	42	=-1*SUMIF(fse[''kmdm''],"2231",fse[''fse''])
14	应付股利	43	
15	其他应付款	44	=G15
16	一年内到期的非流动负债	45	
17	其他流动负债	46	
18	流动负债合计	47	=SUM(H6:H17)
19	非流动负债	48	
20	长期借款	49	=G20
21	应付债券	50	
22	长期应付款	51	
23	专项应付款	52	
24	预计负债	53	
25	递延所得税负债	54	
26	其他非流动负债	55	
27	非流动负债合计	56	=G27
28	负债合计	57	=H27+H18
29	所有者权益	58	
30	实收资本	59	=G30
31	资本公积	60	=G31
32	减：库存股	61	
33	盈余公积	62	=G33
34	未分配利润	63	=G34+(-1)*SUMIF(fse[''kmdm''],"4104",fse[''fse''])
35	所有者权益合计	64	=SUM(H30:H34)
36		65	
37	负债和所有者权益合计	66	=H28+H35

图3-36 输入资产负债表中其他负债及所有者权益项目"期末数"的计算公式

编制单位：来顺公司				2021年12月			单位：元
资产	行次	期初数	期末数	负债及所有者权益	行次	期初数	期末数
流动资产	1			流动负债	34		
货币资金	2	533,000.00	542,910.00	短期借款	35	104,000.00	104,000.00
交易性金融资产	3	26,000.00	26,000.00	交易性金融负债	36		
应收票据	4			应付票据	37		
应收账款	5	1,034,800.00	1,029,143.70	应付账款	38	780,000.00	623,000.00
预付款项	6			预收账款	39		
应收利息	7			应付职工薪酬	40		
应收股利	8			应交税费	41	13,000.00	81,053.43
其他应收款	9			应付利息	42		3,500.00
存货	10	1,508,000.00	1,491,130.00	应付股利	43		
一年内到期得非流动资产	11			其他应付款	44	18,200.00	18,200.00
其他流动资产	12			一年内到期的非流动负债	45		
流动资产合计	13	3,101,800.00	3,089,183.70	其他流动负债	46		
非流动资产	14			流动负债合计	47	915,200.00	829,753.43
可供出售金融资产	15			非流动负债	48		
持有至到期投资	16	15,600.00	15,600.00	长期借款	49	1,820,000.00	1,820,000.00
长期应收款	17			应付债券	50		
长期股权投资	18	182,000.00	182,000.00	长期应付款	51		
投资性房地产	19			专项应付款	52		
固定资产	20	2,080,000.00	2,055,000.00	预计负债	53		
在建工程	21			递延所得税负债	54		
工程物资	22			其他非流动负债	55		
固定资产清理	23			非流动负债合计	56	1,820,000.00	1,820,000.00
生物性生物资产	24			负债合计	57	2,735,200.00	2,649,753.43
油气资产	25			所有者权益	58		
无形资产	26	85,800.00	85,800.00	实收资本	59	2,600,000.00	2,600,000.00
开发支出	27			资本公积	60	10,400.00	10,400.00
商誉	28			减：库存股	61		
长期待摊费用	29			盈余公积	62	93,600.00	93,600.00
递延所得税资产	30			未分配利润	63	26,000.00	73,830.27
其他非流动性资产	31			所有者权益合计	64	2,730,000.00	2,777,830.27
非流动性资产合计	32	2,363,400.00	2,338,400.00		65		
资产总计	33	5,465,200.00	5,427,583.70	负债和所有者权益合计	66	5,465,200.00	5,427,583.70

图3-37 查看资产负债表中的数据

Excel在财务中的应用

第二节 利润表的编制

利润表中的数据来源于"凭证汇总"工作表,因此可以使用 Microsoft Query 组件来获得相关数据。根据"凭证与账簿.xlsm"工作簿中的相关数据,编制来顺公司 2021 年 12 月的利润表。

一、设置利润表格式

步骤 1 新建名为"利润表"的工作表。

步骤 2 选中 A1:C1 单元格区域,在"开始"选项卡下,单击"对齐方式"组内的"合并后居中"按钮,然后输入"利润表"并设置合适的字号。

步骤 3 选中 A2 单元格,输入"编制单位:来顺公司";在 B2 单元格中输入公式"=资产负债表!B1&"年"&资产负债表!D1&"月"",完成报表日期的设置;选中 C2 单元格,输入"单位:元"。

步骤 4 在 A3:C3 单元格区域中依次输入"项目""本期金额""上期金额"字段,在 A 列中输入利润表构成项目的名称,如图 3-38 所示。

步骤 5 选中 B4:C19 单元格区域,单击鼠标右键,选择"设置单元格格式"命令,对于弹出的"设置单元格格式"对话框,选择"数字"选项卡下的"会计专用"选项,设置"货币符号(国家/地区)"为"无",单击"确定"按钮,完成数字格式的设置。

图 3-38 输入利润表字段和构成项目的名称

二、获取本期发生额

步骤 1 在"数据"选项卡下,单击"获取外部数据"组内的"自其他来源"下拉按钮,选择"来自 Microsoft Query"选项。

步骤 2 对于弹出的"选择数据源"对话框,选择"数据库"列表框中的"凭证与账簿"选项,单击"确定"按钮。

步骤 3 对于弹出的"查询向导-选择列"对话框,选择"凭证汇总$"下的"科目代码""借方金额""贷方金额"选项,单击"下一页"按钮。

步骤 4 对于弹出的"查询向导-筛选数据"对话框，单击"下一页"按钮。

步骤 5 对于弹出的"查询向导-排序顺序"对话框，不需要设置任何内容，单击"下一页"按钮。

步骤 6 对于弹出的"查询向导-完成"对话框，选中"在 Microsoft Query 中查看数据或编辑查询"单选按钮，单击"完成"按钮，完成查询向导的操作。

步骤 7 对于弹出的"Microsoft Query"窗口，选中"科目代码"列中的任意一个数据，选择"记录"菜单中的"编辑列"命令，对于弹出的"编辑列"对话框，在"字段"下拉列表框中输入"left(科目代码,4)"，在"列标"文本框中输入"kmdm"，单击"确定"按钮，完成一级科目的设置，如图 3-39 所示。

步骤 8 在"Microsoft Query"窗口中，选择"视图"菜单中的"查询属性"命令，对于弹出的"查询属性"对话框，勾选"分组记录"复选框，单击"确定"按钮，完成分组显示的设置，如图 3-40 所示。

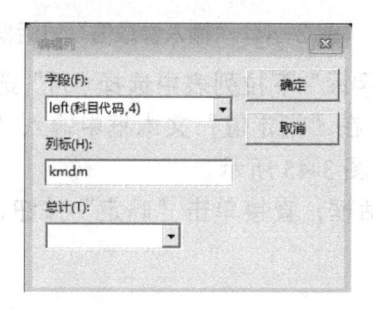

图 3-39 "编辑列"对话框 1　　　图 3-40 "查询属性"对话框

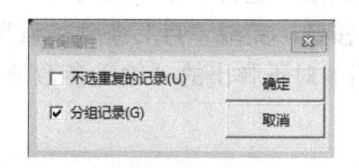

步骤 9 在"Microsoft Query"窗口中，选中"借方金额"列中的任意一个数据，选择"记录"菜单中的"编辑列"命令，对于弹出的"编辑列"对话框，在"字段"下拉列表中选择"借方金额"选项，在"列标"文本框中输入"jje"，在"总计"下拉列表中选择"求和"选项，单击"确定"按钮，如图 3-41 所示。

步骤 10 在"Microsoft Query"窗口中，选中"贷方金额"列中的任意一个数据，选择"记录"菜单中的"编辑列"命令，对于弹出的"编辑列"对话框，在"字段"下拉列表中选择"贷方金额"选项，在"列标"文本框中输入"dje"，在"总计"下拉列表中选择"求和"选项，单击"确定"按钮，如图 3-42 所示。

图 3-41 "编辑列"对话框 2　　　图 3-42 "编辑列"对话框 3

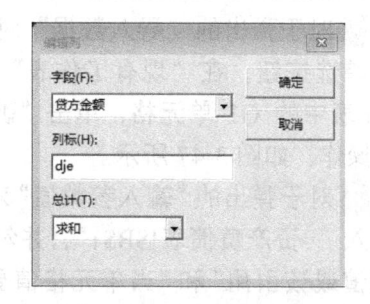

步骤 11 在"Microsoft Query"窗口中，选择"条件"菜单中的"添加条件"命令，

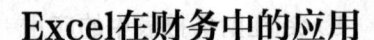

对于弹出的"添加条件"对话框,在"字段"下拉列表中选择"年"选项,在"运算符"下拉列表中选择"等于"选项,在"指定值"文本框中输入"[nian]",单击"添加"按钮,完成"年"条件的设置,如图 3-43 所示。

步骤 12 对于弹出的"输入参数值"对话框,直接单击"确定"按钮,如图 3-44 所示。

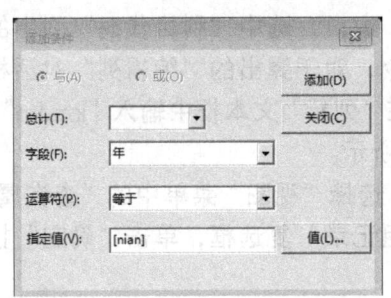

图 3-43 "添加条件"对话框 1 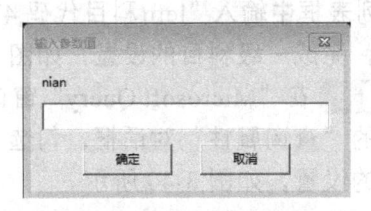　　　图 3-44 "输入参数值"对话框 1

步骤 13 在"添加条件"对话框中,在"字段"下拉列表中选择"月"选项,在"运算符"下拉列表中选择"小于或等于"选项,在"指定值"文本框中输入"[yue]",单击"添加"按钮,完成"月"条件的设置,如图 3-45 所示。

步骤 14 对于弹出的"输入参数值"对话框,直接单击"确定"按钮,如图 3-46 所示。

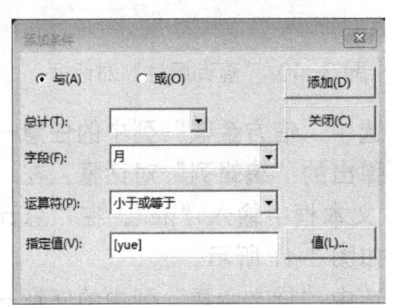

图 3-45 "添加条件"对话框 2 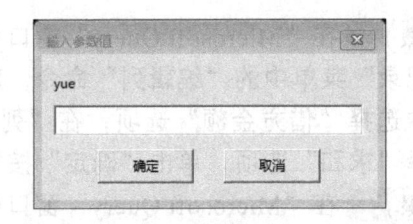　　　图 3-46 "输入参数值"对话框 2

步骤 15 在"Microsoft Query"窗口中,选择"文件"菜单中的"将数据返回 Microsoft Excel"命令。

步骤 16 对于弹出的"导入数据"对话框,选中"现有工作表"单选按钮,在"现有工作表"文本框中,单击"数据"工作表中的 G1 单元格,单击"确定"按钮,完成数据导入的操作,如图 3-47 所示。

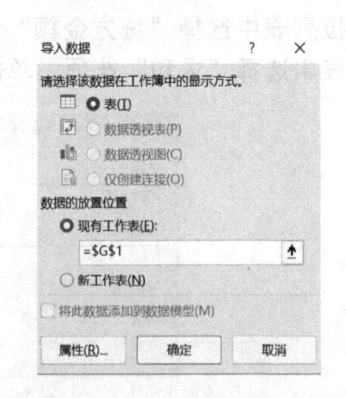

步骤 17 对于弹出的"输入参数值"对话框,在"nian"文本框中输入"=资产负债表!$B$1",并勾选"在以后的刷新中使用该值或该引用"和"当单元格值更改时自动刷新"复选框,单击"确定"按钮,完成年份参数值的设置,如图 3-48 所示。

图 3-47 "导入数据"对话框

步骤 18 对于弹出的"输入参数值"对话框,在"yue"文本框中输入"=资产负债表!$D$1",并勾选"在以后的刷新中使用该值或该引用"和"当单元格值更改时自动刷新"复选框,单击"确定"按钮,完成月份参数值的设置,如图 3-49 所示。

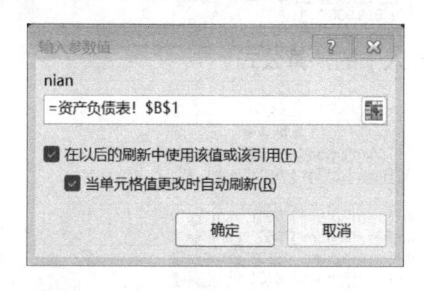

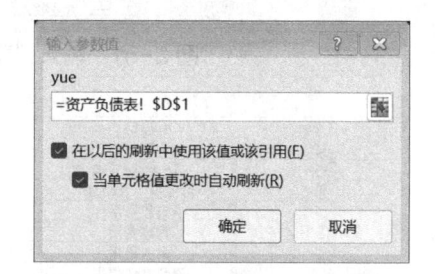

图 3-48 "输入参数值"对话框 1　　图 3-49 "输入参数值"对话框 2

步骤 19 查看导入"数据"表中的数据,如图 3-50 所示。

步骤 20 选中 G1 单元格,在"表设计"选项卡下,在"属性"组内的"表名称"文本框中输入"lrxm"。

kmdm'	'jje'	'dje'
1001	0	7000
1002	606060	589150
1231	0	5656.3
1403	135000	363500
1405	563630	352000
1602	0	25000
2202	157000	0
2211	256900	256900
2221	35950	104003.43
2231	0	3500
4103	518000	518000
4104	0	47830.27
5001	563630	563630
5101	58835	58835
6001	518000	518000
6401	352000	352000
6601	9000	9000
6602	84070	84070
6603	3500	3500
6701	5656.3	5656.3
6801	15943.43	15943.43

图 3-50 查看数据

三、计算利润表本期金额

步骤 1 选中 B4 单元格,输入公式"=SUMIF(lrxm[kmdm"],"6001", lrxm["dje"])",完成本期"营业收入"的计算,如图 3-51 所示。

步骤 2 在利润表中其他项目的"本期金额"单元格中输入公式,如图 3-52 所示。

Excel在财务中的应用

	A	B	C
		利润表	
2	编制公司：来顺公司	2021年12月	单位：元
3	项目	本期金额	上期金额
4	一、营业收入	518,000.00	

B4 =SUMIF(lrxm[kmdm],"6001",lrxm[dje])

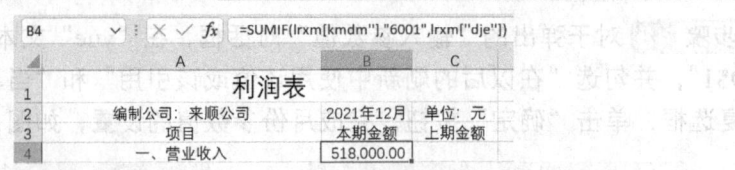

图 3-51　输入"营业收入"的计算公式

	A	B
3	项目	本期金额
4	一、营业收入	=SUMIF(lrxm[kmdm],"6001",lrxm[dje])
5	减：营业成本	=SUMIF(lrxm[kmdm],"6401",lrxm[jje])
6	营业税金及附加	
7	销售费用	=SUMIF(lrxm[kmdm],"6601",lrxm[jje])
8	管理费用	=SUMIF(lrxm[kmdm],"6602",lrxm[jje])
9	财务费用	=SUMIF(lrxm[kmdm],"6603",lrxm[jje])
10	资产减值损失	=SUMIF(lrxm[kmdm],"6701",lrxm[jje])
11	加：公允价值变动损益（损失以"-"填列）	
12	投资收益（损失以"-"填列）	
13	二、营业利润（损失以"-"填列）	=B4-SUM(B5:B10)+B11+B12
14	加：营业外收入	
15	减：营业外支出	
16	其中：非流动资产处置损失	
17	三、利润总额（损失以"-"填列）	=B13+B14-B15
18	减：所得税费用	=SUMIF(lrxm[kmdm],"6801",lrxm[jje])
19	四、净利润（损失以"-"填列）	=B17-B18

图 3-52　输入利润表中其他项目"本期金额"的计算公式

小贴士

"营业收入"的确定

"营业收入"一般由"主营业务收入"和"其他业务收入"组成，对应的一级科目代码分别为"6001"和"6051"，在利润表中的计算方法和资产负债表中的计算方法类似，使用 SUMIF 函数来提取"数据"工作表中 lrxm 表对象的贷方发生额。

因为在期末，贷方发生额和借方发生额会发生对冲，相关的科目余额为"0"，所以收入类科目只提取贷方发生额。

步骤 3 查看利润表中的数据，如图 3-53 所示。

	A	B	C
1		利润表	
2	编制公司：来顺公司	2021年12月	单位：元
3	项目	本期金额	上期金额
4	一、营业收入	518,000.00	
5	减：营业成本	352,000.00	
6	营业税金及附加		
7	销售费用	9,000.00	
8	管理费用	84,070.00	
9	财务费用	3,500.00	
10	资产减值损失	5,656.30	
11	加：公允价值变动损益（损失以"-"填列）		
12	投资收益（损失以"-"填列）		
13	二、营业利润（损失以"-"填列）	63,773.70	
14	加：营业外收入		
15	减：营业外支出		
16	其中：非流动资产处置损失		
17	三、利润总额（损失以"-"填列）	63,773.70	
18	减：所得税费用	15,943.43	
19	四、净利润（损失以"-"填列）	47,830.27	

图 3-53　查看利润表中的数据

第三章 Excel在财务报表中的应用

本 章 实 训

(一)实训资料

SW 公司是一家生产服装的中小型企业,公司由行政部、财务部、销售部、生产部、人力资源部、研发部 6 个部门组成。SW 公司 2022 年 1 月初科目余额表如表 3-1 所示。SW 公司 2022 年科目汇总表如表 3-2 所示。

表 3-1 SW 公司 2022 年 1 月初科目余额表

科目代码	科目名称	2022 年期初数(元)
1001	库存现金	15000.00
1002	银行存款	—
100201	农业银行	220000.00
100202	工商银行	500000.00
1101	交易性金融资产	45000.00
1121	应收票据	—
1122	应收账款	—
112201	A 公司	12000.00
112202	B 公司	110000.00
112203	C 公司	140000.00
112204	D 公司	110000.00
1123	预付账款	302973.00
1221	其他应收款	—
1231	坏账准备	5200.00
1401	材料采购	—
1403	原材料	—
140301	布料 A	120000.00
140302	布料 B	90000.00
1405	库存商品	—
140501	童装	120000.00
140502	男装	130000.00
140503	女装	78000.00
140504	老年服装	125300.00
1501	持有至到期投资	115600.00
1511	长期股权投资	182000.00
1601	固定资产	2340000.00

续表

科目代码	科目名称	2022年期初数（元）
1602	累计折旧	260000.00
1603	在建工程	—
1701	无形资产	—
1801	长期待摊费用	—
1901	待处理财产损溢	—
2001	短期借款	124000.00
2201	应付票据	—
2202	应付账款	—
220201	Z公司	160000.00
220202	Y公司	110000.00
220203	X公司	110000.00
2203	预收账款	—
2211	应付职工薪酬	—
2221	应交税费	—
222101	应交增值税（进项）	3306.33
222102	应交增值税（销项）	6574.25
222103	应交消费税	—
222104	应交城市维护建设税	—
222105	应交个人所得税	79.77
222106	应交所得税	812.65
222107	应交教育费附加	—
2231	应付利息	—
2232	应付股利	—
2241	其他应付款	21200.00
2501	长期借款	820000.00
2502	应付债券	—
4001	实收资本	3000000.00
4002	资本公积	13600.00
4101	盈余公积	95100.00
4103	本年利润	—
4104	利润分配	26000.00

表3-2　SW公司2022年科目汇总表

科目代码	总账科目	借方发生额（元）	贷方发生额（元）
1001	库存现金	—	7000.00
1002	银行存款	606060.00	589150.00

续表

科目代码	总账科目	借方发生额（元）	贷方发生额（元）
1231	坏账准备	—	5656.30
1403	原材料	135000.00	363500.00
1405	库存商品	563630.00	352000.00
1602	累计折旧	—	25000.00
2202	应付账款	157000.00	—
2211	应付职工薪酬	256900.00	256900.00
2221	应交税费	35950.00	104003.43
2231	应付利息	—	3500.00
4103	本年利润	518000.00	518000.00
4104	利润分配	—	47830.27
5001	生产成本	563630.00	563630.00
5101	制造费用	58835.00	58835.00
6001	主营业务收入	518000.00	518000.00
6401	主营业务成本	352000.00	352000.00
6601	销售费用	9000.00	9000.00
6602	管理费用	84070.00	84070.00
6603	财务费用	3500.00	3500.00
6701	资产减值损失	5656.30	5656.30
6801	所得税费用	15943.43	15943.43
汇总		3883174.73	3883174.73

（二）实训要求

1. 编制 SW 公司 2022 年的资产负债表。
2. 编制 SW 公司 2022 年的利润表。

微课视频

第四章
Excel 在薪酬管理中的应用

➔ **知识目标：**

通过本章学习，要求学生了解并掌握利用 Excel 编制员工信息表、考勤表、业绩表、员工工资表和工资条的方法。

➔ **技能目标：**

通过本章学习，要求学生熟练掌握 VLOOKUP 函数、SUM 函数和 ROUND 函数的操作方法，了解薪酬管理中各类工资基础数据表格的设置方法，熟练运用数据透视表。

➔ **思政目标：**

习近平总书记在中央全面深化改革领导小组第二次会议上强调："凡属重大改革都要于法有据。"我国薪酬制度改革取得积极成效，对促进企业改革发展发挥了重要作用，同时也存在薪酬结构不尽合理、薪酬监管体制不够健全等问题。要从我国社会主义初级阶段基本国情出发，适应资产管理体制和企业改革进程，逐步规范企业收入分配秩序，实现薪酬水平适当、结构合理、管理规范、监督有效，对不合理的偏高、过高收入进行调整。

本章从员工信息表的编制、考勤表与业绩表的编制、员工工资表的编制及工资条的编制 4 个方面介绍如何利用 Excel 提高薪酬管理的效率。

第一节　员工信息表的编制

➡ **数据源：**

来顺公司成立于 2019 年 5 月 1 日，是一家生产家用电器的中小型企业。公司由行政部、财务部、销售部、生产部、人力资源部、研发部 6 个部门组成。另外它有 12 种职务类别：行政经理、行政人员、财务经理、财务人员、销售经理、销售人员、生产经理、生产工人、人力经理、人力人员、研发经理、研发人员。每个员工的工资项目有基本工资、岗位工资、住房补贴、奖金、事假扣款、养老保险扣款、医疗保险扣款等。除基本工资因人而异外（要求必须一一输入），其他的工资项目根据员工职务类别和部门决定，而且随时间变化而变化。来顺公司 2021 年 1 月员工构成情况表如表 4-1 所示。

表 4-1　来顺公司 2021 年 1 月员工构成情况表

姓名	部门	性别	入职时间	职级	账号
王可	行政部	女	2019/5/1	管理 2 级	LS001
张兴	行政部	男	2020/2/1	管理 1 级	LS002
李丽	财务部	女	2019/6/1	管理 2 级	LS003
刘毅	财务部	男	2020/3/2	专业 2 级	LS004
孙志	销售部	男	2020/2/12	销售 3 级	LS005
宋莹	销售部	女	2020/9/10	销售 1 级	LS006
刘文	销售部	女	2020/8/3	销售 2 级	LS007
方达	生产部	男	2019/6/1	专业 3 级	LS008
张龙	生产部	男	2020/5/13	专业 2 级	LS009
张爽	人力资源部	女	2019/7/8	管理 2 级	LS010
田明	研发部	男	2019/6/5	管理 3 级	LS011
孟宁	人力资源部	男	2020/11/5	专业 3 级	LS012

来顺公司基本工资的设定如下。

① 销售 1 级基本工资 2500 元。
② 销售 2 级基本工资 3500 元。
③ 销售 3 级基本工资 4500 元。
④ 专业 1 级基本工资 3000 元。
⑤ 专业 2 级基本工资 4000 元。
⑥ 专业 3 级基本工资 5000 元。
⑦ 管理 1 级基本工资 4000 元。

⑧ 管理 2 级基本工资 5000 元。
⑨ 管理 3 级基本工资 6000 元。
来顺公司员工近期的变动情况如下。
① 2 月份张兴离职。
② 3 月份李明入职本公司销售部，性别为男，职级为销售 2 级。

一、创建参数表

（一）创建薪酬管理参数表

步骤 1 创建工作簿，将其保存为启用宏的工作簿"薪酬管理.xlsm"。
步骤 2 将"Sheet1"工作表重命名为"参数"。
步骤 3 在 A1 单元格中输入"职级"，在 B1 单元格中输入"基本工资"。
步骤 4 选中 A1 单元格，在"插入"选项卡下，单击"表格"组内的"表格"按钮，对于弹出的"创建表"对话框，勾选"表包含标题"复选框，单击"确定"按钮，将指定的单元格区域转换为表对象，如图 4-1 所示。
步骤 5 在"表设计"选项卡下，在"属性"组内的"表名称"文本框中输入"jbgz"（为防止之后名称重复，用 jbgz 来代替基本工资），如图 4-2 所示。

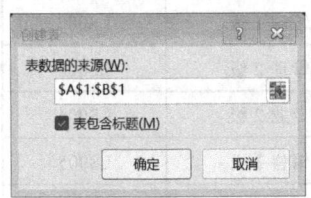

图 4-1 "创建表"对话框   图 4-2 "表设计"选项卡

步骤 6 从 A2 单元格开始输入职级和对应的基本工资，如图 4-3 所示。
步骤 7 在同一个工作表中重复以上步骤，从 D1 单元格开始输入部门、性别、级别、职位信息，选中 D1 单元格，创建表对象，然后在"表设计"选项卡下，在"属性"组内的"表名称"文本框中输入"cs"。这时的"参数"工作表如图 4-4 所示。

图 4-3 输入基本信息   图 4-4 "参数"工作表

（二）定义列名称

步骤 1 在"公式"选项卡下，单击"定义的名称"组内的"定义名称"按钮。

步骤 2 对于弹出的"新建名称"对话框，在"名称"文本框中输入"部门"，单击"引用位置"文本框，选中 D2:D7 单元格区域，单击"确定"按钮，完成"部门"所指向的单元格区域设置。

步骤 3 重复以上步骤，将 E2:E7 单元格区域设置为"性别"名称，将 F2:F7 单元格区域设置为"级别"名称，将 G2:G7 单元格区域设置为"职位"名称。

二、创建员工信息表

（一）创建员工基本信息表

步骤 1 新建名为"员工基本信息"的工作表。

步骤 2 从 A1 单元格开始依次输入"年""月""姓名""账号""员工编号""部门""性别""职位""级别""入职时间""id""基本工资"字段。

步骤 3 选中 A1 单元格，在"插入"选项卡下，单击"表格"组内的"表格"按钮，对于弹出的"创建表"对话框，勾选"表包含标题"复选框，单击"确定"按钮，将指定的单元格区域转换为表对象，如图 4-5 所示。

步骤 4 在"表设计"选项卡下，在"属性"组内的"表名称"文本框中输入"ygxx"。

图 4-5 "创建表"对话框

步骤 5 选中 J 列，单击鼠标右键，选择"设置单元格格式"命令，对于弹出的"设置单元格格式"对话框，选择"数字"选项卡下的"日期"选项，在"类型"列表框中选择"*2012/3/14"日期格式，单击"确定"按钮，完成 J 列的数据格式设置。

（二）设置数据验证

步骤 1 选中 F 列，在"数据"选项卡下，单击"数据工具"组内的"数据验证"按钮。

步骤 2 对于弹出的"数据验证"对话框，在"设置"选项卡下，在"允许"下拉列表中选择"序列"选项，在"来源"文本框中输入"=部门"，单击"确定"按钮，完成"部门"的数据验证，如图 4-6 所示。

步骤 3 按照前述方法，在"允许"下拉列表中选择"序列"，在"来源"文本框中输入定义的名称，分别完成"性别""职位""级别"的数据验证。

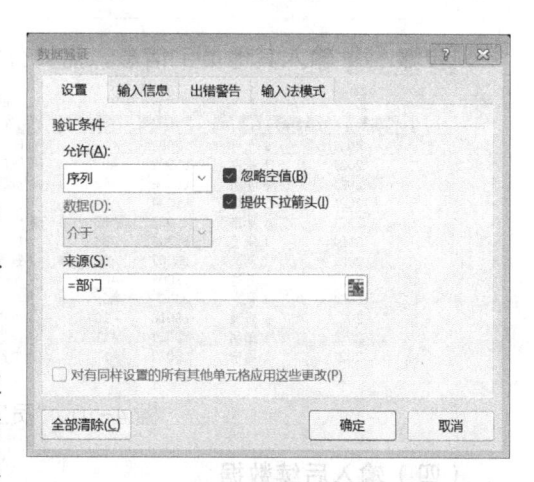

图 4-6 完成"部门"的数据验证

（三）输入 1 月数据

步骤 1 在 A2:J2 单元格区域中依次输入员工信息，如图 4-7 所示。

年	月	姓名	账号	员工编号	部门	性别	职位	级别	入职时间
2021	1	王可	LS001	A01	行政部	女	管理	2级	2019/5/1

图 4-7 输入员工信息

步骤 2 选中 K2 单元格，输入公式"=[员工编号]&"-"&[年]&"-"&[月]"，如图 4-8 所示。

账号	员工编号	部门	性别	职位	级别	入职时间	id
LS001	A01	行政部	女	管理	2级	2019/5/1	A01-2021-1

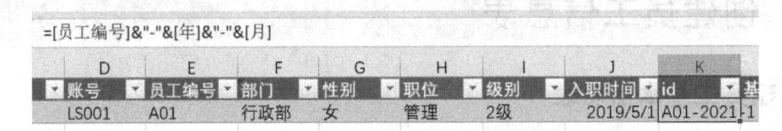

图 4-8 输入"id"的计算公式

步骤 3 选中 L2 单元格，输入公式"=VLOOKUP([@职位]&[@级别],jbgz,2,FALSE)"，如图 4-9 所示。

账号	员工编号	部门	性别	职位	级别	入职时间	id	基本工资
LS001	A01	行政部	女	管理	2级	2019/5/1	A01-2021	5000

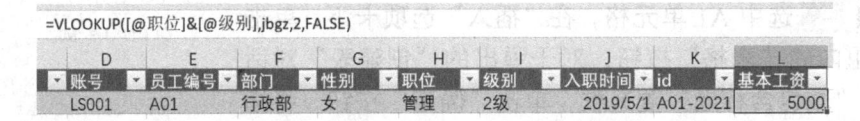

图 4-9 输入"基本工资"的计算公式

> **小贴士**
>
> **"id"的设置**
>
> 为防止同一个员工编号在不同的时期被不同的人使用，这里的"id"设置为员工编号、年和月的组合，以便工资统计。

步骤 4 输入其他员工信息，需要公式计算的列会自动生成，如图 4-10 所示。

	年	月	姓名	账号	员工编号	部门	性别	职位	级别	入职时间	id	基本工资
2	2021	1	王可	LS001	A01	行政部	女	管理	2级	2019/5/1	A01-2021	5000
3	2021	1	张兴	LS002	A02	行政部	男	管理	1级	2020/2/1	A02-2021	4000
4	2021	1	李丽	LS003	A03	财务部	女	管理	2级	2019/6/1	A03-2021	5000
5	2021	1	刘毅	LS004	A04	财务部	男	专业	2级	2020/3/2	A04-2021	4000
6	2021	1	孙志	LS005	A05	销售部	男	销售	3级	2020/2/12	A05-2021	4500
7	2021	1	宋莹	LS006	A06	销售部	女	销售	1级	2020/9/10	A06-2021	2500
8	2021	1	刘文	LS007	A07	销售部	女	销售	2级	2020/8/3	A07-2021	3500
9	2021	1	方达	LS008	A08	生产部	男	专业	3级	2019/6/1	A08-2021	5000
10	2021	1	张龙	LS009	A09	生产部	男	专业	2级	2020/5/13	A09-2021	4000
11	2021	1	张爽	LS010	A10	人力资源部	女	管理	2级	2019/7/8	A10-2021	5000
12	2021	1	田明	LS011	A11	研发部	男	管理	3级	2019/6/5	A11-2021	6000
13	2021	1	孟宁	LS012	A12	人力资源部	男	专业	3级	2020/11/5	A12-2021	5000

图 4-10 "员工基本信息"工作表

（四）输入后续数据

步骤 1 新建名为"本月员工信息"的工作表。

第四章
Excel在薪酬管理中的应用

步骤2 完成指定条件的设置,在工作表中输入内容,如图4-11所示。

步骤3 在"开发工具"选项卡下,单击"控件"组内的"插入"下拉按钮,选择"表单控件"列表中的"按钮(窗体控件)"选项,如图4-12所示。

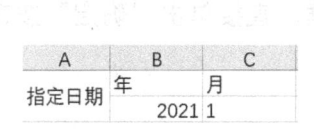

图4-11 输入内容　　　　　图4-12 选择"按钮(窗体控件)"选项

步骤4 单击D1单元格,对于弹出的"指定宏"对话框,直接单击"确定"按钮,生成"按钮1",在"按钮1"上单击鼠标右键,选择"编辑文字"命令,将其重命名为"添加记录"。

步骤5 在"数据"选项卡下,单击"获取外部数据"组内的"自其他来源"下拉按钮,选择"来自Microsoft Query"选项。

步骤6 对于弹出的"选择数据源"对话框,选择"数据库"列表框中的"Excel Files*"选项,单击"确定"按钮。

步骤7 对于弹出的"选择工作簿"对话框,选择"薪酬管理.xlsm"文件路径,单击"确定"按钮。

步骤8 对于弹出的"查询向导-选择列"对话框,单击"可用的表和列"列表框中的"员工基本信息$"前的"+"按钮,展开该选项所包含的列,分别选择"姓名""账号""员工编号""部门""性别""职位""级别""入职时间"选项,单击">"按钮,将其导入"查询结果中的列"列表框中,单击"下一页"按钮,如图4-13所示。

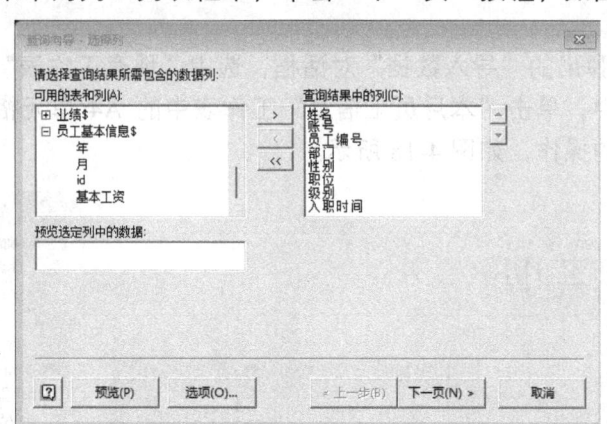

图4-13 "查询向导-选择列"对话框

步骤9 对于弹出的"查询向导-筛选数据"对话框,单击"下一页"按钮,跳过筛选的过程。

步骤10 对于弹出的"查询向导-排序顺序"对话框,单击"下一页"按钮,跳过排序的过程。

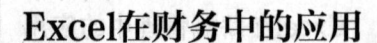

步骤 11 对于弹出的"查询向导-完成"对话框,选中"在 Microsoft Query 中查看数据或编辑查询"单选按钮,单击"完成"按钮,完成查询向导的操作。

步骤 12 对于弹出的"Microsoft Query"窗口,单击"显示/隐藏条件"按钮,打开条件栏,在条件栏中的第 1 列将"条件字段"设置为"年",将"值"设置为"[nian]",如图 4-14 所示。

步骤 13 对于弹出的"输入参数值"对话框,直接单击"确定"按钮,如图 4-15 所示。

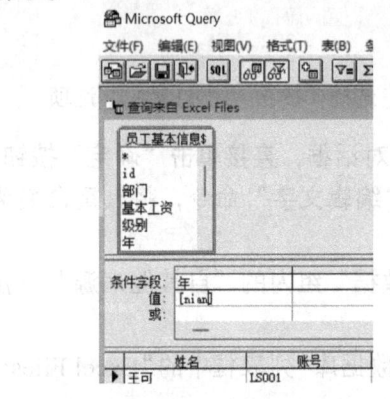

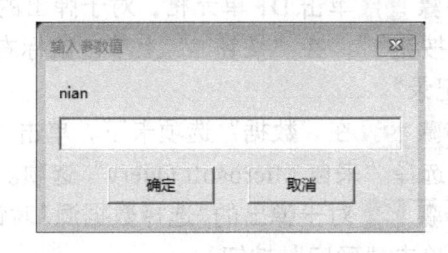

图 4-14 设置"条件字段"和"值"1 　　　图 4-15 "输入参数值"对话框 1

步骤 14 在条件栏中的第 2 列将"条件字段"设置为"月",将"值"设置为"[yue]",如图 4-16 所示。

步骤 15 对于弹出的"输入参数值"对话框,直接单击"确定"按钮,如图 4-17 所示。

步骤 16 在"Microsoft Query"窗口中,选择"文件"菜单中的"将数据返回 Microsoft Excel"命令。

步骤 17 对于弹出的"导入数据"对话框,选中"现有工作表"单选按钮,在"现有工作表"文本框中,单击"本月员工信息"工作表中的 A4 单元格,单击"确定"按钮,完成数据导入的操作,如图 4-18 所示。

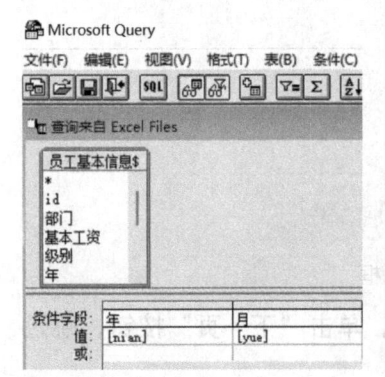

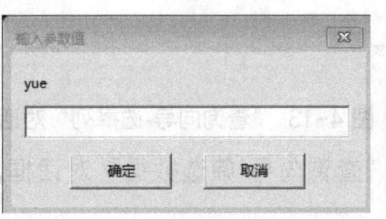

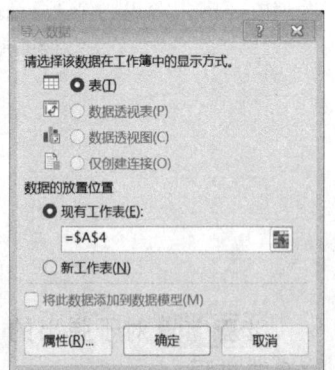

图 4-16 设置"条件字段"和"值"2　　图 4-17 "输入参数值"对话框 2　　图 4-18 "导入数据"对话框

第四章
Excel在薪酬管理中的应用

步骤 18 对于弹出的"输入参数值"对话框,在"nian"文本框中,单击"本月员工信息"工作表中的 B2 单元格,并勾选"在以后的刷新中使用该值或该引用"和"当单元格值更改时自动刷新"复选框,单击"确定"按钮,完成年份参数值的设置,如图 4-19 所示。

步骤 19 对于弹出的"输入参数值"对话框,在"yue"文本框中,单击"本月员工信息"工作表中的 C2 单元格,并勾选"在以后的刷新中使用该值或该引用"和"当单元格值更改时自动刷新"复选框,单击"确定"按钮,完成月份参数值的设置,如图 4-20 所示。

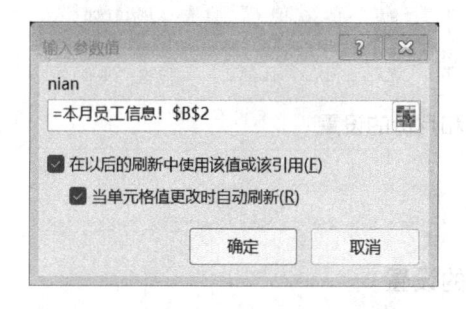

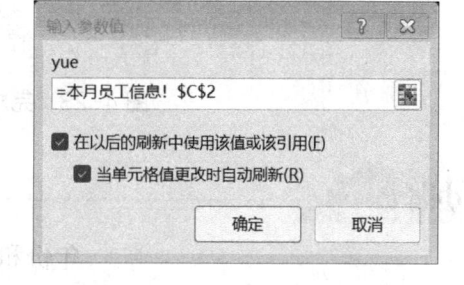

图 4-19 "输入参数值"对话框 1　　图 4-20 "输入参数值"对话框 2

步骤 20 选中 A4 单元格,在"表设计"选项卡下,在"属性"组内的"表名称"文本框中输入"byyg"。

步骤 21 在"表设计"选项卡下,单击"外部表数据"组内的"属性"按钮,对于弹出的"外部数据属性"对话框,取消勾选"调整列宽"复选框,单击"确定"按钮,完成表格的设置,如图 4-21 所示。

步骤 22 查看导入的数据,如图 4-22 所示。

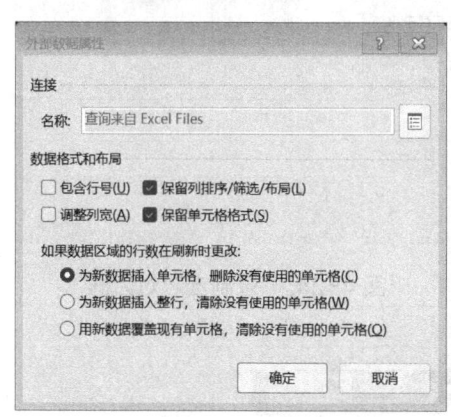

图 4-21 "外部数据属性"对话框　　图 4-22 查看导入的数据

步骤 23 选中 A4 单元格,单击鼠标右键,选择"插入"下拉列表中的"在左侧插入表列"命令,共插入两列,在 A4 和 B4 单元格中依次输入"年"和"月",选中 A5 单元格,输入公式"=IF($C$2=12,$B$2+1,$B$2)",并填充 A6:A16 单元格区域,选中 B5

单元格，输入公式"=IF($C$2= 12,1,$C$2+1)"，并填充 B5:B16 单元格区域，完成年份和月份的设置，如图 4-23 所示。

图 4-23　完成年份和月份的设置

小贴士

年份和月份的设置

B2 和 C2 单元格指定的是上月的年份和月份信息。当查询指定的上月的月份是 12 月时，本月的年份就是上月的年份加 1，其他情况下就是上月的年份。当上月的月份是 12 月时，本月的月份就是 1 月，其他情况下则是上月的月份加 1。

（五）录制宏

步骤 1 在"本月员工信息"工作表中选中"张兴"行，并删除该行，完成对离职员工信息的修改。

步骤 2 在"开发工具"选项卡下，单击"代码"组内的"录制宏"按钮。

步骤 3 对于弹出的"录制宏"对话框，在"宏名"文本框中输入"添加记录"，单击"确定"按钮，开始录制宏，如图 4-24 所示。

步骤 4 在"开发工具"选项卡下，单击"代码"组内的"使用相对引用"按钮，将录制模式设置为相对模式，如图 4-25 所示。

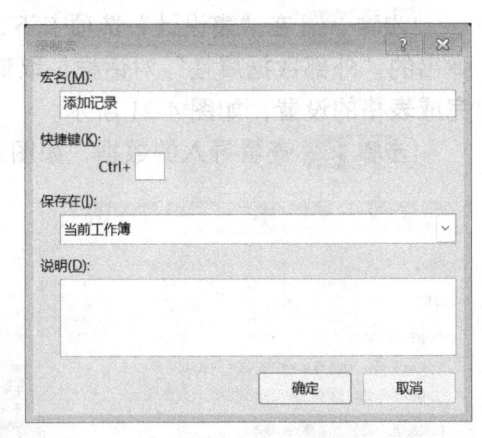

图 4-24　"录制宏"对话框

图 4-25　单击"使用相对引用"按钮

步骤 5 选中 J5 单元格，按"Shift+Ctrl+向下方向键"组合键，再按"Shift+Ctrl+

向左方向键"组合键,选中数据区域并进行复制,如图 4-26 所示。

图 4-26 复制表格

步骤 6 在"开发工具"选项卡下,再次单击"代码"组内的"使用相对引用"按钮,将录制模式设置为绝对模式,如图 4-27 所示。

图 4-27 再次单击"使用相对引用"按钮

步骤 7 打开"员工基本信息"工作表,在"开发工具"选项卡下,单击"代码"组内的"使用相对引用"按钮,将录制模式设置为相对模式。

步骤 8 选中 A1 单元格,按"Ctrl+向下方向键"组合键,再按一次"向下方向键",单击鼠标右键,选择"选择性粘贴"下拉列表中的"值"选项。

步骤 9 查看导入的数据,如图 4-28 所示。

图 4-28 查看导入的数据

步骤 10 在"开发工具"选项卡下,再次单击"代码"组内的"使用相对引用"按钮,将录制模式设置为绝对模式,单击"代码"组内的"停止录制"按钮,完成宏的录制。

步骤 11 在"本月员工信息"工作表中的"添加记录"按钮上单击鼠标右键,选择"指定宏"命令。

步骤 12 对于弹出的"指定宏"对话框,在"宏名"文本框中选择"添加记录"选项,单击"确定"按钮,完成"指定宏"对话框的操作,如图 4-29 所示。

图 4-29 "指定宏"对话框

三、添加员工信息

3 月份李明入职来顺公司销售部,性别为男,职级为销售 2 级。下面演示添加员工信息的操作步骤。

步骤 1 打开"本月员工信息"工作表,选中 B2 单元格,输入"2021",选中 C2 单元格,输入"2"。

步骤 2 选中 C16 单元格,输入姓名"李明",按照字段输入李明的信息,如图 4-30 所示。

2021	3	张爽	LS010	A10	人力资源	女	管理	2级	2019/7/8 0:00
2021	3	田明	LS011	A11	研发部	男	管理	3级	2019/6/5 0:00
2021	3	孟宁	LS012	A12	人力资源	男	专业	3级	2020/11/5 0:00
2021	3	李明	LS013	A13	销售部	男	销售	2级	2021/3/1

图 4-30 输入员工信息

步骤 3 单击"添加记录"按钮,将 3 月员工信息添加到"员工基本信息"工作表中。

第二节　考勤表与业绩表的编制

▶ 数据源:

来顺公司 2021 年 1 月考勤记录表如表 4-2 所示。来顺公司 2021 年的考勤政策如下。

① 迟到早退每次扣除工资 80 元。
② 请假每次扣除工资 50 元。
③ 旷工每次扣除工资 150 元。
④ 加班费每次支付 100 元。

表 4-2 来顺公司 2021 年 1 月考勤记录表

姓名	迟到早退（次）	请假（次）	旷工（次）	加班（次）
王可	1	0	0	2
张兴	3	0	0	2
李丽	0	0	0	3
刘毅	1	1	0	2
孙志	0	0	1	1
宋莹	1	1	0	2
刘文	0	2	0	0
方达	1	1	1	1
张龙	2	0	0	3
张爽	0	1	1	2
田明	1	0	1	1
孟宁	2	3	0	2

来顺公司 2021 年 1 月各部门员工销售情况表如表 4-3 所示。来顺公司 2021 年在销售业绩方面的政策如下。

① 销售量超过基础销售量>0～100 件的，每件按 20 元计算。
② 销售量超过基础销售量>100～200 件的，每件按 40 元计算。
③ 销售量超出基础销售量 200 件以上的，每件按 60 元计算。

表 4-3 来顺公司 2021 年 1 月各部门员工销售情况表

部门	姓名	超出基础销售量（件）
行政部	王可	150
行政部	张兴	220
财务部	李丽	100
财务部	刘毅	150
销售部	孙志	200
销售部	宋莹	180
销售部	刘文	150
生产部	方达	130
生产部	张龙	120
人力资源部	张爽	240
研发部	田明	230
人力资源部	孟宁	180

Excel在财务中的应用

一、编制考勤表

（一）创建考勤参数表

步骤 1 打开"参数"工作表，在 I1:L1 单元格区域中依次输入"编号""考勤项目""标准""备注"。

步骤 2 选中 I1 单元格，在"插入"选项卡下，单击"表格"组内的"表格"按钮，对于弹出的"创建表"对话框，勾选"表包含标题"复选框，单击"确定"按钮，将指定的单元格区域转换为表对象，如图 4-31 所示。

步骤 3 在"表设计"选项卡下，在"属性"组内的"表名称"文本框中输入"kqbz"。

步骤 4 从 I2 单元格开始输入相关数据，如图 4-32 所示。

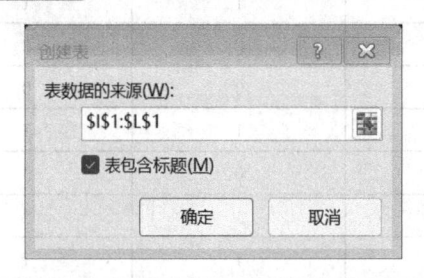

图 4-31 "创建表"对话框　　图 4-32 输入相关数据

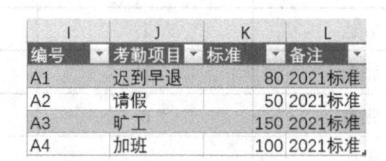

（二）创建并编辑考勤表

步骤 1 新建名为"考勤"的工作表。

步骤 2 在"数据"选项卡下，单击"获取外部数据"组内的"自其他来源"下拉按钮，选择"来自 Microsoft Query"选项。

步骤 3 对于弹出的"选择数据源"对话框，选择"数据库"列表框中的"Excel Files*"选项，单击"确定"按钮。

步骤 4 对于弹出的"选择工作簿"对话框，选择"薪酬管理.xlsm"文件路径，单击"确定"按钮。

步骤 5 对于弹出的"查询向导-选择列"对话框，单击"可用的表和列"列表框中的"员工基本信息$"前的"+"按钮，展开该选项所包含的列，分别选择"年""月""姓名""部门""id"选项，单击">"按钮，将其导入"查询结果中的列"列表框中，单击"下一页"按钮。

步骤 6 对于弹出的"查询向导-筛选数据"对话框，单击"下一页"按钮，跳过筛选的过程。

步骤 7 对于弹出的"查询向导-排序顺序"对话框，单击"下一页"按钮，跳过排序的过程。

步骤 8 对于弹出的"查询向导-完成"对话框，选中"将数据返回 Microsoft Excel"单选按钮，单击"完成"按钮，完成查询向导的操作。

步骤 9 对于弹出的"导入数据"对话框,选中"现有工作表"单选按钮,在"现有工作表"文本框中,单击"考勤"工作表中的 A1 单元格,单击"确定"按钮,完成数据导入的操作,如图 4-33 所示。

步骤 10 查看导入的数据,如图 4-34 所示。

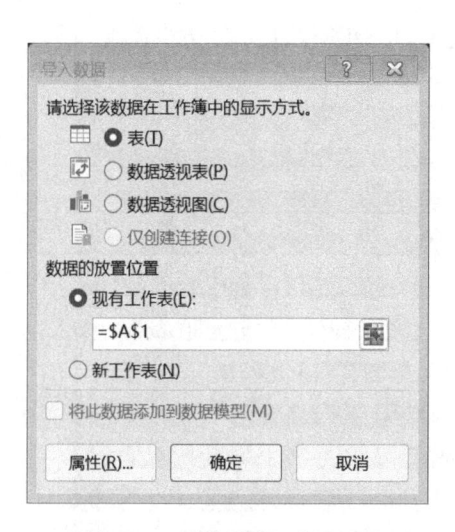

图 4-33 "导入数据"对话框

图 4-34 查看导入的数据

步骤 11 选中 A1 单元格,在"表设计"选项卡下,在"属性"组内的"表名称"文本框中输入"kqyj"。

步骤 12 选中 E1 单元格,单击鼠标右键,选择"插入"下拉列表中的"在右侧插入表列"命令,共插入 6 列,依次输入标题"迟到早退""请假""旷工""加班""扣除工资""加班费"字段,然后输入员工考勤记录,如图 4-35 所示。

步骤 13 选中 J2 单元格,输入公式"=[@迟到早退]*VLOOKUP("A1",kqbz,3,FALSE)+[@请假]*VLOOKUP("A2",kqbz,3,FALSE)+[@旷工]*VLOOKUP("A3",kqbz,3,FALSE)",完成"扣除工资"的计算,如图 4-36 所示。

图 4-35 输入员工考勤记录

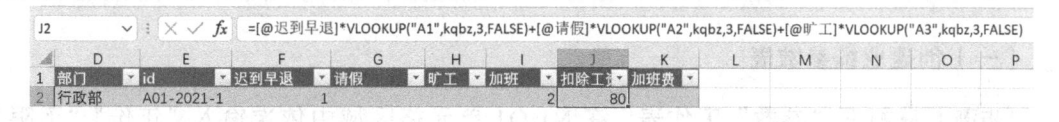

图 4-36 输入"扣除工资"的计算公式

步骤 14 选中 K2 单元格,输入公式"=[@加班]*VLOOKUP("A4",kqbz,3,FALSE)",完成"加班费"的计算,如图 4-37 所示。

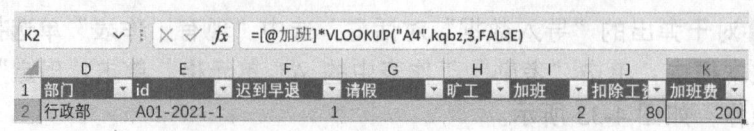

图4-37 输入"加班费"的计算公式

步骤15 查看最终完成的考勤表，如图4-38所示。

图4-38 查看最终完成的考勤表

小贴士

"扣除工资"的计算标准

"扣除工资"的数值就是迟到早退次数、请假次数和旷工次数按照各自不同的扣除标准计算所得数。

"VLOOKUP("A1",kqbz,3,FALSE)"表示迟到早退扣除工资的标准。

"VLOOKUP("A2",kqbz,3,FALSE)"表示请假扣除工资的标准。

"VLOOKUP("A3",kqbz,3,FALSE)"表示旷工扣除工资的标准。

二、编制业绩表

（一）创建业绩参数表

步骤1 打开"参数"工作表，在N1:Q1单元格区域中依次输入"年份""下限""上限""标准"字段。

步骤2 选中N1单元格，在"插入"选项卡下，单击"表格"组内的"表格"按钮，对于弹出的"创建表"对话框，勾选"表包含标题"复选框，单击"确定"按钮，

第四章 Excel在薪酬管理中的应用

将指定的单元格区域转换为表对象，如图 4-39 所示。

步骤 3 在"表设计"选项卡下，在"属性"组内的"表名称"文本框中输入"yjbz"。

步骤 4 从 N2 单元格开始输入相关数据，如图 4-40 所示。

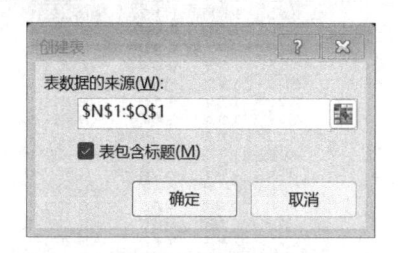

图 4-39 "创建表"对话框

图 4-40 输入相关数据

小贴士

销售量界限的确定

用口头描述销售量业绩可以是 200 件以上，但是输入 Excel 表中就必须给定具体的范围，这时通常的做法就是将上限设置为一个不可能达到的非常大的数字，在本例中就将最后一项的上限设置为 1000。

（二）创建并编辑业绩表

步骤 1 新建名为"业绩"的工作表。

步骤 2 在"数据"选项卡下，单击"获取外部数据"组内的"自其他来源"下拉按钮，选择"来自 Microsoft Query"选项。

步骤 3 对于弹出的"选择数据源"对话框，选择"数据库"列表框中的"Excel Files*"选项，单击"确定"按钮。

步骤 4 对于弹出的"选择工作簿"对话框，选择"薪酬管理.xlsm"文件路径，单击"确定"按钮。

步骤 5 对于弹出的"查询向导-选择列"对话框，单击"可用的表和列"列表框中的"员工基本信息$"前的"+"按钮，展开该选项所包含的列，分别选择"年""月""姓名""部门""id"选项，单击">"按钮，将其导入"查询结果中的列"列表框中，单击"下一页"按钮。

步骤 6 对于弹出的"查询向导-筛选数据"对话框，单击"下一页"按钮，跳过筛选的过程。

步骤 7 对于弹出的"查询向导-排序顺序"对话框，单击"下一页"按钮，跳过排序的过程。

步骤 8 对于弹出的"查询向导-完成"对话框，选中"将数据返回 Microsoft Excel"单选按钮，单击"完成"按钮，完成查询向导的操作。

步骤 9 对于弹出的"导入数据"对话框，选中"现有工作表"单选按钮，在"现有工作表"文本框中，单击"业绩"工作表中的 A1 单元格，单击"确定"按钮，完成数据导入的操作，如图 4-41 所示。

步骤 10 查看导入的数据，如图 4-42 所示。

图 4-41 "导入数据"对话框

图 4-42 查看导入的数据

步骤 11 选中 A1 单元格，在"表设计"选项卡下，在"属性"组内的"表名称"文本框中输入"yj"。

步骤 12 选中 E1 单元格，单击鼠标右键，选择"插入"下拉列表中的"在右侧插入表列"命令，共插入 3 列，依次输入标题"超工作量""业绩标准""业绩工资"字段，然后输入员工"超工作量"数据，如图 4-43 所示。

步骤 13 选中 G2 单元格，输入公式"=SUMIFS(yjbz[标准],yjbz[下限],"<"&[@超工作量],yjbz[上限],">="&[@超工作量],yjbz[年份],[@年])"，完成"业绩标准"的计算，如图 4-44 所示。

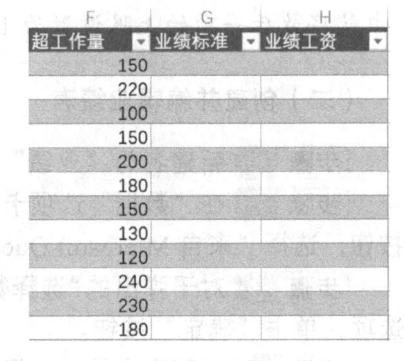

图 4-43 输入员工"超工作量"数据

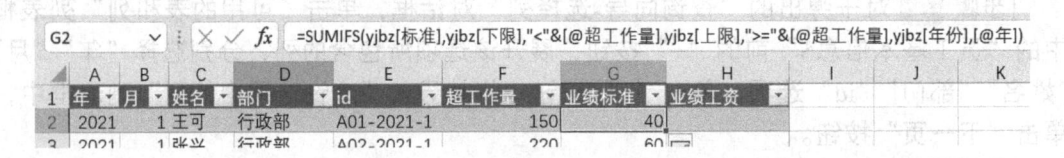

图 4-44 输入"业绩标准"的计算公式

步骤 14 选中 H2 单元格，输入公式"=[@超工作量]*[@业绩标准]"，完成"业绩工资"的计算，如图 4-45 所示。

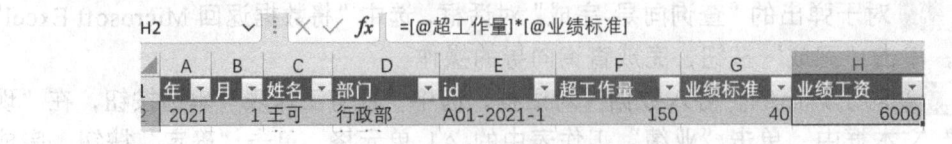

图 4-45 输入"业绩工资"的计算公式

步骤 15 查看"业绩工资"的计算结果，如图 4-46 所示。

年	月	姓名	部门	id	超工作量	业绩标准	业绩工资
2021	1	王可	行政部	A01-2021-1	150	40	6000
2021	1	张兴	行政部	A02-2021-1	220	60	13200
2021	1	李丽	财务部	A03-2021-1	100	20	2000
2021	1	刘毅	财务部	A04-2021-1	150	40	6000
2021	1	孙志	销售部	A05-2021-1	200	40	8000
2021	1	宋莹	销售部	A06-2021-1	180	40	7200
2021	1	刘文	销售部	A07-2021-1	150	40	6000
2021	1	方达	生产部	A08-2021-1	130	40	5200
2021	1	张龙	生产部	A09-2021-1	120	40	4800
2021	1	张爽	人力资源部	A10-2021-1	240	60	14400
2021	1	田明	研发部	A11-2021-1	230	60	13800
2021	1	孟宁	人力资源部	A12-2021-1	180	40	7200
2021	2	王可	行政部	A01-2021-2		0	0
2021	2	李丽	财务部	A03-2021-2		0	0
2021	2	刘毅	财务部	A04-2021-2		0	0
2021	2	孙园表区	销售部	A05-2021-2		0	0
2021	2	宋莹	销售部	A06-2021-2		0	0
2021	2	刘文	销售部	A07-2021-2		0	0
2021	2	方达	生产部	A08-2021-2		0	0
2021	2	张龙	生产部	A09-2021-2		0	0
2021	2	张爽	人力资源部	A10-2021-2		0	0
2021	2	田明	研发部	A11-2021-2		0	0
2021	2	孟宁	人力资源部	A12-2021-2		0	0
2021	3	王可	行政部	A01-2021-3		0	0
2021	3	李丽	财务部	A03-2021-3		0	0
2021	3	刘毅	财务部	A04-2021-3			

图 4-46 查看"业绩工资"的计算结果

第三节　员工工资表的编制

一、创建员工工资表

步骤 1 新建名为"工资"的工作表。

步骤 2 在 A1 和 A2 单元格中依次输入"年"和"月"，在 B1 和 B2 单元格中依次输入"2021"和"1"。

步骤 3 在"数据"选项卡下，单击"获取外部数据"组内的"自其他来源"下拉按钮，选择"来自 Microsoft Query"选项。

步骤 4 对于弹出的"选择数据源"对话框，选择"数据库"列表框中的"Excel Files*"选项，单击"确定"按钮。

步骤 5 对于弹出的"选择工作簿"对话框，选择"薪酬管理.xlsm"文件路径，单击"确定"按钮。

步骤 6 对于弹出的"查询向导-选择列"对话框，单击"可用的表和列"列表框中的"员工基本信息$"前的"+"按钮，展开该选项所包含的列，分别选择"姓名""账号""部门""id""基本工资"选项，单击">"按钮，将其导入"查询结果中的列"列表框中，单击"下一页"按钮。

步骤 7 对于弹出的"查询向导-筛选数据"对话框，单击"下一页"按钮，跳过筛选的过程。

步骤 8 对于弹出的"查询向导-排序顺序"对话框,单击"下一页"按钮,跳过排序的过程。

步骤 9 对于弹出的"查询向导-完成"对话框,选中"在 Microsoft Query 中查看数据或编辑查询"单选按钮,单击"完成"按钮,完成查询向导的操作。

步骤 10 对于弹出的"Microsoft Query"窗口,选择"视图"菜单中的"表"命令,对于弹出的"添加表"对话框,选择"表"列表框中的"业绩$"和"考勤$"选项,单击"添加"按钮,然后再单击"关闭"按钮,关闭"添加表"对话框,如图 4-47 所示。

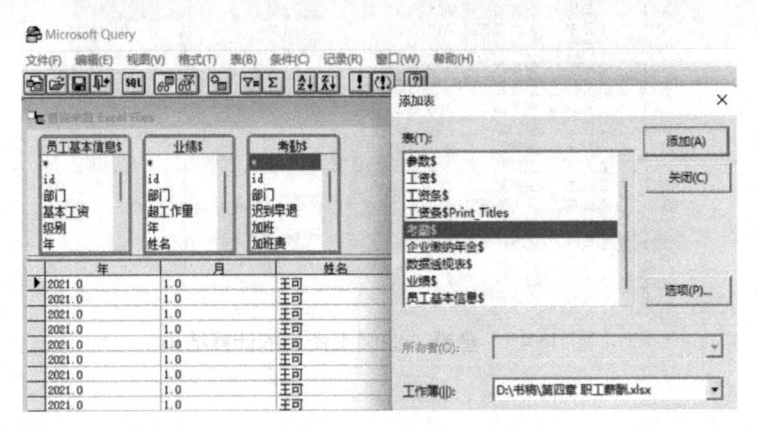

图 4-47 选择添加表格

步骤 11 选择"表"菜单中的"连接"命令,如图 4-48 所示。

步骤 12 对于弹出的"连接"对话框,在"左"下拉列表中选择"员工基本信息$.id"选项,在"运算符"下拉列表中选择"="选项,在"右"下拉列表中选择"考勤$.id"选项,在"连接内容"选区中选中"1:"单选按钮,单击"添加"按钮,添加第一个连接,如图 4-49 所示。

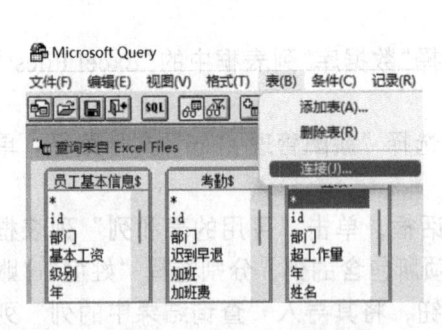

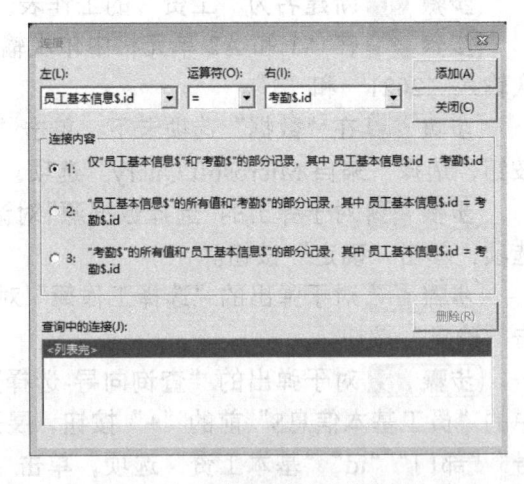

图 4-48 连接表格　　　　图 4-49 添加第一个连接

步骤 13 在"连接"对话框中,在"左"下拉列表中选择"员工基本信息$.id"选项,在"运算符"下拉列表中选择"="选项,在"右"下拉列表中选择"业绩$.id"选

第四章
Excel在薪酬管理中的应用

项，在"连接内容"选区中选中"1:"单选按钮，单击"添加"按钮，添加第二个连接，如图4-50所示。

步骤 14 查看连接关系图，如图4-51所示。

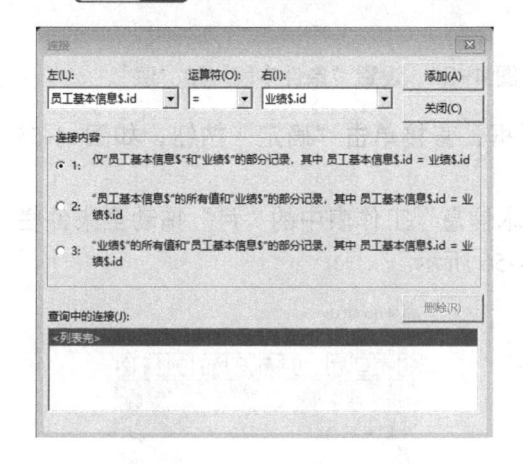

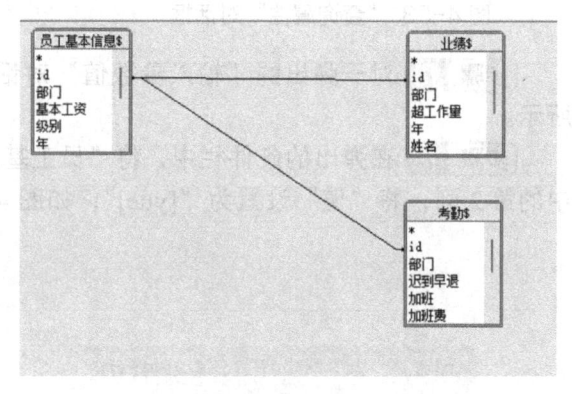

图4-50 添加第二个连接	图4-51 查看连接关系图

步骤 15 将"业绩"工作表中的"业绩工资"拖动至记录显示的栏中，将"考勤"工作表中的"加班""加班费""扣除工资"拖动至记录显示的栏中，完成工资表中要显示字段的操作，如图4-52所示。

姓名	账号	加班	部门	id	基本工资	业绩工资	加班费	扣除工资
王司	LS001	2.0	行政部	A01-2021-1	5000.0	6000.0	200.0	0.0
张兴	LS002	2.0	行政部	A02-2021-1	4000.0	13200.0	200.0	240.0
李丽	LS003	3.0	财务部	A03-2021-1	5000.0	2000.0	300.0	0.0
刘豳	LS004		财务部	A04-2021-1	4000.0	1600.0	200.0	130.0
孙志	LS005	1.0	销售部	A05-2021-1	4500.0	8000.0	100.0	150.0
宋雯	LS006	2.0	销售部	A06-2021-1	2500.0	7200.0	200.0	130.0
刘文	LS007		销售部	A07-2021-1	3500.0	6000.0	0.0	100.0
方达	LS008	1.0	生产部	A08-2021-1	5000.0	5200.0	100.0	280.0
张龙	LS009	3.0	生产部	A09-2021-1	4000.0	4800.0	300.0	160.0
张夏	LS010	2.0	人力资源部	A10-2021-1	5000.0	14400.0	200.0	200.0
田明	LS011	1.0	研发部	A11-2021-1	6000.0	13800.0	100.0	230.0
孟宁	LS012	2.0	人力资源部	A12-2021-1	5000.0	7200.0	200.0	310.0
王司	LS001		行政部	A01-2021-2	5000.0	0.0	0.0	0.0
李丽	LS003		财务部	A03-2021-2	5000.0	0.0	0.0	0.0
刘豳	LS004		财务部	A04-2021-2	4000.0	0.0	0.0	0.0
孙志	LS005		销售部	A05-2021-2	4500.0	0.0	0.0	0.0
宋雯	LS006		销售部	A06-2021-2	2500.0	0.0	0.0	0.0
刘文	LS007		销售部	A07-2021-2	3500.0	0.0	0.0	0.0
方达	LS008		生产部	A08-2021-2	5000.0	0.0	0.0	0.0
张龙	LS009		生产部	A09-2021-2	4000.0	0.0	0.0	0.0
张夏	LS010		人力资源部	A10-2021-2	5000.0	0.0	0.0	0.0
田明	LS011		研发部	A11-2021-2	6000.0	0.0	0.0	0.0
孟宁	LS012		人力资源部	A12-2021-2	5000.0	0.0	0.0	0.0
王司	LS001		行政部	A01-2021-3	5000.0	0.0	0.0	0.0
李丽	LS003		财务部	A03-2021-3	5000.0	0.0	0.0	0.0
刘豳	LS004		财务部	A04-2021-3	4000.0	0.0	0.0	0.0
孙志	LS005		销售部	A05-2021-3	4500.0	0.0	0.0	0.0
宋雯	LS006		销售部	A06-2021-3	2500.0	0.0	0.0	0.0
刘文	LS007		销售部	A07-2021-3	3500.0	0.0	0.0	0.0
方达	LS008		生产部	A08-2021-3	5000.0	0.0	0.0	0.0
张龙	LS009		生产部	A09-2021-3	4000.0	0.0	0.0	0.0
张夏	LS010		人力资源部	A10-2021-3	5000.0	0.0	0.0	0.0
田明	LS011		研发部	A11-2021-3	6000.0	0.0	0.0	0.0
孟宁	LS012		人力资源部	A12-2021-3	5000.0	0.0	0.0	0.0
李明	LS013		销售部	A13-2021-3	3500.0	0.0	0.0	0.0

图4-52 完成工资表中要显示字段的操作

步骤 16 选择"视图"菜单中的"查询属性"命令，对于弹出的"查询属性"对话框，勾选"不选重复的记录"复选框，单击"确定"按钮，如图4-53所示。

步骤 17 选择"视图"菜单中的"条件"命令，在弹出的条件栏中，将"员工基本信息"工作表中的"年"拖动至条件栏中的第1列，将"值"设置为"[nian]"，如图4-54所示。

Excel在财务中的应用

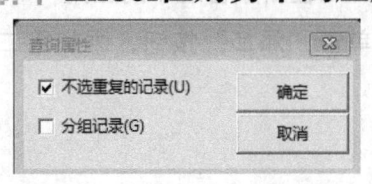

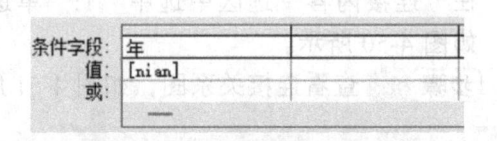

图 4-53 "查询属性"对话框　　　　图 4-54 设置"条件字段"和"值"1

步骤 18 对于弹出的"输入参数值"对话框，直接单击"确定"按钮，如图 4-55 所示。

步骤 19 在弹出的条件栏中，将"员工基本信息"工作表中的"月"拖动至条件栏中的第 2 列，将"值"设置为"[yue]"，如图 4-56 所示。

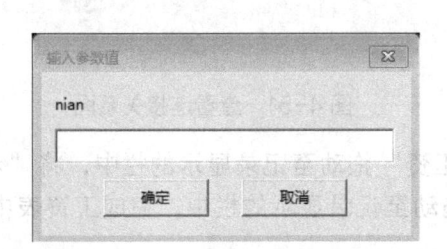

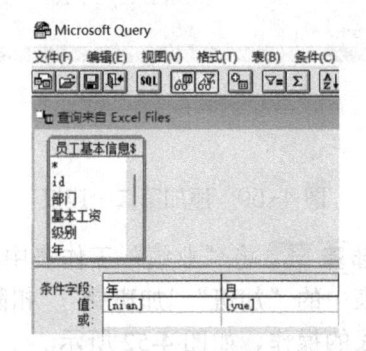

图 4-55 "输入参数值"对话框　　　　图 4-56 设置"条件字段"和"值"2

步骤 20 对于弹出的"输入参数值"对话框，直接单击"确定"按钮。

步骤 21 选择"文件"菜单中的"将数据返回 Microsoft Excel"命令。

步骤 22 对于弹出的"导入数据"对话框，选中"现有工作表"单选按钮，在"现有工作表"文本框中，单击"工资"工作表中的 D1 单元格，单击"确定"按钮，完成数据导入的操作，如图 4-57 所示。

步骤 23 对于弹出的"输入参数值"对话框，在"nian"文本框中输入"=工资!$B$1"，并勾选"在以后的刷新中使用该值或该引用"和"当单元格值更改时自动刷新"复选框，单击"确定"按钮，完成年份参数值的设置，如图 4-58 所示。

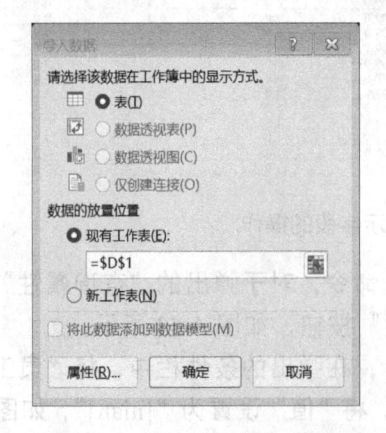

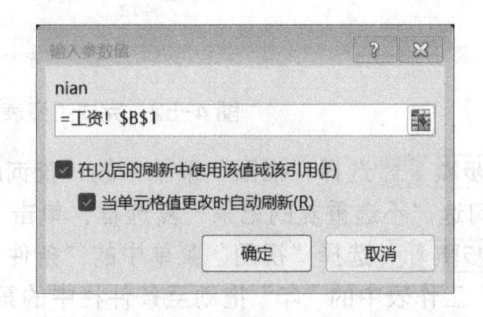

图 4-57 "导入数据"对话框　　　　图 4-58 "输入参数值"对话框 1

第四章
Excel在薪酬管理中的应用

步骤 24 对于弹出的"输入参数值"对话框,在"yue"文本框中输入"=工资!$B$2",并勾选"在以后的刷新中使用该值或该引用"和"当单元格值更改时自动刷新"复选框,单击"确定"按钮,完成月份参数值的设置,如图4-59所示。

步骤 25 选中D1单元格,在"表设计"选项卡下,在"属性"组内的"表名称"文本框中输入"gzb"。

步骤 26 在"表设计"选项卡下,单击"外部表数据"组内的"属性"按钮,对于弹出的"外部数据属性"对话框,取消勾选"调整列宽"复选框,单击"确定"按钮,完成表格的设置,如图4-60所示。

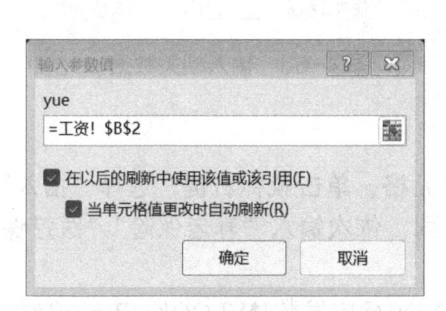

图 4-59 "输入参数值"对话框2 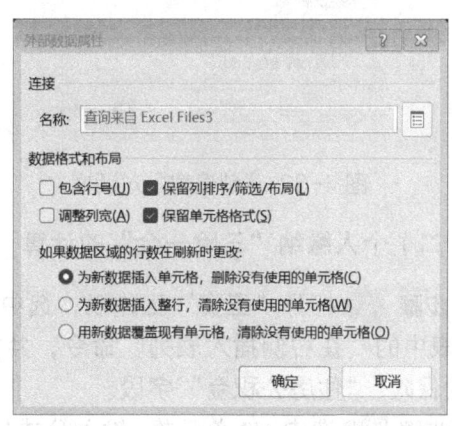　　　　图 4-60 "外部数据属性"对话框

步骤 27 选中L1单元格,单击鼠标右键,选择"插入"下拉列表中的"在右侧插入表列"命令,选中M1单元格,输入"应发数"。

步骤 28 选中M2单元格,输入公式"=SUM(gzb[@[基本工资]:[加班费]])-[@扣除工资]",完成"应发数"的计算,如图4-61所示。

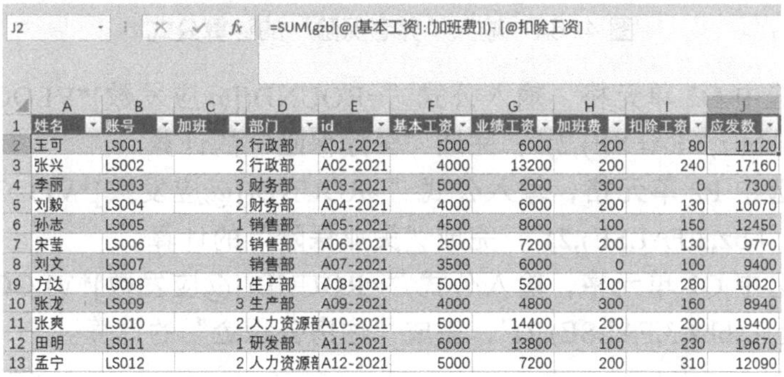

图 4-61 输入"应发数"的计算公式

二、计算"五险一金"

(一)既定规则的输入

步骤 1 打开"参数"工作表,在S1:U1单元格区域中依次输入"项目""单位比

例""个人比例"字段。

步骤 2 选中 S1 单元格,在"插入"选项卡下,单击"表格"组内的"表格"按钮,对于弹出的"创建表"对话框,勾选"表包含标题"复选框,单击"确定"按钮,将指定的单元格区域转换为表对象,如图 4-62 所示。

步骤 3 在"表设计"选项卡下,在"属性"组内的"表名称"文本框中输入"sbbz"。

步骤 4 从 S2 单元格开始输入相关数据,如图 4-63 所示。

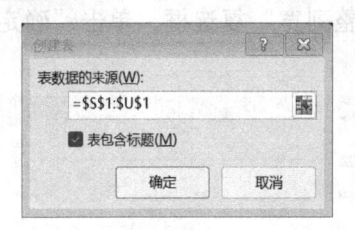

图 4-62 "创建表"对话框

图 4-63 输入相关数据

(二)个人缴纳"三险一金"的计算

步骤 1 打开"工资"工作表,选中 M1 单元格,单击鼠标右键,选择"插入"下拉列表中的"在右侧插入表列"命令,共插入 4 列,依次输入"养老保险""医疗保险""失业保险""住房公积金"字段。

步骤 2 选中 N2 单元格,输入公式"=ROUND([@应发数]*VLOOKUP(gzb[[#标题],[养老保险]],sbbz,3,FALSE),2)",完成"养老保险"的计算,如图 4-64 所示。

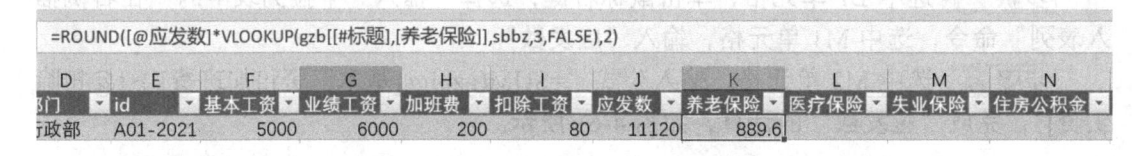

图 4-64 输入"养老保险"的计算公式

步骤 3 选中 O2 单元格,输入公式"=ROUND([@应发数]*VLOOKUP (gzb[[#标题],[医疗保险]],sbbz,3,FALSE),2)",完成"医疗保险"的计算。

步骤 4 选中 P2 单元格,输入公式"=ROUND([@应发数]*VLOOKUP (gzb[[#标题],[失业保险]],sbbz,3,FALSE),2)",完成"失业保险"的计算。

步骤 5 选中 Q2 单元格,输入公式"=ROUND([@应发数]*VLOOKUP (gzb[[#标题],[住房公积金]],sbbz,3,FALSE),2)",完成"住房公积金"的计算。

(三)企业缴纳"五险一金"的计算

步骤 1 打开"工资"工作表,选中 D1 单元格,在"插入"选项卡下,单击"表格"组内的"数据透视表"按钮,对于弹出的"来自表格或区域的数据透视表"对话框,在"选择表格或区域"下的"表/区域"文本框中输入"gzb",在"选择放置数据透视表的位置"选区中选中"新工作表"单选按钮,单击"确定"按钮,如图 4-65 所示。

步骤 2 将新工作表重命名为"企业缴纳金额"。

第四章 Excel在薪酬管理中的应用

步骤 3 在"数据透视表字段"窗格中，勾选"部门"复选框，将"部门"拖动至"行"下的空白框中，如图 4-66 所示。

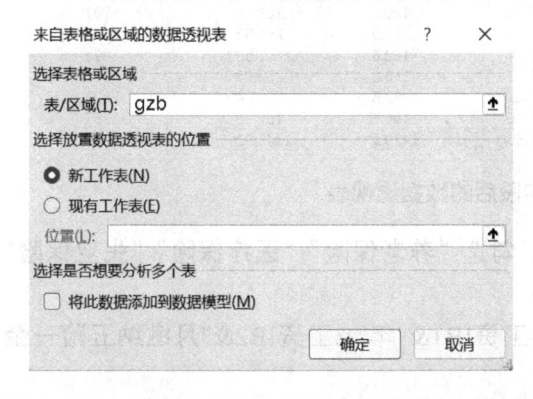

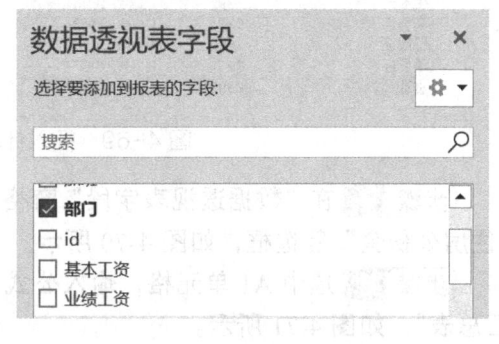

图 4-65 "来自表格或区域的数据透视表"对话框

图 4-66 设置数据透视表字段

步骤 4 选中 A3 单元格，在"数据透视表工具"栏的"数据透视表分析"选项卡下，单击"计算"组内的"字段、项目和集"下拉按钮，选择"计算字段"选项，如图 4-67 所示。

步骤 5 对于弹出的"插入计算字段"对话框，在"名称"文本框中输入" 养老保险"，在"公式"文本框中输入"=应发数*0.2"，单击"确定"按钮，如图 4-68 所示。

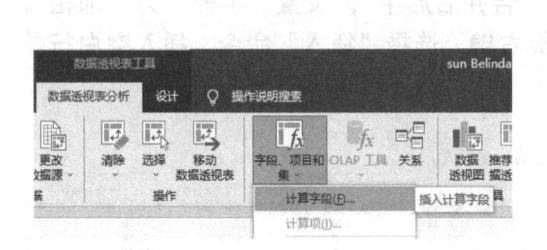

图 4-67 选择"计算字段"选项

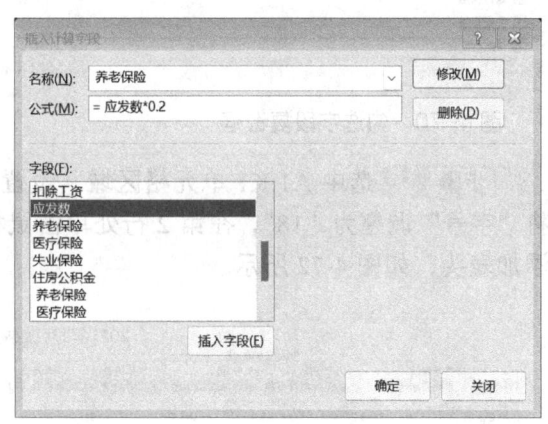

图 4-68 "插入计算字段"对话框

> **小贴士**
>
> **名称输入的方法**
>
> 在"名称"文本框中输入的"养老保险"前加一个空格，以便和已有的字段相区分。对应的"医疗保险""失业保险""工伤保险""生育保险""住房公积金"同样如此。

步骤 6 选中 A3 单元格，在"数据透视表工具"栏的"数据透视表分析"选项卡下，单击"计算"组内的"字段、项目和集"下拉按钮，选择"计算字段"选项，对于弹出的"插入计算字段"对话框，按照前述方法，分别插入"医疗保险""失业保险""工伤保险"

"生育保险""住房公积金"计算字段，如图4-69所示。

行标签	求和项:养老保险	求和项:医疗保险	求和项:失业保险	求和项:工伤保险	求和项:生育保险	求和项:住房公积金
财务部	2594	1297	194.55	129.7	103.76	1297
人力资源部	6298	3149	472.35	314.9	251.92	3149
生产部	3792	1896	284.4	189.6	151.68	1896
销售部	6324	3162	474.3	316.2	252.96	3162
行政部	5656	2828	424.2	282.8	226.24	2828
研发部	3934	1967	295.05	196.7	157.36	1967
总计	28598	14299	2144.85	1429.9	1143.92	14299

图4-69 插入计算字段后的数据透视表

步骤 7 在"数据透视表字段"窗格中，勾选"养老保险""医疗保险""失业保险""住房公积金"复选框，如图4-70所示。

步骤 8 选中A1单元格，输入公式"=工资!B1&"年"&工资!B2&"月缴纳五险一金汇总表"，如图4-71所示。

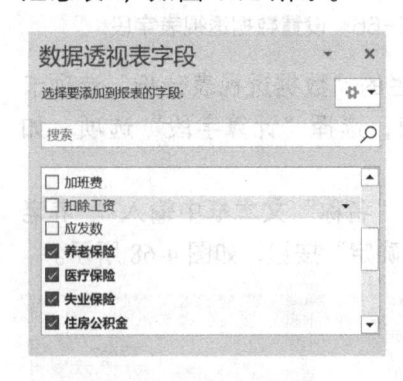

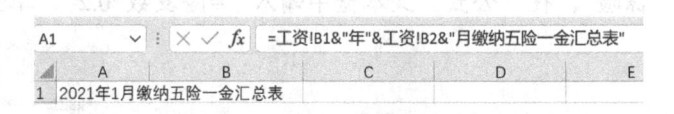

图4-70 勾选字段复选框　　　　图4-71 输入A1单元格的计算公式

步骤 9 选中A1:K1单元格区域，设置"合并后居中"，设置"字形"为"加粗"，将"字号"调整为"18"，在第2行处单击鼠标右键，选择"插入"命令，插入空白行并添加表头，如图4-72所示。

	A	B	C	D	E	F	G	H	I	J	K
1					2021年1月缴纳五险一金汇总表						
2			个人缴纳部分				企业缴纳部分				
3		养老保险	医疗保险	失业保险	住房公积金	养老保险	医疗保险	失业保险	工伤保险	生育保险	住房公积金
4	行标签	求和项:养老保险	求和项:医疗保险	求和项:失业保险	求和项:住房公积金	求和项:养老保险	求和项:医疗保险	求和项:失业保险	求和项:工伤保险	求和项:生育保险	求和项:住房公积金
5	财务部	1037.6	259.4	64.85	1297	2594	1297	194.55	129.7	103.76	1297
6	人力资源部	2519.2	629.8	157.45	3149	6298	3149	472.35	314.9	251.92	3149
7	生产部	1516.8	379.2	94.8	1896	3792	1896	284.4	189.6	151.68	1896
8	销售部	2529.6	632.4	158.1	3162	6324	3162	474.3	316.2	252.96	3162
9	行政部	2262.4	565.6	141.4	2828	5656	2828	424.2	282.8	226.24	2828
10	研发部	1573.6	393.4	98.35	1967	3934	1967	295.05	196.7	157.36	1967
11	总计	11439.2	2859.8	714.95	14299	28598	14299	2144.85	1429.9	1143.92	14299

图4-72 插入空白行并添加表头

步骤 10 在第4行处单击鼠标右键，选择"隐藏"命令。

步骤 11 选中数据透视表中的任意一个单元格，在"数据透视表工具"栏的"数据透视表分析"选项卡下，单击"数据透视表"组内的"选项"按钮，对于弹出的"数据透视表选项"对话框，在"布局和格式"选项卡下，取消勾选"更新时自动调整列宽"复选框，单击"确定"按钮，如图4-73所示。在"工资"工作表中更新月份，然后返回到"企业缴纳金额"工作表中，在"数据"选项卡下，单击"连接"组内的"全部刷新"按钮，即可获得最新的数据。

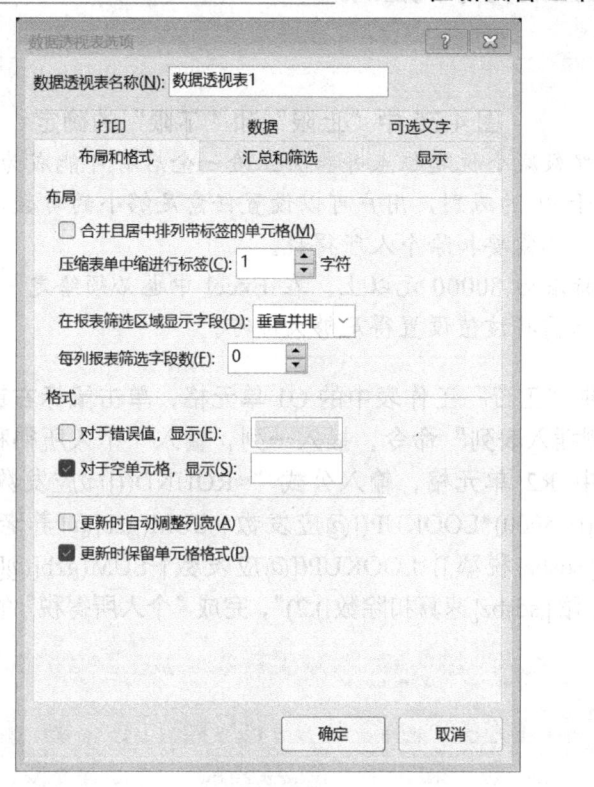

第四章
Excel在薪酬管理中的应用

图 4-73 "数据透视表选项"对话框

三、计算个人所得税

步骤 1 打开"参数"工作表，在 W1:Z1 单元格区域中依次输入"下限""上限""税率""速算扣除数"字段。

步骤 2 选中 W1 单元格，在"插入"选项卡下，单击"表格"组内的"表格"按钮，对于弹出的"创建表"对话框，勾选"表包含标题"复选框，单击"确定"按钮，将指定的单元格区域转换为表对象，如图 4-74 所示。

步骤 3 在"表设计"选项卡下，在"属性"组内的"表名称"文本框中输入"sdsbz"。

步骤 4 从 W2 单元格开始输入相关数据，如图 4-75 所示。

W 下限	X 上限	Y 税率	Z 速算扣除数
-3000	0	0	0
0	3000	0.03	0
3000	12000	0.1	210
12000	25000	0.2	1410
25000	35000	0.25	2660
35000	55000	0.3	4410
55000	80000	0.35	7160
80000	100000000	0.45	15100

图 4-74 "创建表"对话框

图 4-75 输入相关数据

> **小贴士**
>
> **图 4.75 中"上限"和"下限"的确定**
>
> 　　员工工资应发数减个税起征点并扣除三险一金后有可能成为负数，因此在第一项中设置了一个小于 0 的级别，用户可以设置任意足够小的负数，这里设置为 -3000，该级别的含义是，不需要扣除个人所得税。
>
> 　　最后一项的标准为 80000 元以上，在 Excel 中也必须给定一个明确的上限，用户可以任意设置，只需将该值设置得足够大即可。

步骤 5 选中"工资"工作表中的 Q1 单元格，单击鼠标右键，选择"插入"下拉列表中的"在右侧插入表列"命令，插入一列，输入"个人所得税"字段。

步骤 6 选中 R2 单元格，输入公式"=ROUND(([@应发数]-SUM(gzb[@[养老保险]:[住房公积金]])-5000)*LOOKUP([@应发数]-SUM(gzb[@[养老保险]:[住房公积金]])-5000,sdsbz[下限],sdsbz[税率])-LOOKUP([@应发数]-SUM(gzb[@[养老保险]:[住房公积金]])-5000,sdsbz[下限],sdsbz[速算扣除数]),2)"，完成"个人所得税"的计算，如图 4-76 所示。

图 4-76　查看"个人所得税"

四、计算实发数

步骤 1 选中"工资"工作表中的 R1 单元格，单击鼠标右键，选择"插入"下拉列表中的"在右侧插入表列"命令，插入一列，输入"实发数"字段，如图 4-77 所示。

图 4-77　插入列

步骤 2 选中 S2 单元格，输入公式"=[@应发数]-SUM(gzb[@[养老保险]:[个人所得税]])"，完成"实发数"的计算。

第四章
Excel在薪酬管理中的应用

步骤 3 生成员工工资表并查看，如图4-78所示。

姓名	账号	加班	部门	id	基本工资	业绩工资	加班费	扣除工资	应发数	养老保险	医疗保险	失业保险	住房公积金	个人所得税	实发数
王可	LS001	2	行政部	A01-2021-1	5000	6000	200	80	11120	889.6	222.4	55.6	1112	174.04	8666.36
张兴	LS002	2	行政部	A02-2021-1	4000	13200	200	240	17160	1372.8	343.2	85.8	1716	654.22	12987.98
李丽	LS003	3	财务部	A03-2021-1	5000	2000	300	0	7300	584	146	36.5	730	24.11	5779.39
刘毅	LS004	2	财务部	A04-2021-1	4000	6000	200	130	10070	805.6	201.4	50.35	1007	90.57	7915.08
孙志	LS005	1	销售部	A05-2021-1	4500	8000	100	150	12450	996	249	62.25	1245	279.78	9617.97
宋莹	LS006	2	销售部	A06-2021-1	2500	7200	200	130	9770	781.6	195.4	48.85	977	83.01	7684.14
刘文	LS007		销售部	A07-2021-1	3500	6000	0	100	9400	752	188	47	940	74.19	7398.81
方达	LS008	1	生产部	A08-2021-1	5000	5200	100	280	10020	801.6	200.4	50.1	1002	88.98	7876.92
张龙	LS009	3	生产部	A09-2021-1	4000	4800	300	160	8940	715.2	178.8	44.7	894	63.22	7044.08
张爽	LS010	2	人力资源部	A10-2021-1	5000	14400	200	200	19400	1552	388	97	1940	832.3	14590.7
田明	LS011	1	研发部	A11-2021-1	6000	13800	100	230	19670	1573.6	393.4	98.35	1967	853.77	14783.88
孟宁	LS012	2	人力资源部	A12-2021-1	5000	7200	200	310	12090	967.2	241.8	60.45	1209	251.16	9360.39

图4-78 查看员工工资表

第四节 工资条的编制

一、生成工资条

步骤 1 新建名为"工资条"的工作表。

步骤 2 打开"工资"工作表，复制数据部分。

步骤 3 打开"工资条"工作表，选中B1单元格，单击鼠标右键，选择"粘贴选项"下拉列表中的"值"选项。

步骤 4 在A1单元格中输入"2021年1月"，将光标移至单元格右下角时指针变为黑色十字填充柄，单击鼠标左键并向下拖动填充柄至所需的单元格，查看表格，填充效果如图4-79所示。

	A	B	C	D	E	F	G	H	I	J	K	L	M	N	O	P	Q
1		姓名	账号	加班	部门	id	基本工资	业绩工资	加班费	扣除工资	应发数	养老保险	医疗保险	失业保险	住房公积金	个人所得税	实发数
2	2021年1月	王可	LS001	2	行政部	A01-2021	5000	6000	200	80	11120	889.6	222.4	55.6	1112	174.04	8666.36
3	2021年1月	张兴	LS002	2	行政部	A02-2021	4000	13200	200	240	17160	1372.8	343.2	85.8	1716	654.22	12987.98
4	2021年1月	李丽	LS003	3	财务部	A03-2021	5000	2000	300	0	7300	584	146	36.5	730	24.11	5779.39
5	2021年1月	刘毅	LS004	2	财务部	A04-2021	4000	6000	200	130	10070	805.6	201.4	50.35	1007	90.57	7915.08
6	2021年1月	孙志	LS005	1	销售部	A05-2021	4500	8000	100	150	12450	996	249	62.25	1245	279.78	9617.97
7	2021年1月	宋莹	LS006	2	销售部	A06-2021	2500	7200	200	130	9770	781.6	195.4	48.85	977	83.01	7684.14
8	2021年1月	刘文	LS007		销售部	A07-2021	3500	6000	0	100	9400	752	188	47	940	74.19	7398.81
9	2021年1月	方达	LS008	1	生产部	A08-2021	5000	5200	100	280	10020	801.6	200.4	50.1	1002	88.98	7876.92
10	2021年1月	张龙	LS009	3	生产部	A09-2021	4000	4800	300	160	8940	715.2	178.8	44.7	894	63.22	7044.08
11	2021年1月	张爽	LS010	2	人力资源部	A10-2021	5000	14400	200	200	19400	1552	388	97	1940	832.3	14590.7
12	2021年1月	田明	LS011	1	研发部	A11-2021	6000	13800	100	230	19670	1573.6	393.4	98.35	1967	853.77	14783.88
13	2021年1月	孟宁	LS012	2	人力资源部	A12-2021	5000	7200	200	310	12090	967.2	241.8	60.45	1209	251.16	9360.39

图4-79 查看表格

二、打印工资条

会计人员打印工资条时，不仅需要对每个员工工资条所在的行进行分页，还需要给每个员工的工资条打印出标题，因此需要设置标题行后再打印。

步骤 1 选中第2行，在"页面布局"选项卡下，单击"页面设置"组内的"分隔符"下拉按钮，选择"插入分页符"选项，如图4-80所示。

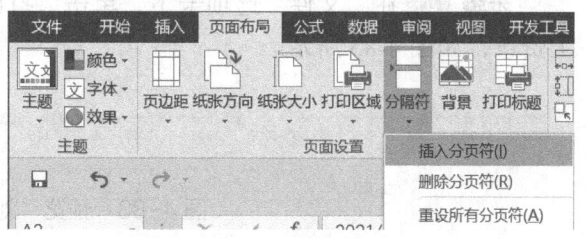

图4-80 选择"插入分页符"选项

Excel在财务中的应用

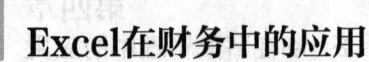

步骤 2 依次插入分页符，进行强制分页直至最后一个员工，如图4-81所示。

	A	B	C	D	E	F	G	H	I	J	K	L	M	N	O	P	Q
1	2021年1月	姓名	账号	加班	部门	id	基本工资	业绩工资	加班费	扣除工资	应发数	养老保险	医疗保险	失业保险	住房公积金	个人所得税	实发数
2	2021年1月	王可	LS001	2	行政部	A01-2021	5000	6000	200	80	11120	889.6	222.4	55.6	1112	174.04	8666.36
3	2021年1月	张兴	LS002	2	行政部	A02-2021	4000	13200	200	240	17160	1372.8	343.2	85.8	1716	654.22	12987.98
4	2021年1月	李丽	LS003	3	财务部	A03-2021	5000	2000	300	0	7300	584	146	36.5	730	24.11	5779.39
5	2021年1月	刘毅	LS004	2	财务部	A04-2021	4000	6000	200	130	10070	805.6	201.4	50.35	1007	90.57	7915.08
6	2021年1月	孙志	LS005	1	销售部	A05-2021	4500	8000	100	150	12450	996	249	62.25	1245	279.78	9617.97
7	2021年1月	宋莹	LS006	2	销售部	A06-2021	2500	7200	200	130	9770	781.6	195.4	48.85	977	83.01	7684.14
8	2021年1月	刘文	LS007		销售部	A07-2021	3500	6000	0	100	9400	752	188	47	940	74.19	7398.81
9	2021年1月	方达	LS008	1	生产部	A08-2021	5000	5200	100	280	10020	801.6	200.4	50.1	1002	88.98	7876.92
10	2021年1月	张龙	LS009	3	生产部	A09-2021	4000	4800	300	160	8940	715.2	178.8	44.7	894	63.22	7044.08
11	2021年1月	张爽	LS010	2	人力资源部	A10-2021	5000	14400	0	200	19400	1552	388	97	1940	832.3	14590.7
12	2021年1月	田明	LS011	1	研发部	A11-2021	6000	13800	100	230	19670	1573.6	393.4	98.35	1967	853.77	14783.88
13	2021年1月	孟宁	LS012	2	人力资源部	A12-2021	5000	7200	200	310	12090	967.2	241.8	60.45	1209	251.16	9360.39

图4-81 插入分页符设置结果

步骤 3 在"页面布局"选项卡下，单击"页面设置"组内的"打印标题"按钮，对于弹出的"页面设置"对话框，在"工作表"选项卡下，在"顶端标题行"文本框中，单击$1:$1单元格区域，单击"确定"按钮，如图4-82所示。

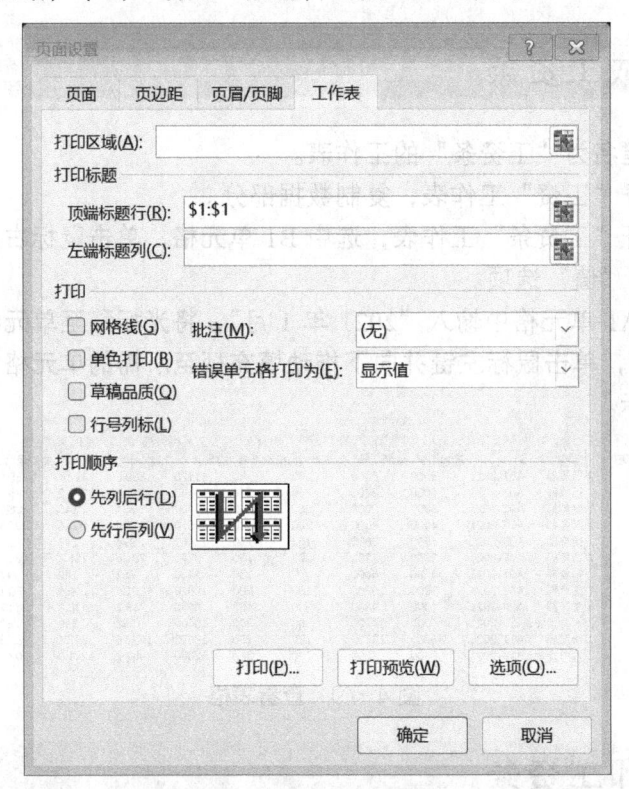

图4-82 "页面设置"对话框

步骤 4 在"文件"选项卡下，单击"打印"按钮，以员工"刘文"为例，预览其工资条，如图4-83所示。

2021年1月	姓名	账号	加班	部门	id	基本工资	业绩工资	加班费	扣除工资	应发数	养老保险	医疗保险	失业保险	住房公积金	个人所得税	实发数
2021年1月	刘文	LS007	0	销售部	A07-2021	3500	6000	0	100	9400	752	188	47	940	74.19	7398.81

图4-83 预览"刘文"工资条

第四章 Excel在薪酬管理中的应用

本 章 实 训

（一）实训资料

LW 公司是一家生产农业大中型机械的企业，公司有行政部、财务部、人力资源部、生产部、销售部，共有员工 10 人，以字母代替姓名。LW 公司 2021 年 1 月员工构成情况表如表 4-4 所示。

表 4-4　LW 公司 2021 年 1 月员工构成情况表

部门	姓名	性别	入职时间	职级	账号
行政部	A	男	2020/7/18	管理 2 级	LW001
行政部	B	男	2020/2/1	管理 1 级	LW002
财务部	C	女	2018/9/1	管理 2 级	LW003
财务部	D	男	2020/5/6	专业 2 级	LW004
销售部	E	女	2020/12/12	销售 3 级	LW005
销售部	F	女	2017/9/17	销售 1 级	LW006
销售部	G	男	2018/8/13	销售 2 级	LW007
生产部	H	男	2019/6/1	专业 3 级	LW008
生产部	I	女	2018/7/13	专业 2 级	LW009
人力资源部	J	女	2019/7/23	管理 2 级	LW010

LW 公司基本工资的设定如下。
① 销售 1 级基本工资 3500 元。
② 销售 2 级基本工资 4500 元。
③ 销售 3 级基本工资 5500 元。
④ 专业 1 级基本工资 4000 元。
⑤ 专业 2 级基本工资 5000 元。
⑥ 专业 3 级基本攻击 6000 元。
⑦ 管理 1 级基本工资 5000 元。
⑧ 管理 2 级基本工资 6000 元。
⑨ 管理 3 级基本工资 7000 元。
LW 公司员工近期的变动情况如下。
① 2 月份 H 离职。
② 3 月份 M 入职本公司销售部，性别为男，职级为销售 2 级。
LW 公司 2021 年的考勤政策如下。
① 迟到早退每次扣除工资 50 元。
② 请假每次扣除工资 30 元。

③ 旷工每次扣除工资 100 元。
④ 加班费每次支付 80 元。

LW 公司 2021 年 1 月考勤情况如下。

① A 迟到早退 0 次，请假 0 次，旷工 0 次，加班 2 次。
② B 迟到早退 1 次，请假 0 次，旷工 1 次，加班 3 次。
③ C 迟到早退 3 次，请假 0 次，旷工 0 次，加班 3 次。
④ D 迟到早退 1 次，请假 1 次，旷工 0 次，加班 2 次。
⑤ E 迟到早退 0 次，请假 0 次，旷工 1 次，加班 5 次。
⑥ F 迟到早退 1 次，请假 1 次，旷工 0 次，加班 2 次。
⑦ G 迟到早退 1 次，请假 2 次，旷工 0 次，加班 0 次。
⑧ H 迟到早退 1 次，请假 1 次，旷工 2 次，加班 3 次。
⑨ I 迟到早退 3 次，请假 0 次，旷工 0 次，加班 3 次。
⑩ J 迟到早退 0 次，请假 1 次，旷工 1 次，加班 2 次。

LW 公司 2021 年在销售业绩方面的政策如下。

① 销售量超过基础销售量>0～100%的，每件按 30 元计算。
② 销售量超过基础销售量>100%～200%的，每件按 50 元计算。
③ 销售量超出基础销售量 200%以上的，每件按 70 元计算。

LW 公司 2021 年 1 月各部门员工销售情况如下。

① 行政部 A 超过基础销售量 170 件。
② 行政部 B 超过基础销售量 260 件。
③ 财务部 C 超过基础销售量 140 件。
④ 财务部 D 超过基础销售量 220 件。
⑤ 销售部 E 超过基础销售量 280 件。
⑥ 销售部 F 超过基础销售量 230 件。
⑦ 销售部 G 超过基础销售量 190 件。
⑧ 生产部 H 超过基础销售量 150 件。
⑨ 生产部 I 超过基础销售量 145 件。
⑩ 人力资源部 J 超过基础销售量 160 件。

（二）实训要求

1. 编制 LW 公司 2021 年 1 月所有员工的信息表、考勤表和业绩表，计算个人缴纳的"三险一金"和企业缴纳的"五险一金"。
2. 计算 LW 公司 2021 年 1 月所有员工的应发数和实发数，并编制工资表。
3. 制作工资条。

第五章

Excel 在应收账款管理中的应用

↘ 知识目标：

通过本章学习，要求学生掌握应用账龄分析法计提坏账准备，能够按指定的要求分类汇总应收账款并进行相关分析。

↘ 技能目标：

通过本章学习，要求学生能够运用设置数据有效性、分类汇总、定位空值、批量输入数据等操作方法，能够熟练运用绘制饼图及柱形图方法进行统计分析，了解 TODAY 函数、LEFT 函数的应用场景。

↘ 思政目标：

习近平总书记在党的十九大报告中指出："加强思想道德建设。人民有信仰，国家有力量，民族有希望。要提高人民思想觉悟、道德水准、文明素养，提高全社会文明程度。"为避免因信用缺失带来的损失，企业应进行信用评价，采取有效措施及时收回应收账款，并做好计提坏账准备。

本章主要从应收账款的分析、逾期应收账款的分析及应收账款的账龄分析 3 个方面介绍如何利用 Excel 提高应收账款管理的效率。

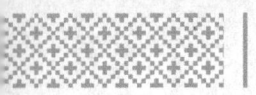

第一节　应收账款的分析

➡ 数据源：

来顺公司成立于 2019 年 5 月 1 日，是一家生产家用电器的中小型企业。公司由行政部、财务部、销售部、生产部、人力资源部、研发部 6 个部门组成。来顺公司因销售商品向购货单位收取款项形成应收账款，其主要客户有天天公司、嘉华公司、文宇公司、致胜公司、盛达公司、富文公司和瑞丽公司。

来顺公司 2022 年应收账款表如表 5-1 所示。此数据源是本章的背景资料，对本章其他节仍有参照意义。

表 5-1　来顺公司 2022 年应收账款表

当前日期：2022/7/19

客户名称	日期	经办人	应收账款（元）	到期日期
天天公司	2022/1/1	李华	7000	2022/3/1
天天公司	2022/1/23	李华	10000	2022/2/23
天天公司	2022/2/26	李华	11000	2022/4/26
嘉华公司	2022/1/12	王飞	6000	2022/3/12
嘉华公司	2022/1/28	王飞	8000	2022/4/28
嘉华公司	2022/2/6	王飞	30000	2022/4/6
嘉华公司	2022/3/14	王飞	20000	2022/5/14
文宇公司	2022/2/23	刘生	4000	2022/4/23
文宇公司	2022/2/28	刘生	5000	2022/3/28
致胜公司	2022/1/4	赵天	30000	2022/3/4
致胜公司	2022/2/24	赵天	20000	2022/4/24
盛达公司	2022/1/6	孙闻	4000	2022/3/6
盛达公司	2022/1/28	孙闻	20000	2022/3/28
盛达公司	2022/3/16	孙闻	10000	2022/5/16
富文公司	2022/2/15	黄塞	6000	2022/4/15
富文公司	2022/3/1	黄塞	40000	2022/6/1
瑞丽公司	2022/3/16	方磊	50000	2022/5/15

一、编制应收账款统计表

步骤 1　创建工作簿，将其保存为"应收账款管理.xlsx"，将"Sheet1"工作表重命名为"应收账款统计表"，设置工作表标签颜色为"红色"。

步骤 2　选中 A1:F1 单元格区域，设置"合并后居中"，输入标题"应收账款统计表"；选中 A2 单元格，输入"当前日期："；在 A3:F3 单元格区域中依次输入表格各字段。

第五章
Excel在应收账款管理中的应用

步骤 3 选中 B2 单元格，在"公式"选项卡下，单击"函数库"组内的"插入函数"按钮，如图 5-1 所示。

图 5-1 "插入函数"按钮

步骤 4 对于弹出的"插入函数"对话框，在"或选择类别"下拉列表中选择"日期与时间"选项，在"选择函数"列表框中选择"TODAY"选项，单击"确定"按钮。

步骤 5 对于弹出的"函数参数"对话框，单击"确定"按钮，如图 5-2 所示。

步骤 6 此时 B2 单元格中是日期函数"=TODAY()"，显示系统当前的日期，如图 5-3 所示。

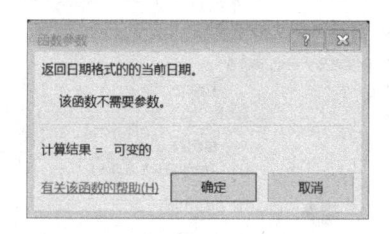

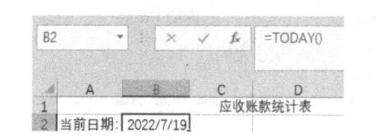

图 5-2 "函数参数"对话框　　　　图 5-3 输入"TODAY"函数

步骤 7 选中 A4 单元格，在"数据"选项卡下，单击"数据工具"组内的"数据验证"按钮。

步骤 8 对于弹出的"数据验证"对话框，在"设置"选项卡下，在"允许"下拉列表中选择"序列"选项，在"来源"文本框中输入"天天公司,嘉华公司,文宇公司,致胜公司,盛达公司,富文公司,瑞丽公司"，如图 5-4 所示。

步骤 9 切换到"出错警告"选项卡，在"样式"下拉列表中选择"信息"选项，在"错误信息"文本框中输入"请添加正确的客户名称！"，单击"确定"按钮，如图 5-5 所示。

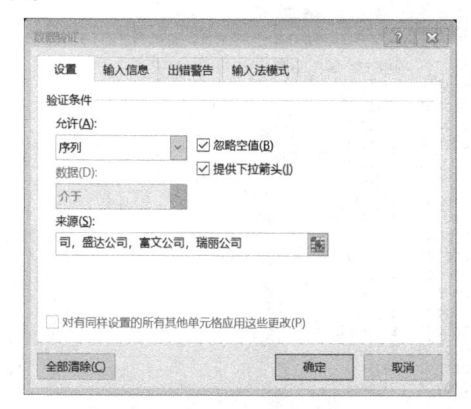

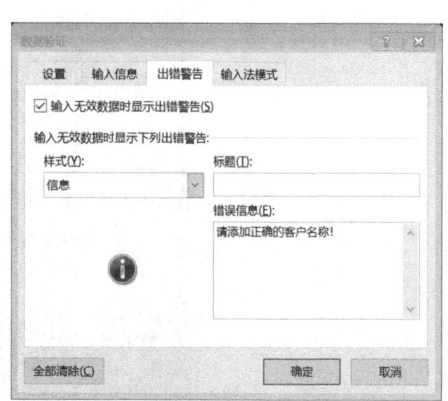

图 5-4 "设置"选项卡 1　　　　图 5-5 "出错警告"选项卡 1

步骤 10 选中 B4 单元格，单击鼠标右键，选择"设置单元格格式"命令，对于弹出的"设置单元格格式"对话框，选择"数字"选项卡下的"日期"选项，设置"类型"为"3月14日"日期格式。

步骤 11 选中 B4 单元格，按"Ctrl+C"组合键复制单元格，选中 E4 单元格，单击鼠标右键，选择"粘贴选项"下拉列表中的"格式"选项。

步骤 12 选中 C4 单元格，在"数据"选项卡下，单击"数据工具"组内的"数据验证"按钮，对于弹出的"数据验证"对话框，在"设置"选项卡下，在"允许"下拉列表中选择"序列"选项，在"来源"文本框中输入"李华,王飞,刘生,赵天,孙闻,黄塞,方磊"，如图5-6所示。

步骤 13 切换到"出错警告"选项卡，在"样式"下拉列表中选择"信息"选项，在"错误信息"文本框中输入"请添加正确的经办人!"，单击"确定"按钮，如图5-7所示。

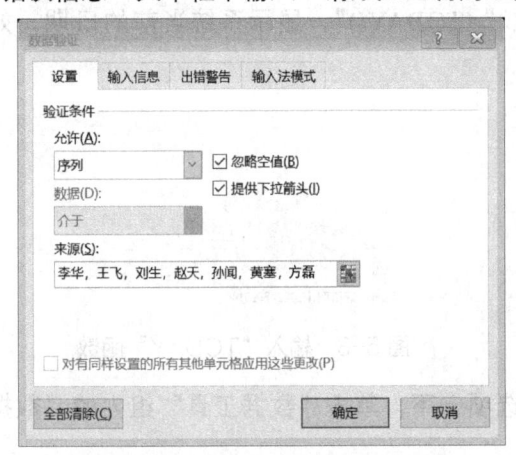

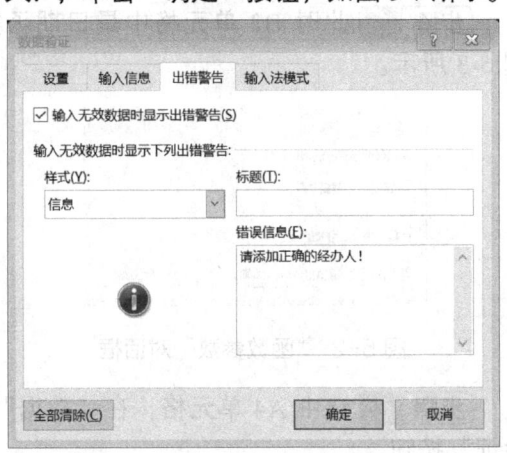

图5-6 "设置"选项卡2　　　　图5-7 "出错警告"选项卡2

步骤 14 选中 D4 单元格，设置单元格格式为"会计专用"，在"小数位数"数值框中输入"2"，在"货币符号（国家/地区）"下拉列表中选择"¥"格式，单击"确定"按钮。

步骤 15 选中 A4:E4 单元格区域，单击鼠标左键并拖动右下角的填充柄至 E20 单元格，在 A4:E20 单元格区域中输入相关数据，如图5-8所示。

	A	B	C	D	E	F
1	应收账款统计表					
2	当前日期:	2022/7/19				
3	客户名称	日期	经办人	应收账款	到期日期	备注
4	天天公司	1月1日	李华	¥ 7,000.00	3月1日	
5	天天公司	1月23日	李华	¥ 10,000.00	2月23日	
6	天天公司	2月26日	李华	¥ 11,000.00	4月26日	
7	嘉华公司	1月12日	王飞	¥ 6,000.00	3月12日	
8	嘉华公司	1月28日	王飞	¥ 8,000.00	4月28日	
9	嘉华公司	2月6日	王飞	¥ 30,000.00	4月6日	
10	嘉华公司	3月14日	王飞	¥ 20,000.00	5月14日	
11	文宇公司	2月23日	刘生	¥ 4,000.00	4月23日	
12	文宇公司	2月28日	刘生	¥ 5,000.00	3月28日	
13	致胜公司	1月4日	赵天	¥ 30,000.00	3月4日	
14	致胜公司	2月24日	赵天	¥ 20,000.00	4月24日	
15	盛达公司	1月6日	孙闻	¥ 4,000.00	3月6日	
16	盛达公司	1月28日	孙闻	¥ 20,000.00	3月28日	
17	盛达公司	3月16日	孙闻	¥ 10,000.00	5月16日	
18	富文公司	2月15日	黄塞	¥ 6,000.00	4月15日	
19	富文公司	3月1日	黄塞	¥ 40,000.00	6月1日	
20	瑞丽公司	3月16日	方磊	¥ 50,000.00	5月15日	

图5-8 输入相关数据

二、分类汇总应收账款

步骤 1 新建名为"分类汇总分析"的工作表,切换到"应收账款统计表"工作表,将鼠标指针放置在 A1:F20 单元格区域外的任意一个单元格中,如 G6 单元格,按"Ctrl+A"组合键选中当前工作表,按"Ctrl+C"组合键复制当前工作表,再切换到"分类汇总分析"工作表,选中 A1 单元格,按"Ctrl+V"组合键粘贴工作表,如图 5-9 所示。

图 5-9 复制、粘贴工作表

步骤 2 选中 A3:F20 单元格区域,在"数据"选项卡下,单击"分级显示"组内的"分类汇总"按钮,如图 5-10 所示。

图 5-10 "分类汇总"按钮

步骤 3 对于弹出的"分类汇总"对话框,在"分类字段"下拉列表中选择"客户名称"选项,在"汇总方式"下拉列表中选择"求和"选项,在"选定汇总项"列表框中勾选"应收账款"复选框,取消勾选"备注"复选框,同时默认勾选下方的"替换当前分类汇总"和"汇总结果显示在数据下方"复选框,单击"确定"按钮,如图 5-11 所示。

步骤 4 工作表中的数据按照选定分类汇总的参数进行显示,调整 A 列的列宽,效果如图 5-12 所示。

Excel在财务中的应用

步骤 5 选中 A3:F28 单元格区域，在"数据"选项卡下，单击"分级显示"组内的"分类汇总"按钮，对于弹出的"分类汇总"对话框，勾选"每组数据分页"复选框，单击"确定"按钮，如图 5-13 所示。此时在每一个分类汇总项下出现一条分页符，如图 5-14 所示。

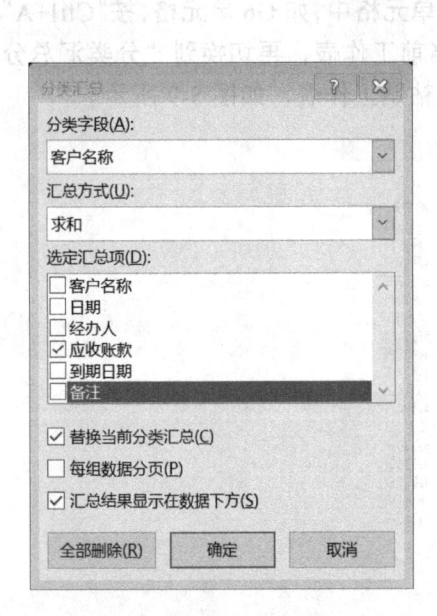

图 5-11 "分类汇总"对话框

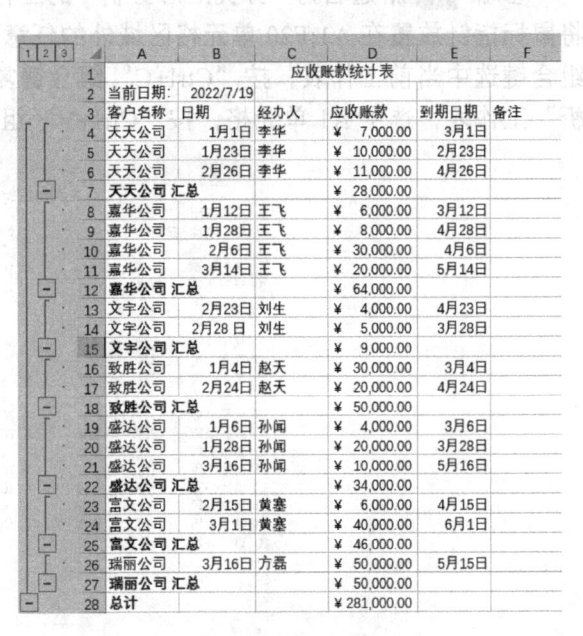

图 5-12 分类汇总显示效果

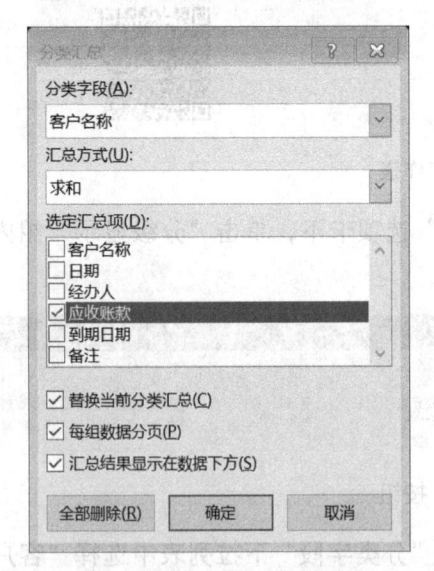

图 5-13 预览分页显示汇总设置

图 5-14 预览分页显示汇总效果

步骤 6 在分类汇总时，只对选中的"分类字段"和"选定汇总项"进行分类汇总，其余的字段不会显示，因此"经办人"的汇总单元格为空。选中 C4:C27 单元格区域，在"开始"选项卡下，单击"编辑"组内的"查找和选择"下拉按钮，选择"定位条件"选项。

110

第五章
Excel在应收账款管理中的应用

步骤 7 对于弹出的"定位条件"对话框,选中"空值"单选按钮,单击"确定"按钮,如图 5-15 所示。

步骤 8 此时 C7、C12、C15、C18、C22、C25 和 C27 单元格被同时选中,在编辑栏中输入"=",用鼠标左键单击 C6 单元格,按"Ctrl+Enter"组合键,实现批量录入。在"开始"选项卡下,单击"字体"组内的"填充颜色"按钮,填充被同时选中的 C7、C12、C15、C18、C22、C25、C27 单元格,设置填充颜色为"黄色",效果如图 5-16 所示。

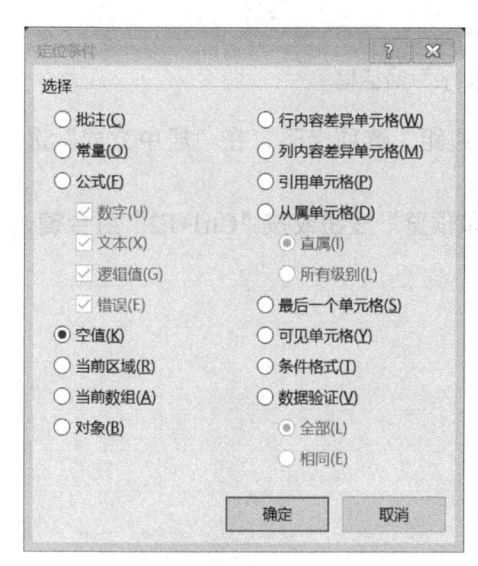

图 5-15 "定位条件"对话框　　图 5-16 填充"经办人"的汇总单元格

步骤 9 在"页面布局"选项卡下,单击"页面设置"组内的"打印标题"按钮,弹出"页面设置"对话框,如图 5-17 所示。

图 5-17 "页面设置"对话框

| 111 |

Excel在财务中的应用

步骤 10 对于弹出的"页面设置"对话框，在"工作表"选项卡下，单击"顶端标题行"文本框右侧的按钮，对于弹出的"页面设置-顶端标题行:"对话框，在文本框中，单击鼠标左键选中"分类汇总分析"工作表中的第1行至第3行单元格区域，如图5-18所示。

图 5-18 "页面设置-顶端标题行:"对话框

步骤 11 返回到"页面设置"对话框，在"页边距"选项卡下，在"居中方式"选区中勾选"水平"复选框，如图5-19所示。

步骤 12 在"页面设置"对话框中，单击"打印预览"按钮或按"Ctrl+F2"组合键，都会显示第1页的打印预览效果，如图5-20所示。

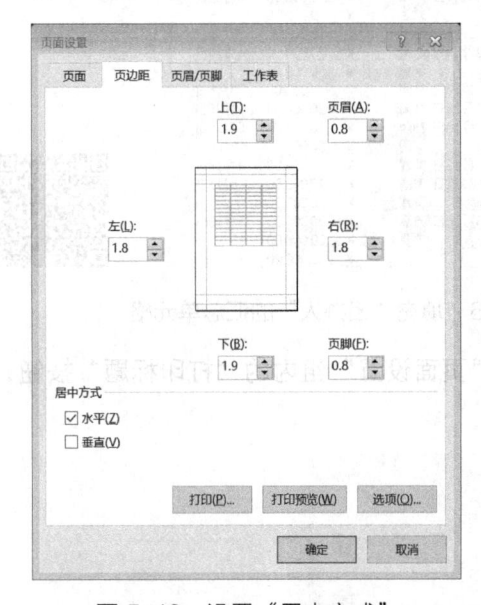

图 5-19 设置"居中方式"　　　　图 5-20 查看打印预览效果

步骤 13 选中A4单元格，在"视图"选项卡下，单击"窗口"组内的"冻结窗格"下拉按钮，选择"冻结拆分窗格"选项，如图5-21所示。

步骤 14 选中A3:F28单元格区域，在"数据"选项卡下，单击"分级显示"组内的"隐藏明细数据"按钮，如图5-22所示，分级显示应收账款数据，如图5-23所示。

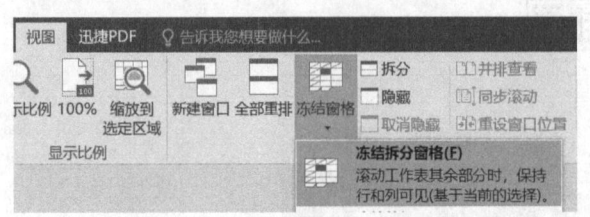

图 5-21 选择"冻结拆分窗格"选项　　　　图 5-22 "隐藏明细数据"按钮

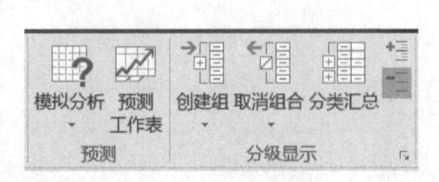

第五章 Excel在应收账款管理中的应用

应收账款统计表					
当前日期：	2022/7/19				
客户名称	日期	经办人	应收账款	到期日期	备注
天天公司 汇总		李华	¥ 28,000.00		
嘉华公司 汇总		王飞	¥ 64,000.00		
文宇公司 汇总		刘生	¥ 9,000.00		
致胜公司 汇总		赵天	¥ 50,000.00		
盛达公司 汇总		孙闻	¥ 34,000.00		
富文公司 汇总		黄塞	¥ 46,000.00		
瑞丽公司 汇总		方磊	¥ 50,000.00		
总计			¥ 281,000.00		

图 5-23 分级显示应收账款数据

步骤 15 单击"隐藏明细数据"按钮，应收账款统计表仅显示"总计"行，明细数据已经被隐藏，如图 5-24 所示。

应收账款统计表					
当前日期：	2022/7/19				
客户名称	日期	经办人	应收账款	到期日期	备注
总计			¥ 281,000.00		

图 5-24 仅显示"总计"行

> **小贴士**
>
> **取消"隐藏明细数据"操作**
>
> 如果要取消"隐藏明细数据"操作，只要在"数据"选项卡下单击"分级显示"组内的"显示明细数据"按钮，此时隐藏的明细数据就会显示在表格中。

三、绘制应收账款三维饼图

在分析应收账款数据时，除利用数值形式分析应收账款外，还可以利用图表形式显示应收账款数据，即利用图表工具分析各个客户赊销账款金额占总金额的百分比。先编制分类汇总统计表，再绘制三维饼图。

（一）编制分类汇总统计表

步骤 1 新建名为"图表分析"的工作表，设置工作表标签颜色为"绿色"。

步骤 2 选中 A1:F1 单元格区域，设置"合并后居中"，输入标题"分类汇总统计表"。

步骤 3 在"分类汇总分析"工作表中，单击" 1 2 3 "按钮中的" 2 "，按照级别"2"显示出公司汇总的数据。选中 A3:F28 单元格区域，在"开始"选项卡下，单击"编辑"组内的"查找和选择"下拉按钮，选择"定位条件"选项。

步骤 4 对于弹出的"定位条件"对话框，选中"可见单元格"单选按钮，单击"确定"按钮，如图 5-25 所示。

步骤 5 在"开始"选项卡下，单击"剪贴板"组内的"复制"按钮，在"图表分析"工作表中，选中 A2 单元格，单击"剪贴板"组内的"粘贴"下拉按钮，选择"粘

Excel在财务中的应用

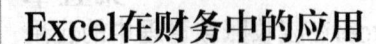

贴数值"列表中的"值和源格式"选项，显示效果如图5-26所示。

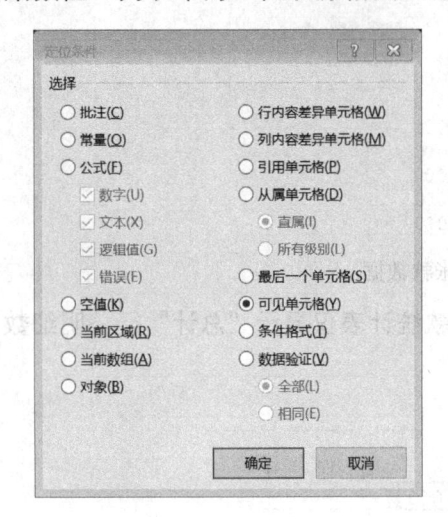

图5-25 "定位条件"对话框

图5-26 粘贴后效果

步骤 6 选中B:C列，单击鼠标右键，选择"删除"命令。同样操作，再删除E:F列。

步骤 7 选中B列，单击鼠标右键，选择"插入"命令，此时在B列左侧插入了一个新的B列。

步骤 8 选中B2单元格，在"公式"选项卡下，单击"函数库"组内的"插入函数"按钮，对于弹出的"插入函数"对话框，在"搜索函数"文本框中输入"LEFT"，单击"转到"按钮，在"选择函数"列表框中会显示搜索到的相关函数"LEFT"，单击"确定"按钮。

步骤 9 对于弹出的"函数参数"对话框，在"Text"文本框中输入"A2"，在"Num_chars"文本框中输入"4"，下方显示出函数的计算结果，单击"确定"按钮，如图5-27所示。

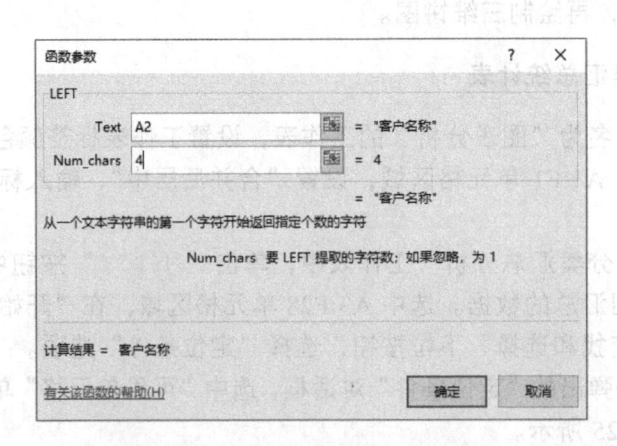

图5-27 "函数参数"对话框

第五章
Excel在应收账款管理中的应用

步骤10 选中 B2 单元格,单击鼠标左键并拖动右下角的填充柄至 B10 单元格,单击右下角的"自动填充选项"按钮,选择"不带格式填充"命令,填充后的效果如图 5-28 所示。

步骤11 选中 A 列,单击鼠标右键,选择"隐藏"命令。

(二)绘制三维饼图

分类汇总统计表		
客户名称	客户名称	应收账款
天天公司 汇总	天天公司	¥ 28,000.00
嘉华公司 汇总	嘉华公司	¥ 64,000.00
文宇公司 汇总	文宇公司	¥ 9,000.00
致胜公司 汇总	致胜公司	¥ 50,000.00
盛达公司 汇总	盛达公司	¥ 34,000.00
富文公司 汇总	富文公司	¥ 46,000.00
瑞丽公司 汇总	瑞丽公司	¥ 50,000.00
总计	总计	¥ 281,000.00

图 5-28 自动填充后的效果

步骤1 选中 B2:C9 单元格区域,在"插入"选项卡下,单击"图表"组内的"插入饼图或圆环图"下拉按钮,选择"三维饼图"选项,如图 5-29 所示。

步骤2 在图表空白位置按住鼠标左键,将其拖动至工作表中的合适位置,将鼠标指针移至图表的右下角,单击鼠标左键,鼠标指针变成十字形状,向外拖动鼠标指针,调整图表至合适大小,如图 5-30 所示。

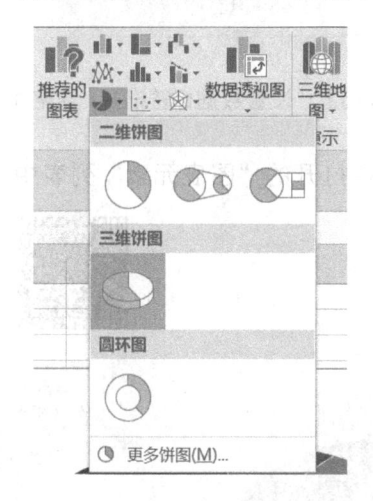

图 5-29 选择"三维饼图"选项

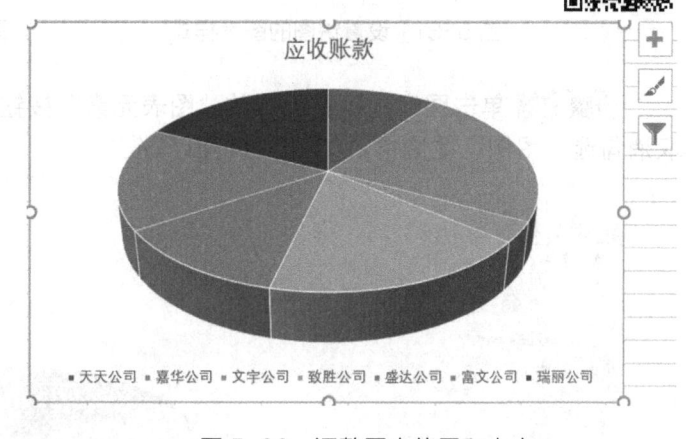

图 5-30 调整图表位置和大小

步骤3 选中图表,在"图表工具"栏的"图表设计"选项卡下,单击"图表布局"组内的"快速布局"下拉按钮,选择"布局1"选项。

步骤4 在"图表设计"选项卡下,单击"图表样式"组内列表框右下角的"其他"下拉按钮,选择"样式10"选项,效果如图 5-31 所示。

步骤5 在"图表设计"选项卡下,单击"图表布局"组内的"添加图表元素"下拉按钮,选择"数据标签"下拉列表中的"其他数据标签选项"选项。

步骤6 在"设置数据标签格式"窗格中,在"标签位置"选区中选中"数据标签外"单选按钮,如图 5-32 所示。

步骤7 在"数字"选项下,在"类别"下拉列表中选择"百分比"选项,在"小数位数"文本框中输入"2",单击"关闭"按钮,关闭"设置数据标签格式"窗格,如图 5-33 所示。

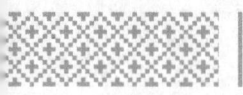

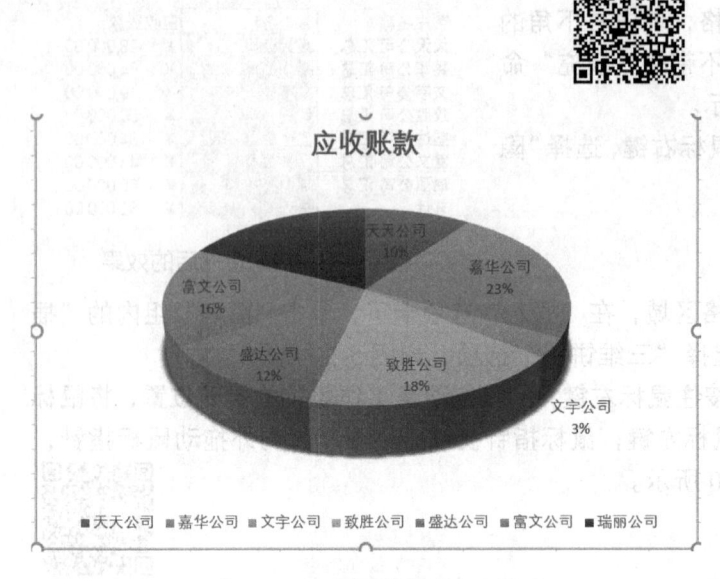

图 5-31 设置饼图的图表样式   图 5-32 "设置数据标签格式"窗格 1

步骤 8 单击图表边框右上方的"图表元素"按钮,在打开的"图表元素"列表中取消勾选"图例"复选框,如图 5-34 所示。

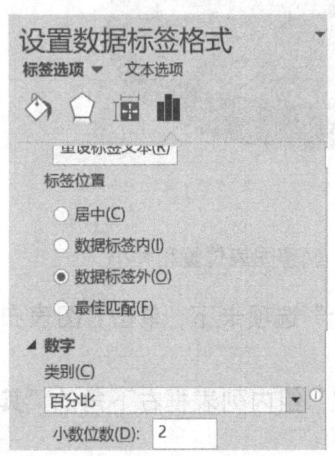

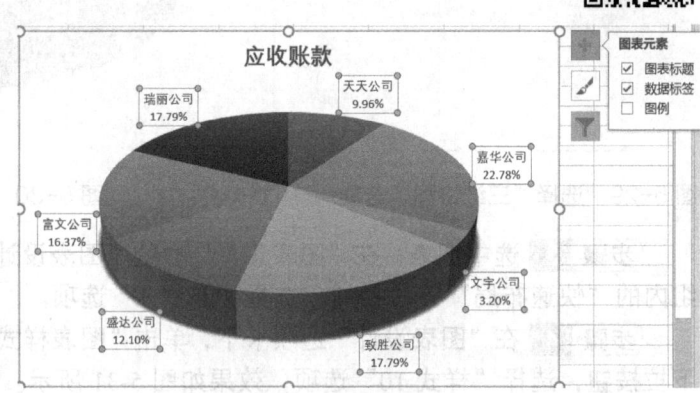

图 5-33 "设置数据标签格式"窗格 2   图 5-34 取消图例

步骤 9 用鼠标右键单击三维饼图的图表区,选择"三维旋转"命令,打开"设置图表区格式"窗格,展开"三维旋转"选项,在"透视"数值框中设置为"25°",单击"关闭"按钮,关闭"设置图表区格式"窗格,如图 5-35 所示。

步骤 10 选中图表标题,将图表标题修改为"客户应收账款占比图",设置字体和字体颜色,完成图表标题的编辑,效果如图 5-36 所示。

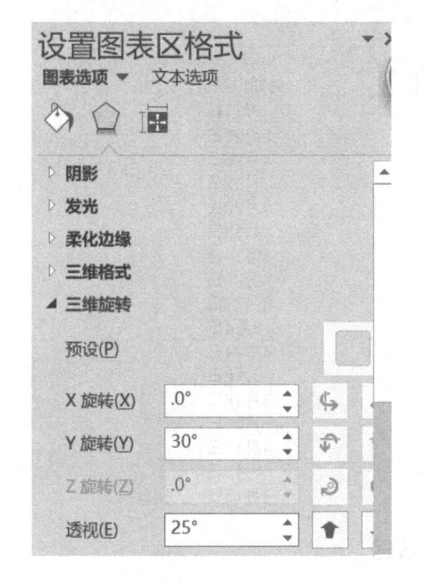

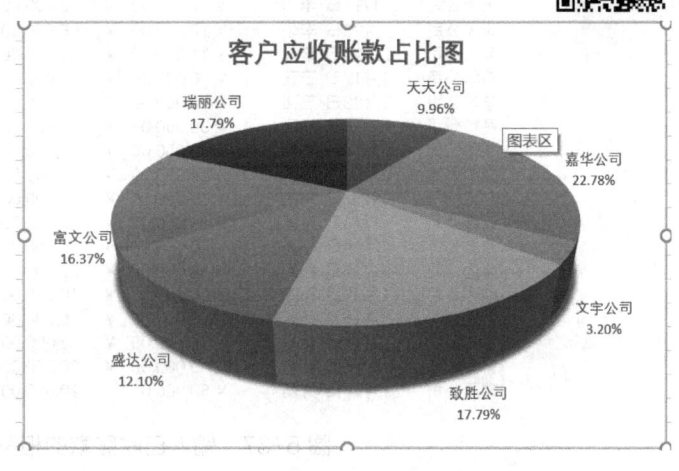

图 5-35　设置"三维旋转"　　　图 5-36　完成图表标题的编辑

第二节　逾期应收账款的分析

一、编制逾期应收账款表

步骤 1　新建名为"逾期应收账款表"的工作表。

步骤 2　选中 A1 单元格，输入"逾期应收账款表"；选中 A2 单元格，输入"当前日期:"；选中 B2 单元格，输入"2022/7/19"。

步骤 3　打开"应收账款统计表"工作表，选中 A3:E20 单元格区域，按"Ctrl+C"组合键复制单元格区域，切换到"逾期应收账款表"工作表，选中 A3 单元格，单击鼠标右键，选择"选择性粘贴"下拉列表中的"保留源列宽"选项。

步骤 4　选中 E 列，单击鼠标右键，选择"插入"命令，此时插入了一个新的 E 列，选中 E 列，按"F4"键，再插入一个新的列，此时在 D 列和 G 列之间新插入了两个空白列。

步骤 5　选中 E3 单元格，输入"已收账款"，在 E4:E20 单元格区域中输入已收账款的相关数据，如图 5-37 所示。

步骤 6　选中 F3 单元格，输入"结余"；选中 F4 单元格，输入公式"=D4-E4"；选中 F4 单元格，将光标移至单元格右下角时指针变为黑色十字填充柄，单击鼠标左键并向下拖动填充柄至 F20 单元格。计算结余效果如图 5-38 所示。

Excel在财务中的应用

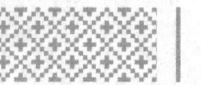

逾期应收账款表					
当前日期:	2022/7/19				
客户名称	日期	经办人	应收账款	已收账款	到期日期
天天公司	1月1日	李华	¥ 7,000.00	¥ 2,000.00	3月1日
天天公司	1月23日	李华	¥ 10,000.00	¥ 5,000.00	2月23日
天天公司	2月26日	李华	¥ 11,000.00	¥ 6,000.00	4月26日
嘉华公司	1月12日	王飞	¥ 6,000.00	¥ 4,000.00	3月12日
嘉华公司	1月28日	王飞	¥ 8,000.00	¥ 6,000.00	4月28日
嘉华公司	2月6日	王飞	¥ 30,000.00	¥ 20,000.00	4月6日
嘉华公司	3月14日	王飞	¥ 20,000.00	¥ 10,000.00	5月14日
文宇公司	2月23日	刘生	¥ 4,000.00	¥ 3,000.00	4月23日
文宇公司	2月28日	刘生	¥ 5,000.00	¥ 3,000.00	3月28日
致胜公司	1月4日	赵天	¥ 30,000.00	¥ 20,000.00	3月4日
致胜公司	2月24日	赵天	¥ 20,000.00	¥ 8,000.00	4月24日
盛达公司	1月6日	孙闻	¥ 4,000.00	¥ 3,000.00	3月6日
盛达公司	1月28日	孙闻	¥ 20,000.00	¥ 10,000.00	3月28日
盛达公司	3月16日	孙闻	¥ 10,000.00	¥ 9,000.00	5月16日
富文公司	2月15日	黄塞	¥ 6,000.00	¥ 3,000.00	4月15日
富文公司	3月1日	黄塞	¥ 40,000.00	¥ 20,000.00	6月1日
瑞丽公司	3月16日	方磊	¥ 50,000.00	¥ 20,000.00	5月15日

图 5-37　输入已收账款的相关数据

F4　fx　=D4-E4

	A	B	C	D	E	F	G
1	逾期应收账款表						
2	当前日期:	2022/7/19					
3	客户名称	日期	经办人	应收账款	已收账款	结余	到期日期
4	天天公司	1月1日	李华	¥ 7,000.00	¥ 2,000.00	¥ 5,000.00	3月1日
5	天天公司	1月23日	李华	¥ 10,000.00	¥ 5,000.00	¥ 5,000.00	2月23日
6	天天公司	2月26日	李华	¥ 11,000.00	¥ 6,000.00	¥ 5,000.00	4月26日
7	嘉华公司	1月12日	王飞	¥ 6,000.00	¥ 4,000.00	¥ 2,000.00	3月12日
8	嘉华公司	1月28日	王飞	¥ 8,000.00	¥ 6,000.00	¥ 2,000.00	4月28日
9	嘉华公司	2月6日	王飞	¥ 30,000.00	¥ 20,000.00	¥ 10,000.00	4月6日
10	嘉华公司	3月14日	王飞	¥ 20,000.00	¥ 10,000.00	¥ 10,000.00	5月14日
11	文宇公司	2月23日	刘生	¥ 4,000.00	¥ 3,000.00	¥ 1,000.00	4月23日
12	文宇公司	2月28日	刘生	¥ 5,000.00	¥ 3,000.00	¥ 2,000.00	3月28日
13	致胜公司	1月4日	赵天	¥ 30,000.00	¥ 20,000.00	¥ 10,000.00	3月4日
14	致胜公司	2月24日	赵天	¥ 20,000.00	¥ 8,000.00	¥ 12,000.00	4月24日
15	盛达公司	1月6日	孙闻	¥ 4,000.00	¥ 3,000.00	¥ 1,000.00	3月6日
16	盛达公司	1月28日	孙闻	¥ 20,000.00	¥ 10,000.00	¥ 10,000.00	3月28日
17	盛达公司	3月16日	孙闻	¥ 10,000.00	¥ 9,000.00	¥ 1,000.00	5月16日
18	富文公司	2月15日	黄塞	¥ 6,000.00	¥ 3,000.00	¥ 3,000.00	4月15日
19	富文公司	3月1日	黄塞	¥ 40,000.00	¥ 20,000.00	¥ 20,000.00	6月1日
20	瑞丽公司	3月16日	方磊	¥ 50,000.00	¥ 20,000.00	¥ 30,000.00	5月15日

图 5-38　计算结余效果

步骤 7 在 H3:M3 单元格区域中依次输入表格其他字段，如图 5-39 所示。

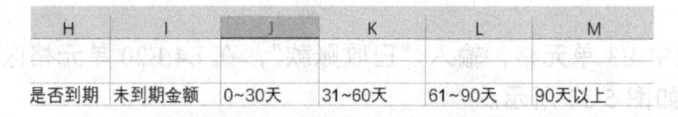

H	I	J	K	L	M
是否到期	未到期金额	0~30天	31~60天	61~90天	90天以上

图 5-39　输入表格其他字段

步骤 8 选中 H4 单元格，输入公式 "=IF(G4<$A$2,"是","")"，计算"是否到期"，如图 5-40 所示。

第五章
Excel在应收账款管理中的应用

图 5-40 输入"是否到期"的计算公式

步骤 9 选中 I4 单元格,输入公式"=IF($B$2-G4<0,F4,0)",计算"未到期金额",如图 5-41 所示。

图 5-41 输入"未到期金额"的计算公式

步骤 10 选中 J4 单元格,输入公式"=IF(AND($B$2-G4>0,$B$2-G4<=30),F4,0)",计算逾期"0~30 天"。

步骤 11 选中 K4 单元格,输入公式"=IF(AND($B$2-G4>30,$B$2-G4<= 60),F4,0)",计算逾期"31~60 天"。

步骤 12 选中 L4 单元格,输入公式"=IF(AND($B$2-G4>60,$B$2-G4<= 90),E4,0)",计算逾期"61~90 天"。

步骤 13 选中 M4 单元格,输入公式"=IF(AND($B$2-G4>90),F4,0)",计算逾期"90 天以上"。

步骤 14 选中 H4:M4 单元格区域,单击鼠标左键并拖动右下角的填充柄至 M20 单元格,如图 5-42 所示。

步骤 15 选中 A21 单元格,输入"金额合计";选中 D21:F21 单元格区域,在"开始"选项卡下,单击"编辑"组内的"求和"按钮;选中 I21:M21 单元格区域,再次单击"求和"按钮。

步骤 16 选中 H4:H20 单元格区域,在"开始"选项卡下,单击"样式"组内的"条件格式"下拉按钮,选择"突出显示单元格规则"下拉列表中的"等于"选项,如图 5-43 所示。

步骤 17 对于弹出的"等于"对话框,在"为等于以下值的单元格设置格式:"文本框中输入"是",在"设置为"下拉列表框中保留默认的"浅红填充色深红色文本"样式,单击"确定"按钮,如图 5-44 所示。此时在 H4:H20 单元格区域中,凡是表明到期的单元格均显示设置的"浅红填充色深红色文本"的条件格式,如图 5-45 所示。

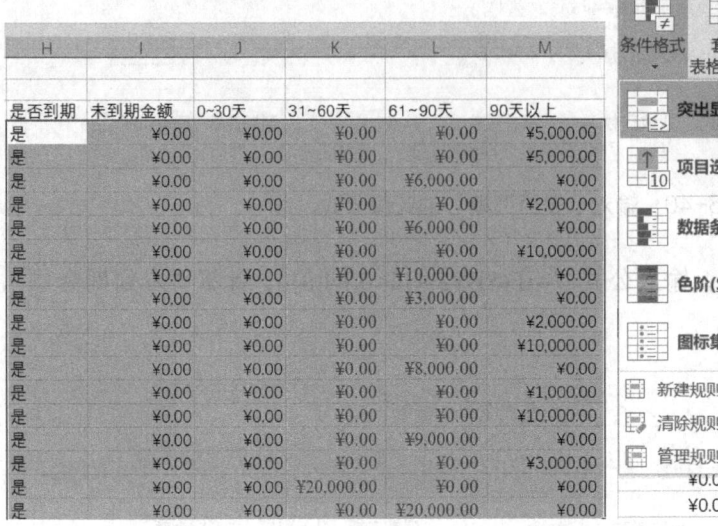

Excel在财务中的应用

是否到期	未到期金额	0~30天	31~60天	61~90天	90天以上
是	¥0.00	¥0.00	¥0.00	¥0.00	¥5,000.00
是	¥0.00	¥0.00	¥0.00	¥0.00	¥5,000.00
是	¥0.00	¥0.00	¥0.00	¥6,000.00	¥0.00
是	¥0.00	¥0.00	¥0.00	¥0.00	¥2,000.00
是	¥0.00	¥0.00	¥0.00	¥6,000.00	¥0.00
是	¥0.00	¥0.00	¥0.00	¥0.00	¥10,000.00
是	¥0.00	¥0.00	¥0.00	¥10,000.00	¥0.00
是	¥0.00	¥0.00	¥0.00	¥3,000.00	¥0.00
是	¥0.00	¥0.00	¥0.00	¥0.00	¥2,000.00
是	¥0.00	¥0.00	¥0.00	¥0.00	¥10,000.00
是	¥0.00	¥0.00	¥0.00	¥8,000.00	¥0.00
是	¥0.00	¥0.00	¥0.00	¥0.00	¥1,000.00
是	¥0.00	¥0.00	¥0.00	¥0.00	¥10,000.00
是	¥0.00	¥0.00	¥0.00	¥9,000.00	¥0.00
是	¥0.00	¥0.00	¥0.00	¥0.00	¥3,000.00
是	¥0.00	¥0.00	¥20,000.00	¥0.00	¥0.00
是	¥0.00	¥0.00	¥0.00	¥20,000.00	¥0.00

图 5-42 填充公式

图 5-43 设置"条件格式"

图 5-44 "等于"对话框

图 5-45 条件格式显示效果

二、绘制逾期应收账款簇状柱形图

步骤1 在"逾期应收账款表"工作表中,选中 A3 单元格,按住"Ctrl"键不放,依次选中 A21 单元格、J3:M3 单元格区域和 J21:M21 单元格区域,在"插入"选项卡下,单击"图表"组内的"插入柱形图或条形图"下拉按钮,选择"二维柱形图"列表中的"簇状柱形图"选项,如图 5-46 所示。

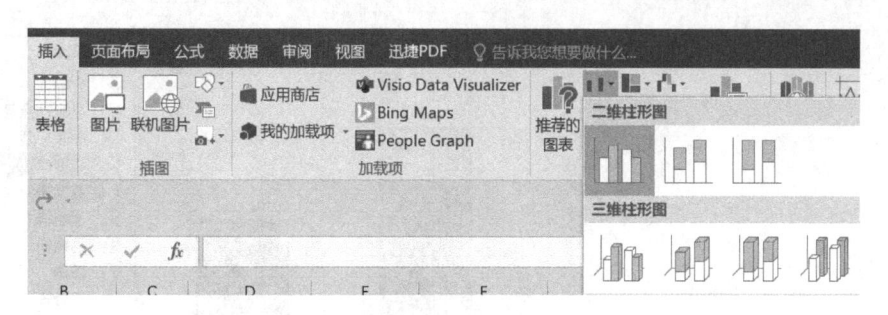

图 5-46 插入"簇状柱形图"

步骤 2 在"图表设计"选项卡下,单击"位置"组内的"移动图表"选项,对于弹出的"移动图表"对话框,选中"新工作表"单选按钮,在"新工作表"文本框中输入"逾期应收账款管理",单击"确定"按钮,如图 5-47 所示。

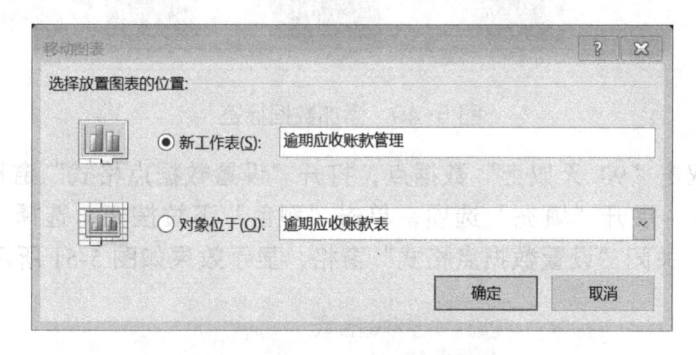

图 5-47 "移动图表"对话框

步骤 3 拖动"逾期应收账款管理"工作表标签至"逾期应收账款表"工作表的右侧,在"图表设计"选项卡下,单击"图表样式"组内列表框右下角的"其他"下拉按钮,选择"样式 6"选项,如图 5-48 所示。

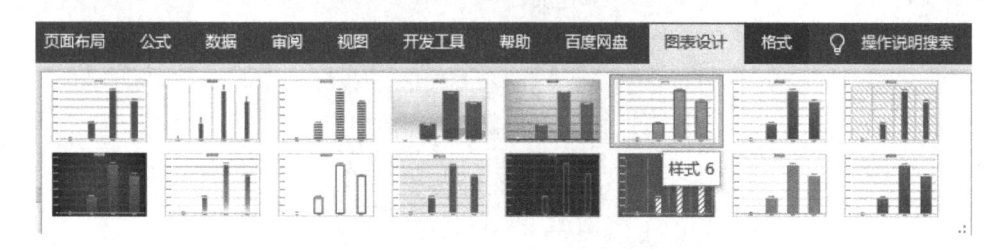

图 5-48 设置柱形图的图表样式

步骤 4 选中图表标题,将图表标题修改为"逾期应收款",设置字体、字号和字体颜色。

步骤 5 单击图表边框右上方的"图表元素"按钮,在打开的"图表元素"列表中勾选"数据标签"复选框,如图 5-49 所示。

步骤 6 选中图表,在"格式"选项卡下,单击"形状样式"组内的"形状效果"下拉按钮,选择"预设"下拉列表中的"预设 1"选项。

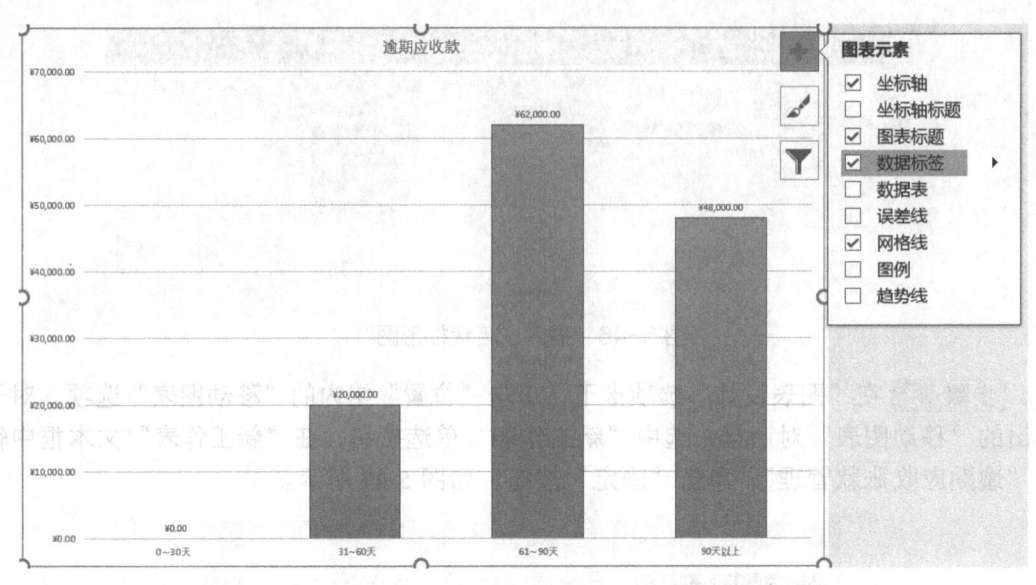

图 5-49 添加数据标签

步骤 7 双击"90 天以上"数据点,打开"设置数据点格式"窗格,在"填充与线条"选项卡下,展开"填充"选项,单击"颜色"下拉按钮,选择"绿色"选项,如图 5-50 所示。关闭"设置数据点格式"窗格,显示效果如图 5-51 所示。

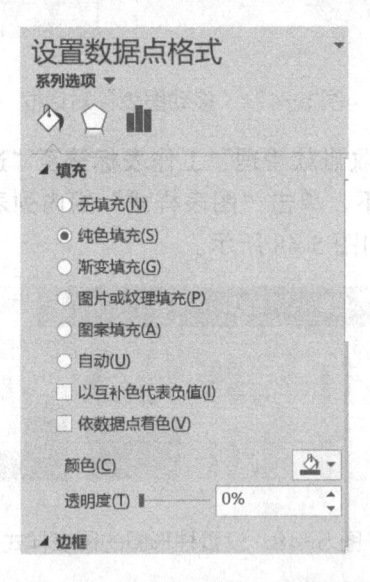

图 5-50 设置"90 天以上"数据点格式

步骤 8 选中图表,在"格式"选项卡下,单击"形状样式"组内的"形状填充"下拉按钮,选择"橙色,个性色 2,淡色 60%"样式。

步骤 9 在"图表设计"选项卡下,单击"图表布局"组内的"添加图表元素"下拉按钮,选择"网格线"下拉列表中的"更多网格线选项"选项。

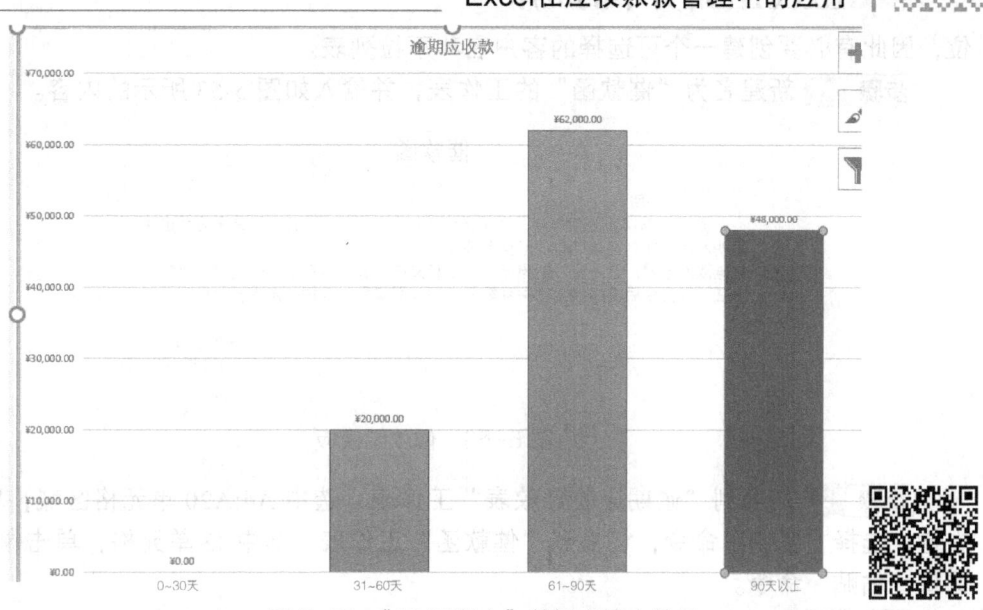

图 5-51 "90 天以上"数据点填充效果

步骤 10 在"设置主要网格线格式"窗格中,在"填充与线条"选项卡下,选中"实线"单选按钮,单击"颜色"下拉按钮,选择"浅灰色,背景 2,深色 10%"样式,关闭"设置主要网格线格式"窗格。"逾期应收款"簇状柱形图效果如图 5-52 所示。

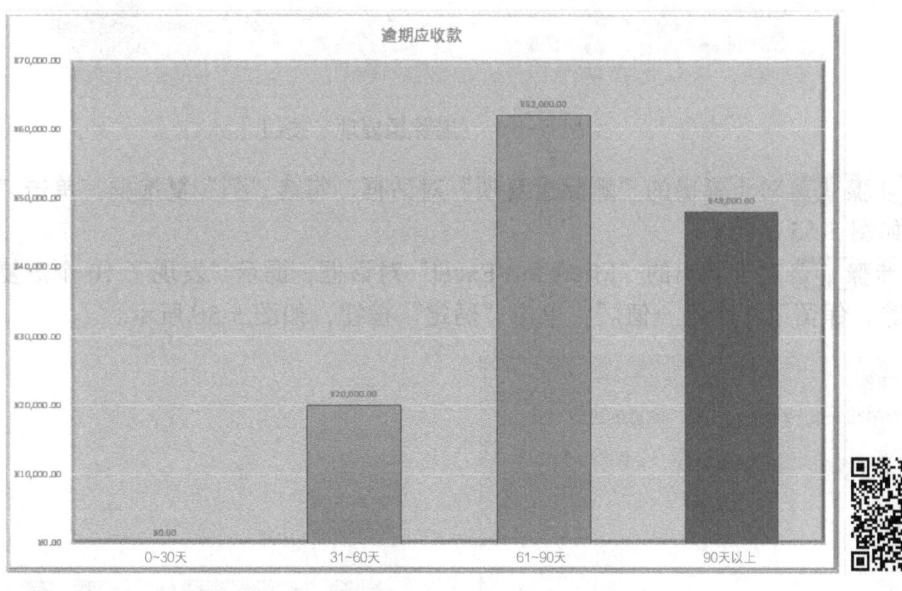

图 5-52 "逾期应收款"簇状柱形图效果

三、编制应收账款催款函

(一)使用数据有效性创建客户名称下拉列表

应收账款催款函是寄送给货款超过截止时间尚未支付的欠账单位的,抬头为欠账单

Excel在财务中的应用

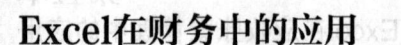

位，因此有必要创建一个可选择的客户名称下拉列表。

步骤 1 新建名为"催款函"的工作表，并输入如图 5-53 所示的内容。

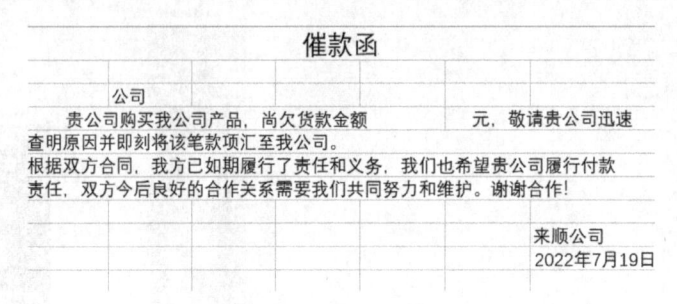

图 5-53　催款函模板

步骤 2 切换到"逾期应收账款表"工作表，选中 A4:A20 单元格区域，单击鼠标右键，选择"复制"命令，切换到"催款函"工作表，选中 J3 单元格，单击鼠标右键，选择"粘贴"命令。

步骤 3 选中粘贴客户名称所在的单元格区域，在"数据"选项卡下，单击"数据工具"组内的"删除重复项"按钮，如图 5-54 所示。

图 5-54　"删除重复项"按钮

步骤 4 对于弹出的"删除重复项"对话框，勾选"列"复选框，单击"确定"按钮，如图 5-55 所示。

步骤 5 对于弹出的"Microsoft Excel"对话框，提示"发现了 10 个重复值，已将其删除；保留了 7 个唯一值。"，单击"确定"按钮，如图 5-56 所示。

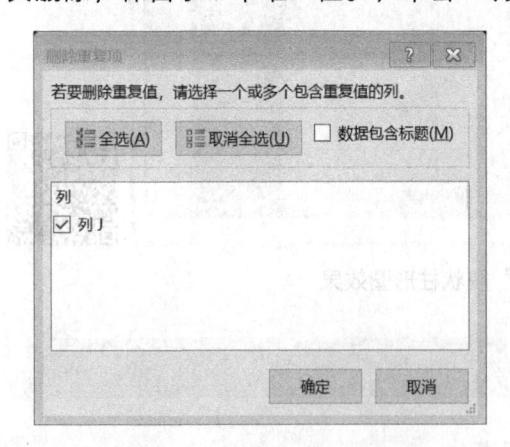

图 5-55　"删除重复项"对话框　　　　图 5-56　确认删除重复项

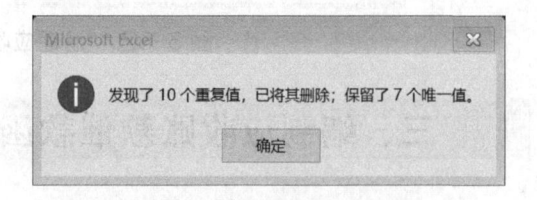

步骤 6 删除了所选单元格区域中的重复项,仅保留唯一值,如图 5-57 所示。

图 5-57　显示删除重复项后的数据

步骤 7 选中 A3 单元格,在"数据"选项卡下,单击"数据工具"组内的"数据验证"按钮。

步骤 8 对于弹出的"数据验证"对话框,在"设置"选项卡下,在"允许"下拉列表中选择"序列"选项,在"来源"文本框中输入"=$J$3:$J$9",单击"确定"按钮,如图 5-58 所示。

步骤 9 返回到工作表中,所选单元格右侧添加了"筛选器"下拉按钮,单击"筛选器"下拉按钮,可以从展开的下拉列表中选择需要的客户名称,此时在 A3 单元格中显示了选择的数据项,如图 5-59 所示。

图 5-58　"数据验证"对话框

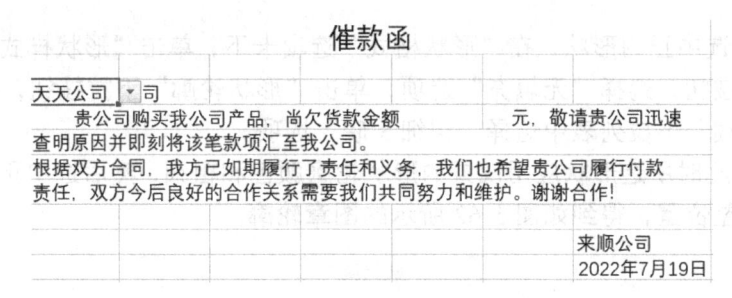

图 5-59　显示选择的数据项

(二)使用函数自动计算催款总额

在选定客户名称后,就需要计算催款总额。催款总额是该客户已到期的所有未回账款金额,使用 Excel 中的 SUM 函数进行计算,该函数可对区域中满足多个条件的单元格数据求和,具体操作如下。

在"催款函"工作表中选中 E4 单元格,输入公式"=SUM(逾期应收账款表!F4:F6)",计算该客户已到期的未回账款总金额,如 5-60 所示。

Excel在财务中的应用

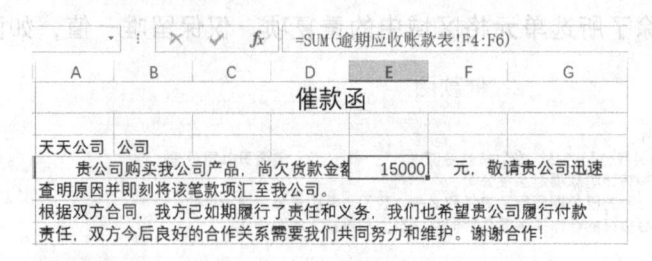

图 5-60　计算该客户已到期的未回账款总金额

（三）使用形状绘制图章

步骤 1 在"插入"选项卡下，单击"插图"组内的"形状"下拉按钮，选择"椭圆"选项。

步骤 2 在催款函右下角适当位置按住"Shift"键，单击鼠标左键并拖动绘制正圆，如图 5-61 所示。

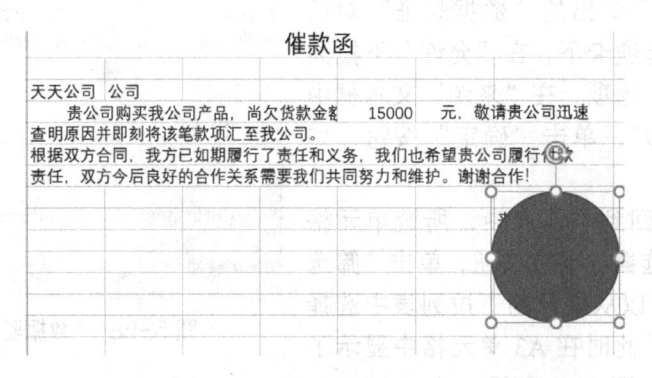

图 5-61　绘制正圆

步骤 3 选中正圆形状，在"形状格式"选项卡下，单击"形状样式"组内的"形状填充"下拉按钮，选择"无填充"选项，单击"形状轮廓"下拉按钮，选择"红色"选项，在"粗细"下拉列表中选择"粗细 3 磅"选项。

步骤 4 此时所选形状应用设置的形状轮廓颜色和粗细，然后选中正圆形状，拖动鼠标左键并调整位置，得到如图 5-62 所示的图章轮廓。

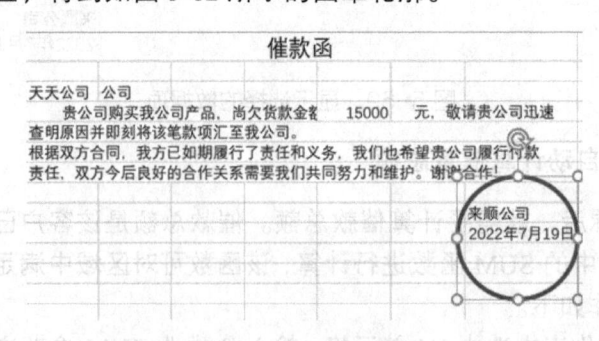

图 5-62　得到图章轮廓

（四）使用艺术字设置图章文字

步骤 1 在"插入"选项卡下，单击"文本"组内的"插入艺术字"下拉按钮，选择需要的艺术字样式，如图 5-63 所示。

步骤 2 在工作表中插入艺术字，输入公司名称，如输入"来顺公司"，如图 5-64 所示。

图 5-63　选择需要的艺术字样式

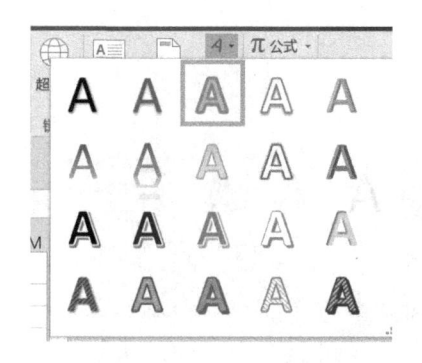

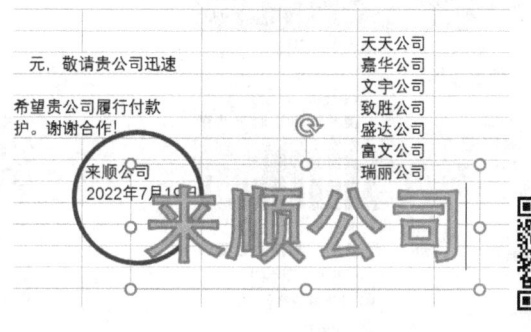

图 5-64　插入艺术字

步骤 3 选中艺术字文本，在"形状格式"选项卡下，单击"艺术字样式"组内的"文本填充"下拉按钮，选择"红色"选项，单击"文本轮廓"下拉按钮，选择"红色"选项，单击"文本效果"下拉按钮，选择"转换"下拉列表中"跟随路径"列表中的"上弯弧"选项，如图 5-65 所示。

步骤 4 将文本弯曲后再选中文本，改变矩形方框的高度与宽度，调整文本的弯曲弧度，将文本的弯曲弧度调整后，将其放置在圆形形状中，得到如图 5-66 所示的效果。

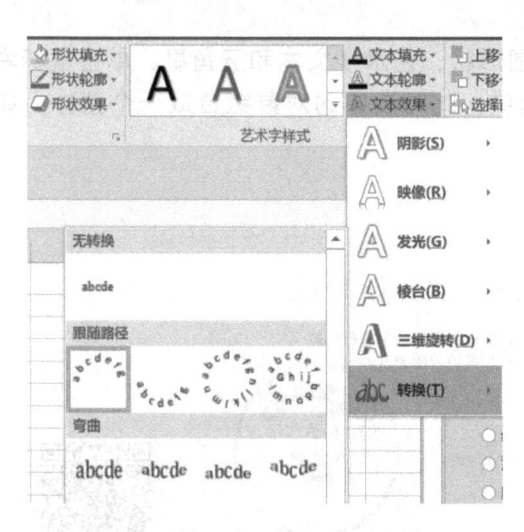

图 5-65　设置文本转换效果

图 5-66　文本的弯曲弧度调整后效果

Excel在财务中的应用

步骤 5 在"插入"选项卡下,单击"插图"组内的"形状"下拉按钮,选择"五角星"选项。

步骤 6 在艺术字文本的正下方位置绘制五角星,在"形状格式"选项卡下,单击"形状样式"组内的"形状填充"下拉按钮,选择"红色"选项,如图5-67所示。

步骤 7 选中五角星,在"形状格式"选项卡下,单击"形状样式"组内的"形状效果"下拉按钮,选择"阴影"下拉列表中的"向下偏移"选项,如图5-68所示。

图 5-67 绘制五角星　　　　　图 5-68 添加阴影效果

步骤 8 按住"Ctrl"键,依次选中正圆形状、艺术字文本和五角星,单击鼠标右键,选择"组合"下拉列表中的"组合"选项,此时选中的对象组合成一个整体,如图5-69所示,完成催款函的制作。

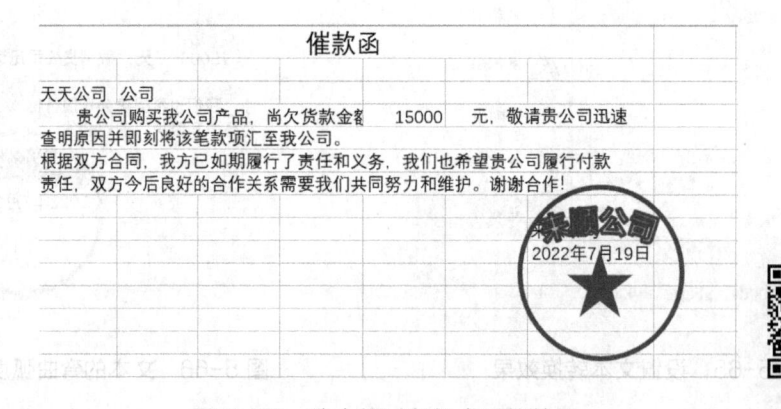

图 5-69 选中的对象组合后的效果

第三节 应收账款的账龄分析

一、编制应收账款账龄分析表

（一）创建应收账款账龄分析表

步骤 1 新建名为"应收账款账龄分析表"的工作表。

步骤 2 选中 A1:C1 单元格区域，设置"合并后居中"，输入标题"应收账款账龄分析表"；选中 A2 单元格，输入"当前日期：2022/7/19"；选中 A3 单元格，输入"账龄"；在 A4:A8 单元格区域中设置账龄的种类，将账龄分为 5 类，分别为"未到期""0～30天""31～60天""61～90天""90天以上"；选中 A9 单元格，输入"合计"。

步骤 3 选中 B3 单元格，输入"应收账款"；选中 B4:B9 单元格区域，设置单元格格式为"货币"，并选择企业常用的货币表示形式；选中 C3 单元格，输入"占应收账款总额百分比"，表示不同账龄所对应的应收账款金额占应收账款总额的比例；选中 C4:C9 单元格区域，设置单元格格式为"百分比"，并默认"小数位数"为"2"。对填制完的内容进行调整、美化，创建完成应收账款账龄分析表，如图 5-70 所示。

应收账款账龄分析表		
当前日期：2022/7/19		
账龄	应收账款	占应收账款总额百分比
未到期		
0～30天		
31～60天		
61～90天		
90天以上		
合计		

图 5-70 创建完成应收账款账龄分析表

（二）计算各账龄所对应的应收账款金额

步骤 1 选中 B4 单元格，输入公式"=SUM(逾期应收账款表!I4:I20)"，计算截至 2022 年 7 月 19 日应收账款总额中未到期的应收账款金额。

步骤 2 以此类推，选中 B5 单元格，输入公式"=SUM(逾期应收账款表!J4:J20)"；选中 B6 单元格，输入公式"=SUM(逾期应收账款表!K4:K20)"；选中 B7 单元格，输入公式"=SUM(逾期应收账款表!L4:L20)"；选中 B8 单元格，输入公式"=SUM(逾期应收账款表!M4:M20)"。生成各账龄所对应的应收账款金额，如图 5-71 所示。

Excel在财务中的应用

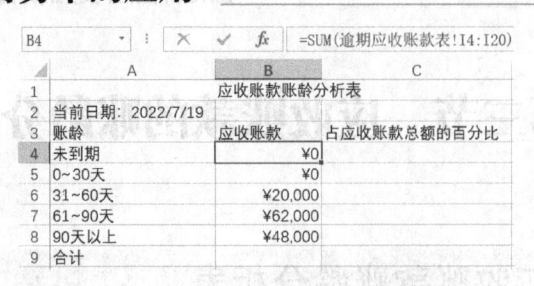

图 5-71 生成各账龄所对应的应收账款金额

（三）计算各账龄所对应的应收账款金额占应收账款总额的百分比

步骤 1 选中 B9 单元格，输入公式"=SUM(B4:B8)"，计算各账龄所对应的应收账款总额，如图 5-72 所示。

图 5-72 计算各账龄所对应的应收账款总额

步骤 2 选中 C4 单元格，输入公式"=B4/$B$9"，计算未到期的应收账款金额占应收账款总额的百分比，并复制 C4 单元格公式到 C5:C9 单元格区域中，计算其他账龄所对应的应收账款金额占应收账款总额的百分比，如图 5-73 所示。

图 5-73 计算各账龄所对应的应收账款金额占应收账款总额的百分比

二、计算应收账款坏账准备金额

（一）输入估计的坏账准备率

在账龄分析法下，账龄越长，发生坏账的可能性越大，估计的坏账准备率就越高。假设来顺公司根据历史经验估计，未到期的应收账款发生坏账的可能性是 0，逾期"0～30 天"的应收账款发生坏账的可能性约为 1%，逾期"31～60 天"的应收账款发生坏账的可能性约为 3%，逾期"61~90 天"的应收账款发生坏账的可能性约为 6%，逾期"90 天以上"的应收账款发生坏账的可能性约为 10%。选中 D3 单元格，输入"坏账准备率"，将估计的坏账准备率分别输入 D4 到 D9 单元格中，在实际工作中，企业可以根据历史经验估计，如图 5-74 所示。

应收账款账龄分析表				
当前日期：2022/7/19				
账龄	应收账款	占应收账款总额的百分比	坏账准备率	坏账准备金额
未到期	¥0	0.00%	0.00%	
0~30天	¥0	0.00%	1.00%	
31~60天	¥20,000	15.38%	3.00%	
61~90天	¥62,000	47.69%	6.00%	
90天以上	¥48,000	36.92%	10.00%	
合计	¥130,000	100.00%		

图 5-74　输入估计的坏账准备率

（二）计算坏账准备金额

步骤 1　选中 E3 单元格，输入"坏账准备金额"。选中 E4 单元格，输入公式"=B4*D4"，并复制 E4 单元格公式到 E5:E8 单元格区域中，计算各账龄所对应的应收账款产生的坏账准备金额。

步骤 2　选中 E9 单元格，输入公式"=SUM(E4:E8)"，计算坏账准备总额，如图 5-75 所示。

	A	B	C	D	E
		应收账款账龄分析表			
	当前日期：2022/7/19				
	账龄	应收账款	占应收账款总额的百分比	坏账准备率	坏账准备金额
	未到期	¥0	0.00%	0.00%	¥0.00
	0~30天	¥0	0.00%	1.00%	¥0.00
	31~60天	¥20,000	15.38%	3.00%	¥600.00
	61~90天	¥62,000	47.69%	6.00%	¥3,720.00
	90天以上	¥48,000	36.92%	10.00%	¥4,800.00
	合计	¥130,000	100.00%		¥9,120.00

图 5-75　计算坏账准备总额

从应收账款账龄分析表可以看出，来顺公司的应收账款坏账准备总额较高，主要是逾期"61~90 天"及"90 天以上"的应收账款多，且坏账准备率较高。因此，企业既要加强对逾期时间较长的应收账款的催收，又要加强对逾期"61~90 天"及逾期"31~60 天"的应收账款的催收，防止债务人继续拖欠款项，造成企业更多坏账的发生。

本 章 实 训

（一）实训资料

LW 公司 2021 年 12 月 31 日统计的应收账款资料如表 5-2 所示。

表 5-2 LW 公司 2021 年 12 月 31 日统计的应收账款资料

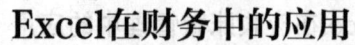

赊销日期	债务人名称	应收账款（元）	付款周期
2021/3/1	天光公司	20000	90 天
2021/4/26	致胜公司	30000	90 天
2021/4/28	文安公司	10000	60 天
2021/5/27	致胜公司	50000	30 天
2021/6/12	盛永公司	70000	60 天
2021/6/24	富文公司	40000	45 天
2021/9/3	天光公司	50000	60 天
2021/10/21	致胜公司	20000	30 天
2021/10/28	文安公司	80000	45 天
2021/11/16	富文公司	60000	30 天

（二）实训要求

1. 分别计算各应收账款到期日。

2. 汇总统计各债务人欠 LW 公司的账款总额，并绘制饼图分析各债务人赊销账款金额占总金额的百分比。

3. 计算各应收账款是否到期及未到期金额，并计算逾期天数。

4. 编制应收账款账龄分析表。

5. 假设未到期的应收账款发生坏账的可能性是 0，逾期"0~30 天"的应收账款发生坏账的可能性约为 2%，逾期"31~60 天"的应收账款发生坏账的可能性约为 5%，逾期"61~90 天"的应收账款发生坏账的可能性约为 8%，逾期"90 天以上"的应收账款发生坏账的可能性约为 10%，计算各账龄所对应的应收账款产生的坏账准备金额。

微课视频

第六章
Excel 在存货管理中的应用

➔ **知识目标：**

通过本章学习，要求学生能够自行梳理入库单和入库统计表的关系及出库单和出库统计表的关系，掌握存货汇总表的编制方法，了解在加权平均法下库存成本的计算方法。

➔ **技能目标：**

通过本章学习，要求学生能够进行录制宏的操作并用表单控件指定宏，掌握 SUMIF 函数、SUMIFS 函数、IFERROR 函数、VLOOKUP 函数等的操作方法。

➔ **思政目标：**

2015 年 12 月中央经济工作会议以来，党中央针对当前经济新常态提出供给侧结构性改革的新战略，并从我国经济发展的阶段性特征出发，形成了"三去一降一补"这一具有重大指导性、前瞻性、针对性的经济工作部署。而"三去一降一补"指的就是"去产能、去库存、去杠杆、降成本、补短板"。可见资源配置在国家发展中的重要性。存货管理于企业来说也至关重要，争取做到以最低的存货成本保障企业生产经营的顺利运行。

本章从进货的统计分析、销货的统计分析、存货的分类汇总 3 个方面介绍如何利用 Excel 提高存货管理的效率。

第一节　进货的统计分析

▷ **数据源：**

来顺公司的商品编号表如表 6-1 所示。来顺公司 2022 年 2 月初库存信息表如表 6-2 所示。来顺公司在 2022 年 2 月发生的入库信息如下。

① 2 月 5 日，入库单号为 R2022001 的电控组件 10 套，单价为 500 元。
② 2 月 12 日，入库单号为 P2022001 的洗衣机 50 台，单价为 3500 元。
③ 2 月 17 日，入库单号为 P2022002 的电冰箱 40 台，单价为 5000 元。
④ 2 月 18 日，入库单号为 P2022003 的电锅 100 个，单价为 80 元。

表 6-1　来顺公司的商品编号表

商品编号	商品名称	计量单位	规格型号
RM01	压缩机	台	M612T
RM02	电机	台	Y80M1
RM03	电控组件	套	DM/48
RM04	离合器	台	TJ-A
M001	灭火器	个	XMDF2
PR01	洗衣机	台	XQS60
PR02	电冰箱	台	BCD-560WD1
PR03	电锅	个	DRG-C18K2
PR04	电视机	台	L55H7
PR05	热水器	台	JSQ20

表 6-2　来顺公司 2022 年 2 月初库存信息表

商品编号	入库单号	入库日期	商品名称	规格型号	计量单位	数量	单价（元）	金额（元）
RM03	R2022101	2022/1/31	电控组件	DM/48	套	5	400	2000
PR01	P2022101	2022/1/31	洗衣机	XQS60	台	30	3600	108000
PR02	P2022102	2022/1/31	电冰箱	BCD-560WD1	台	20	5200	104000
PR03	P2022103	2022/1/31	电锅	DRG-C18K2	个	50	80	4000
PR05	P2022104	2022/1/31	热水器	JSQ20	台	50	350	17500

一、创建存货参数表

步骤 1　创建工作簿，将其保存为启用宏的工作簿"存货管理.xlsm"。

步骤 2　将"Sheet1"工作表重命名为"参数"。

第六章
Excel在存货管理中的应用

步骤 3 在 A1:D1 单元格区域中依次输入"商品名称""商品编号""计量单位""规格型号"字段。

步骤 4 选中 A1 单元格,在"插入"选项卡下,单击"表格"组内的"表格"按钮,对于弹出的"创建表"对话框,勾选"表包含标题"复选框,单击"确定"按钮,将指定的单元格区域转换为表对象,如图 6-1 所示。

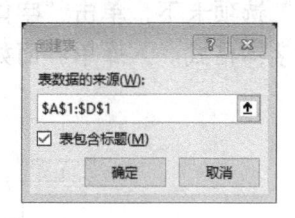

图 6-1 "创建表"对话框

步骤 5 在"表设计"选项卡下,在"属性"组内的"表名称"文本框中输入"cs",如图 6-2 所示。

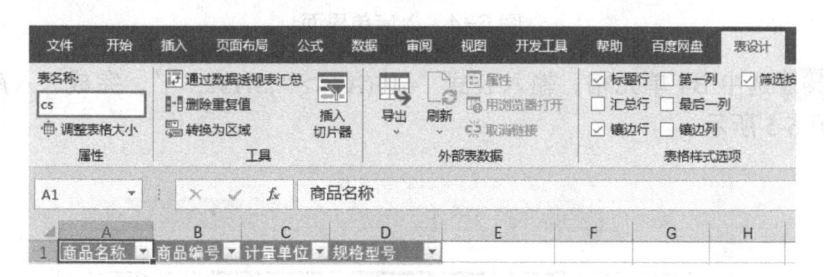

图 6-2 "表设计"选项卡

步骤 6 从 A2 单元格开始输入商品信息,完成后的存货参数表如图 6-3 所示。

图 6-3 存货参数表

步骤 7 按照前述方法,新建名为"期初库存信息表"的工作表,参照表 6-2 进行编制,并创建表对象"qckc"。

二、创建入库单界面

步骤 1 新建名为"入库单"的工作表。

步骤 2 选中 A1 单元格,输入"入库单",选中 A1:I1 单元格区域,在"开始"选项卡下,单击"对齐方式"组内的"合并后居中"按钮,并为合并后的单元格设置双底框线。

步骤 3 选中 A2 单元格,输入"入库日期:";选中 G2 单元格,输入"入库单号:";在 A3:I3 单元格区域中依次输入"商品编号""入库单号""入库日期""商品名称""规格型号""计量单位""数量""单价""总金额"字段;选中 A8 单元格,输入"制单:";选中 E8 单元格,输入"验收:";选中 A3:I7 单元格区域(可根据经济业务调整),在"开

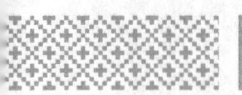

始"选项卡下,单击"字体"组内的"边框"下拉按钮,选择"所有框线"选项,并调整字体格式。入库单界面如图6-4所示。

图6-4 入库单界面

步骤 4 选中B4单元格,输入公式"=IF(A4<>"",$H$2,"")",完成"入库单号"的设置,如图6-5所示。

图6-5 输入"入库单号"的计算公式

步骤 5 选中C4单元格,输入公式"=IF(A4<>"",$D$2,"")",完成"入库日期"的设置,如图6-6所示。

步骤 6 选中D4单元格,在"数据"选项卡下,单击"数据工具"组内的"数据验证"按钮,对于弹出的"数据验证"对话框,在"设置"选项卡下,在"允许"下拉列表中选择"序列"选项,单击"来源"文本框,选中"参数"工作表中的A2:A11单元格区域,单击"确定"按钮,完成"商品名称"的数据验证,如图6-7所示。

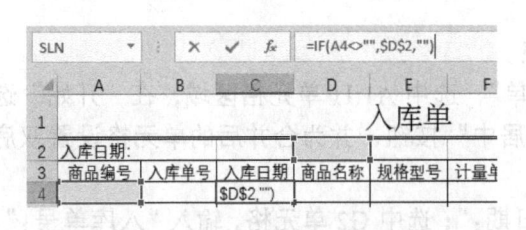

图6-6 输入"入库日期"的计算公式

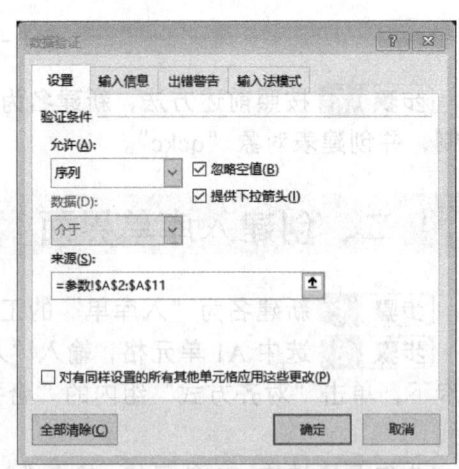

图6-7 "数据验证"对话框

步骤 7 选中A4单元格,输入公式"=IFERROR(VLOOKUP(D4,cs,2,FALSE),"")",完成"商品编号"的提取,如图6-8所示。

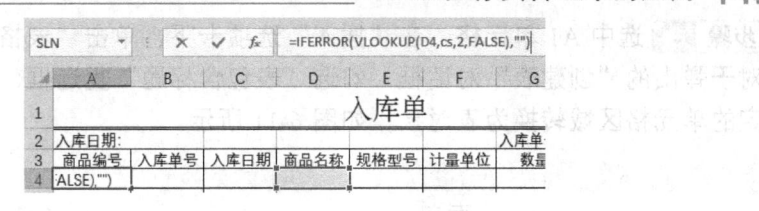

图 6-8 输入"商品编号"的计算公式

选中 E4 单元格,输入公式"=IFERROR(VLOOKUP(D4,cs,4,FALSE),"")",完成"规格型号"的提取。

选中 F4 单元格,输入公式"=IFERROR(VLOOKUP(D4,cs,3,FALSE),"")",完成"计量单位"的提取。

步骤 8 选中 H4:I7 单元格区域,单击鼠标右键,选择"设置单元格格式"命令,在"数字"选项卡下,选择"分类"列表框中的"会计专用"选项,设置"货币符号(国家/地区)"为"无",单击"确定"按钮。

步骤 9 选中 I4 单元格,输入公式"=G4*H4",完成"总金额"的计算。

步骤 10 分别选中 A4、B4、C4、D4、E4、F4、I4 单元格,单击鼠标左键并拖动右下角的填充柄至第 7 行。

步骤 11 选中 B 列和 C 列,单击鼠标右键,选择"隐藏"命令,效果如图 6-9 所示。

图 6-9 入库单界面效果

三、编制入库统计表

下面以入库单号为 R2022001 的电控组件的入库单为例,演示将入库记录添加到"入库统计表"工作表中的操作步骤。

(一)创建入库统计表

步骤 1 打开"入库单"工作表,在"开发工具"选项卡下,单击"控件"组内的"插入"下拉按钮,选择"表单控件"列表中的"按钮(窗体控件)"选项,然后单击 G8 单元格,对于弹出的"指定宏"对话框,直接单击"确定"按钮,生成"按钮 1",双击按钮将其重命名为"添加",效果如图 6-10 所示。

步骤 2 新建名为"入库统计表"的工作表,在 A1:J1 单元格区域中依次输入"商品编号""入库单号""入库日期""商品名称""规格型号""计量单位""数量""单价""总金额""批次"字段。

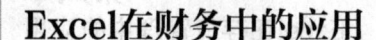

步骤 3 选中 A1 单元格，在"插入"选项卡下，单击"表格"组内的"表格"按钮，对于弹出的"创建表"对话框，勾选"表包含标题"复选框，单击"确定"按钮，将指定的单元格区域转换为表对象，如图 6-11 所示。

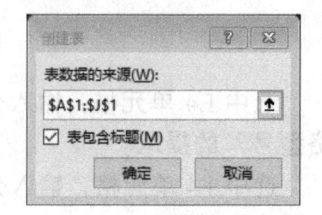

图 6-10 创建"添加"按钮　　　　　　　　图 6-11 "创建表"对话框

步骤 4 在"表设计"选项卡下，在"属性"组内的"表名称"文本框中输入"rktj"。

步骤 5 选中 A2 单元格，输入"a"，避免第一行数据为空。

步骤 6 选中 J2 单元格，输入公式"=[商品编号]&[入库日期]"，完成"批次"的设置，如图 6-12 所示。

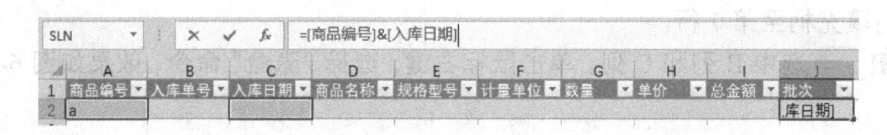

图 6-12 输入"批次"的计算公式

步骤 7 选中 C 列，单击鼠标右键，选择"设置单元格格式"命令，在"数字"选项卡下，选择"分类"列表框中的"日期"选项，在"类型"列表框中选择"2012/3/14"日期格式，单击"确定"按钮。

（二）录制宏

步骤 1 打开"入库单"工作表，选中 D2 单元格，输入"2022/2/5"；选中 H2 单元格，输入"R2022001"；选中 D4 单元格，输入"电控组件"；选中 G4 单元格，输入"10"；选中 H4 单元格，输入"500"。完成第一笔入库记录，如图 6-13 所示。

图 6-13 完成第一笔入库记录

步骤 2 在"开发工具"选项卡下，单击"代码"组内的"录制宏"按钮，对于弹出的"录制宏"对话框，在"宏名"文本框中输入"添加"，单击"确定"按钮，开始录制宏，如图 6-14 所示。

第六章
Excel在存货管理中的应用

图 6-14 "录制宏"对话框

步骤 3 选中 A4:I4 单元格区域,单击鼠标右键,选择"复制"命令。

步骤 4 打开"入库统计表"工作表,选中 A1 单元格,在"开发工具"选项卡下,单击"代码"组内的"使用相对引用"按钮,将录制模式设置为相对模式,如图 6-15 所示。

图 6-15 "使用相对引用"按钮

步骤 5 选中 A1 单元格,按"Ctrl+向下方向键"组合键,再按一次"向下方向键",单击鼠标右键,选择"选择性粘贴"下拉列表中的"值"选项。

步骤 6 在"开发工具"选项卡下,再次单击"代码"组内的"使用相对引用"按钮,将录制模式设置为绝对模式。

步骤 7 打开"入库单"工作表,删除 D2、H2、D4、G4、H4 单元格中的内容,效果如图 6-16 所示。

图 6-16 使用宏添加信息模板

步骤 8 在"开发工具"选项卡下,单击"代码"组内的"停止录制"按钮,完成宏的录制,如图 6-17 所示。

步骤 9 在"添加"按钮上单击鼠标右键,选择"指定宏"命令,对于弹出的"指定宏"对话框,在"宏名"文本框中选择"添加"选项,单击"确定"按钮,完成"指定宏"对话框的设置,如图 6-18 所示。

Excel在财务中的应用

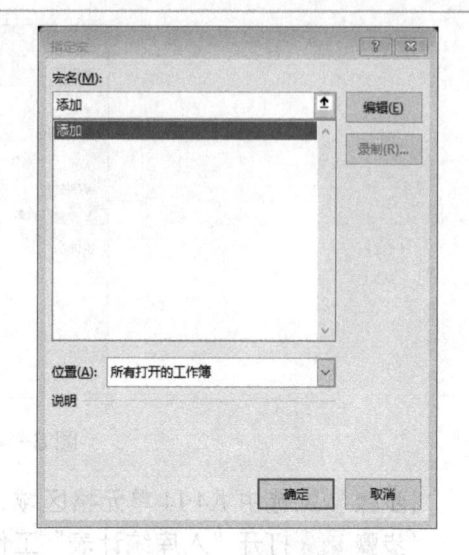

图 6-17 "停止录制"按钮　　　　图 6-18 "指定宏"对话框

步骤 10 打开"入库统计表"工作表，删除第 2 行，效果如图 6-19 所示。

商品编号	入库单号	入库日期	商品名称	规格型号	计量单位	数量	单价	金额	批次
RM03	R2022001	2022/2/5	电控组件	DM/48	套	10	500	5000	RM0344597

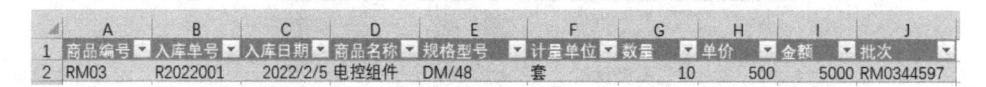

图 6-19　将第一笔入库记录添加到"入库统计表"工作表中

（三）输入后续入库记录

下面以入库单号为 P2022001 的洗衣机的入库单为例，演示将后续入库记录添加到"入库统计表"工作表中的操作步骤。

步骤 1 打开"入库单"工作表，输入入库日期和入库单号，商品名称选择"洗衣机"，输入数量"50"，输入单价"3500"，完成第二笔入库记录，如图 6-20 所示。

	A	D	E	F	G	H	I
1				入库单			
2	入库日期:	2022/2/12			入库单号:	P2022001	
3	商品编号	商品名称	规格型号	计量单位	数量	单价	总额
4	PR01	洗衣机	XQS60	台	50	3,500.00	175,000.00
5							-
6							-
7							-
8	制单:		验收:		添加		

图 6-20　完成第二笔入库记录

步骤 2 单击"添加"按钮，将第二笔入库记录添加到"入库统计表"工作表中，打开"入库统计表"工作表，如图 6-21 所示。

	商品编号	入库单号	入库日期	商品名称	规格型号	计量单位	数量	单价	金额	批次
2	RM03	R2022001	2022/2/5	电控组件	DM/48	套	10	500	5000	RM0344597
3	PR01	P2022001	2022/2/12	洗衣机	XQS60	台	50	3500	175000	PR0144604

图 6-21　将第二笔入库记录添加到"入库统计表"工作表中

步骤 3 将本月其他的入库记录分别输入"入库单"工作表中,并添加到"入库统计表"工作表中,效果如图 6-22 所示。

	A	B	C	D	E	F	G	H	I	J
1	商品编号	入库单号	入库日期	商品名称	规格型号	计量单位	数量	单价	金额	批次
2	RM03	R2022001	2022/2/5	电控组件	DM/48	套	10	500	5000	RM0344597
3	PR01	P2022001	2022/2/12	洗衣机	XQS60	台	50	3500	175000	PR0144604
4	PR02	P2022002	2022/2/17	电冰箱	BCD-560WD1	台	40	5000	200000	PR0244609
5	PR03	P2022003	2022/2/18	电锅	DRG-C18K2	个	100	80	8000	PR0344610

图 6-22 "入库统计表"工作表效果

第二节 销货的统计分析

▶ 数据源:
来顺公司在 2022 年 2 月发生的出库信息如下。
① 2 月 15 日,出库单号为 S2022001 的洗衣机 60 台,单价为 6500 元,优惠 19500 元。
② 2 月 19 日,出库单号为 S2022002 的电冰箱 40 台,单价为 7500 元,优惠 15000 元。
③ 2 月 20 日,出库单号为 S2022003 的电锅 50 个,单价为 150 元,无优惠。
④ 2 月 22 日,出库单号为 S2022004 的热水器 30 台,单价为 500 元,无优惠。

一、创建出库单界面

步骤 1 新建名为"出库单"的工作表。

步骤 2 选中 A1 单元格,输入"出库单",选中 A1:J1 单元格区域,在"开始"选项卡下,单击"对齐方式"组内的"合并后居中"按钮,并为合并后的单元格设置双底框线。

步骤 3 选中 A2 单元格,输入"出库日期:";选中 G2 单元格,输入"出库单号:";在 A3:J3 单元格区域中依次输入"商品编号""出库单号""出库日期""商品名称""规格型号""计量单位""数量""单价""优惠金额""销售额"字段;选中 A8 单元格,输入"制单:";选中 E8 单元格,输入"验收:";选中 A3:J7 单元格区域(可根据经济业务调整),在"开始"选项卡下,单击"字体"组内的"边框"下拉按钮,选择"所有框线"选项,并调整字体格式。出库单界面如图 6-23 所示。

	A	B	C	D	E	F	G	H	I	J
1					出库单					
2	出库日期:						出库单号:			
3	商品编号	出库单号	出库日期	商品名称	规格型号	计量单位	数量	单价	优惠金额	销售额
4										
5										
6										
7										
8	制单:				验收:					

图 6-23 出库单界面

Excel在财务中的应用

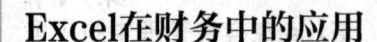

步骤 4 选中 B4 单元格，输入公式"=IF(A4<>"",$H$2,"")"，完成"出库单号"的设置，如图 6-24 所示。

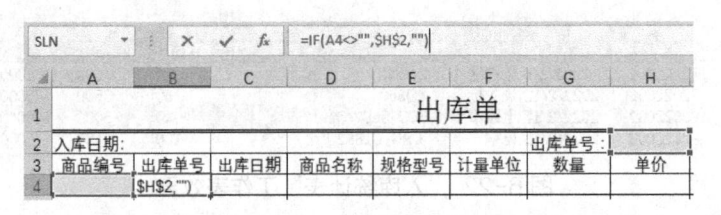

图 6-24 输入"出库单号"的计算公式

步骤 5 选中 C4 单元格，输入公式"=IF(A4<>"",$D$2,"")"，完成"出库日期"的设置。

步骤 6 选中 D4 单元格，在"数据"选项卡下，单击"数据工具"组内的"数据验证"按钮，对于弹出的"数据验证"对话框，在"设置"选项卡下，在"允许"下拉列表中选择"序列"选项，单击"来源"文本框，选中"参数"工作表中的 A2:A11 单元格区域，单击"确定"按钮，完成"商品名称"的数据验证，如图 6-25 所示。

步骤 7 选中 A4 单元格，输入公式"=IFERROR(VLOOKUP(D4,cs,2, FALSE),"")"，完成"商品编号"的提取。

选中 E4 单元格，输入公式"=IFERROR(VLOOKUP (D4,cs,4,FALSE),"")"，完成"规格型号"的提取。

图 6-25 "数据验证"对话框

选中 F4 单元格，输入公式"=IFERROR (VLOOKUP (D4,cs,3,FALSE),"")"，完成"计量单位"的提取。

步骤 8 选中 H4:J7 单元格区域，单击鼠标右键，选择"设置单元格格式"命令，在"数字"选项卡下，选择"分类"列表框中的"会计专用"选项，设置"货币符号（国家/地区）"为"无"，单击"确定"按钮。

步骤 9 选中 J4 单元格，输入公式"=G4*H4-I4"，完成"销售额"的计算。

步骤 10 分别选中 A4、B4、C4、D4、E4、F4、J4 单元格，单击鼠标左键并拖动右下角的填充柄至第 7 行。

步骤 11 选中 B 列和 C 列，单击鼠标右键，选择"隐藏"命令，效果如图 6-26 所示。

图 6-26 出库单界面效果

二、编制出库统计表

下面以出库单号为 S2022001 的洗衣机的出库单为例，演示将出库记录添加到"出库统计表"工作表中的操作步骤。

（一）创建出库统计表

步骤 1 打开"出库单"工作表，在"开发工具"选项卡下，单击"控件"组内的"插入"下拉按钮，选择"表单控件"列表中的"按钮（窗体控件）"选项，然后单击 H8 单元格，对于弹出的"指定宏"对话框，直接单击"确定"按钮，生成"按钮 1"，双击按钮将其重命名为"添加"，效果如图 6-27 所示。

步骤 2 新建名为"出库统计表"的工作表，在 A1:L1 单元格区域中依次输入"商品编号""出库单号""出库日期""商品名称""规格型号""计量单位""数量""单价""优惠金额""销售额""总金额""库存数量"字段。

步骤 3 选中 A1 单元格，在"插入"选项卡下，单击"表格"组内的"表格"按钮，对于弹出的"创建表"对话框，勾选"表包含标题"复选框，单击"确定"按钮，将指定的单元格区域转换为表对象，如图 6-28 所示。

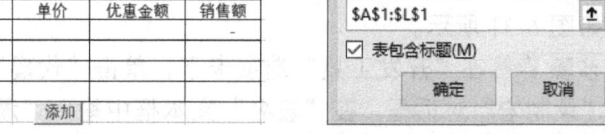

图 6-27 创建"添加"按钮　　　　图 6-28 "创建表"对话框

步骤 4 在"表设计"选项卡下，在"属性"组内的"表名称"文本框中输入"cktj"。

步骤 5 选中 A2 单元格，输入"a"。

步骤 6 选中 K2 单元格，输入公式"=[@销售额]+[@优惠金额]"，完成"总金额"的计算，如图 6-29 所示。

图 6-29 输入"总金额"的计算公式

步骤 7 选中 L2 单元格，输入公式"=SUMIF(rktj[商品编号],[@商品编号],rktj[数量])+SUMIF(qckc[商品编号],[@商品编号],qckc[数量])-SUMIF([商品编号],[@商品编号],[@数量])"，完成"库存数量"的计算，如图 6-30 所示。

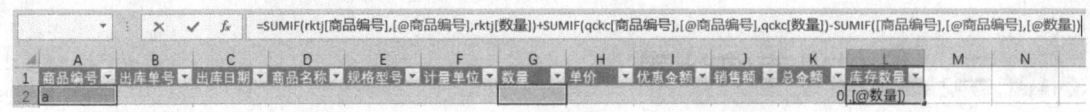

图 6-30 输入"库存数量"的计算公式

> **小贴士**
>
> **SUMIF 函数**
>
> SUMIF 函数可以按给定条件对指定单元格进行求和，该函数的语法是：SUMIF（range, criteria, [sum_range]）。参数 range 是指要求值的单元格区域，参数 criteria 是指以数字、表达式或文本形式定义的条件，参数[sum_range]是指用于求和计算的实际单元格。

步骤 8 选中 C 列，单击鼠标右键，选择"设置单元格格式"命令，在"数字"选项卡下，选择"分类"列表框中的"日期"选项，在"类型"列表框中选择"2012/3/14"日期格式，单击"确定"按钮。

（二）录制宏

步骤 1 打开"出库单"工作表，选中 D2 单元格，输入"2022/2/15"；选中 H2 单元格，输入"S2022001"；选中 D4 单元格，输入"洗衣机"；选中 G4 单元格，输入"60"；选中 H4 单元格，输入"6500"；选中 I4 单元格，输入"19500"。完成第一笔出库记录，如图 6-31 所示。

步骤 2 在"开发工具"选项卡下，单击"代码"组内的"录制宏"按钮，对于弹出的"录制宏"对话框，在"宏名"文本框中输入"添加出库"，单击"确定"按钮，开始录制宏，如图 6-32 所示。

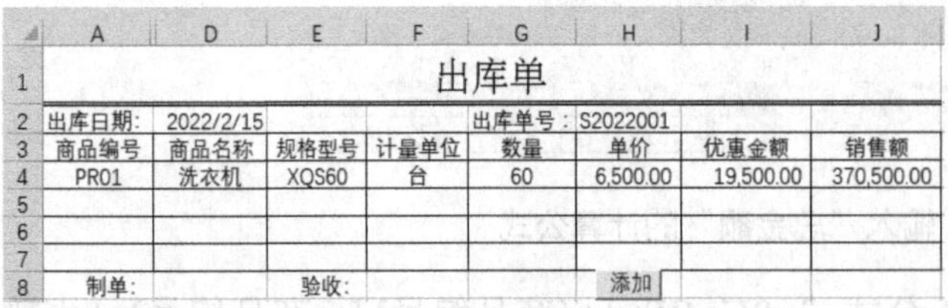

图 6-31 完成第一笔出库记录 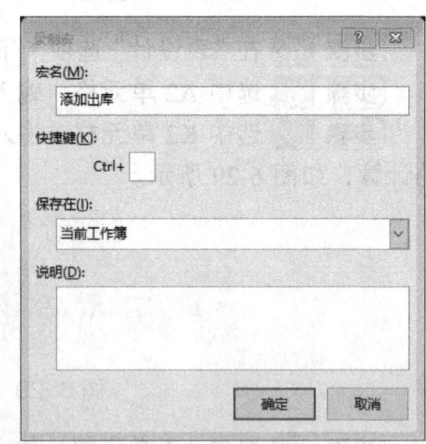　　　　图 6-32 "录制宏"对话框

步骤 3 选中 A4:J4 单元格区域，单击鼠标右键，选择"复制"命令。

步骤 4 打开"出库统计表"工作表，选中 A1 单元格，在"开发工具"选项卡下，单击"代码"组内的"使用相对引用"按钮,将录制模式设置为相对模式。

步骤 5 选中 A1 单元格,按"Ctrl+向下方向键"组合键,再按一次"向下方向键",单击鼠标右键,选择"选择性粘贴"下拉列表中的"值"选项。

步骤 6 在"开发工具"选项卡下,再次单击"代码"组内的"使用相对引用"按钮,将录制模式设置为绝对模式。

步骤 7 打开"出库单"工作表,删除 D2、H2、D4、G4、H4、I4 单元格中的内容,效果如图 6-33 所示。

步骤 8 在"开发工具"选项卡下,单击"代码"组内的"停止录制"按钮,完成宏的录制。

步骤 9 在"添加"按钮上单击鼠标右键,选择"指定宏"命令,对于弹出的"指定宏"对话框,在"宏名"文本框中选择"添加出库"选项,单击"确定"按钮,完成"指定宏"对话框的设置,如图 6-34 所示。

图 6-33 使用宏添加信息模板   图 6-34 "指定宏"对话框

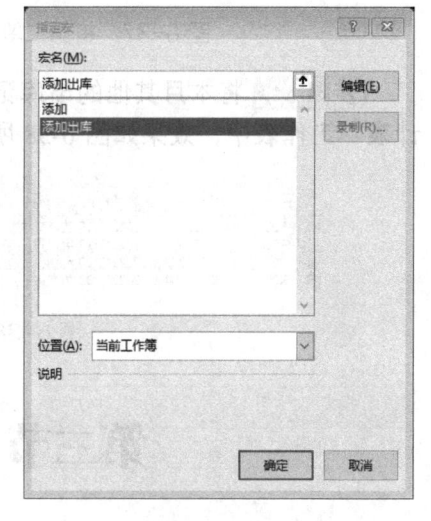

步骤 10 打开"出库统计表"工作表,删除第 2 行,效果如图 6-47 所示。

	A	B	C	D	E	F	G	H	I	J	K	L
1	商品编号	出库单号	出库日期	商品名称	规格型号	计量单位	数量	单价	优惠金额	销售额	总金额	库存数量
2	PR01	S2022001	2022/2/15	洗衣机	XQS60	台	60	6500	19500	370500	390000	20

图 6-35 将第一笔出库记录添加到"出库统计表"工作表中

(三)输入后续出库记录

下面以出库单号为 S2022002 的电冰箱的出库单为例,演示将后续出库记录添加到"出库统计表"工作表中的操作步骤。

步骤 1 打开"出库单"工作表,输入出库日期和出库单号,商品名称选择"电冰箱",输入数量"40",输入单价"7500",输入优惠金额"15000",完成第二笔出库记录,如图 6-36 所示。

Excel在财务中的应用

图 6-36 完成第二笔出库记录

步骤 2 单击"添加"按钮,将第二笔出库记录添加到"出库统计表"工作表中,打开"出库统计表"工作表,如图 6-37 所示。

图 6-37 将第二笔出库记录添加到"出库统计表"工作表中

步骤 3 将本月其他的出库记录分别输入"出库单"工作表中,并添加到"出库统计表"工作表中,效果如图 6-38 所示。

图 6-38 "出库统计表"工作表效果

第三节 存货的分类汇总

沿用第一节编制的"参数"工作表、"入库统计表"工作表和第二节编制的"出库统计表"工作表,演示编制加权平均法计价的存货汇总表的操作步骤。

一、创建存货汇总表

步骤 1 新建名为"存货汇总表"的工作表。

步骤 2 选中 A1 单元格,输入"存货汇总表",选中 A1:N1 单元格区域,在"开始"选项卡下,单击"对齐方式"组内的"合并后居中"按钮,并为合并后的单元格设置双底框线。

步骤 3 选中 G2 单元格,输入"报表日期:";选中 H2 单元格,单击鼠标右键,选择"设置单元格格式"命令,在"数字"选项卡下,选择"分类"列表框中的"日期"选项,在"类型"列表框中选择"2012 年 3 月"日期格式,单击"确定"按钮。

步骤 4 在 A3:N4 单元格区域中依次输入"商品编号""商品名称""期初库存""本

月入库""加权平均单价""本月出库""期末库存""数量""库存金额""平均单价""数量""入库金额""数量""销售额""平均单价""销售毛利""数量""库存成本"字段,选中 A3:N10 单元格区域(可根据经济业务调整),在"开始"选项卡下,单击"字体"组内的"边框"下拉按钮,选择"所有框线"选项,然后合并相关单元格并调整字体格式,效果如图 6-39 所示。

图 6-39　存货汇总表界面

步骤 5　选中 B5 单元格,输入公式"=参数!A2",选中 B5 单元格,单击鼠标左键并拖动右下角的填充柄至 B14 单元格,如图 6-40 所示。

步骤 6　选中 A5 单元格,输入公式"=IFERROR(VLOOKUP(B5,cs,2, FALSE),"")",选中 A5 单元格,单击鼠标左键并拖动右下角的填充柄至 A14 单元格,如图 6-41 所示。

图 6-40　输入"商品名称"的计算公式 　　图 6-41　输入"商品编号"的计算公式

二、计算总金额和总数量

(一)导入期初库存数据

步骤 1　选中 C5 单元格,输入公式"=IFERROR(VLOOKUP(B5,qckc[[商品名称]:[金额]],4,FALSE),"")",选中 C5 单元格,单击鼠标左键并拖动右下角的填充柄至 C14 单元格,如图 6-42 所示。

步骤 2　选中 D5 单元格,输入公式"=IFERROR(VLOOKUP(B5,qckc[[商品名称]:[金

额]],6,FALSE),"")",选中 D5 单元格,单击鼠标左键并拖动右下角的填充柄至 D14 单元格。

图 6-42 输入 "期初库存" "数量" 的计算公式

步骤 3 选中 E5 单元格,输入公式 "=IFERROR(ROUND(VLOOKUP (B5,qckc[[商品名称]:[金额]],5,FALSE),2),"")",选中 E5 单元格,单击鼠标左键并拖动右下角的填充柄至 E14 单元格。

(二)导入本月入库数据

步骤 1 选中 F5 单元格,输入公式 "=SUMIFS(rktj[数量],rktj[商品编号],A5:A14)",选中 F5 单元格,单击鼠标左键并拖动右下角的填充柄至 F14 单元格,如图 6-43 所示。

图 6-43 输入 "本月入库" "数量" 的计算公式

小贴士

SUMIFS 函数

SUMIFS 函数用于满足多个条件的全部参数的求和,该函数的语法是:SUMIFS (sum_range, criteria_range1, criteria1, [criteria_range2, criteria2], ...)。参数 sum_range 是指要求和的单元格区域,参数 criteria_range1 是指使用 criteria1 测试的区域,参数 criteria1 是指定义将计算 criteria_range1 中的哪些单元格的和的条件,前述几个参数都是必需项。参数[criteria_range2, criteria2]是指附加的区域及其关联条件,是可选项。

步骤 2 选中 G5 单元格,输入公式 "=SUMIFS(rktj[金额],rktj[商品编号],A5:A14)",选中 G5 单元格,单击鼠标左键并拖动右下角的填充柄至 G14 单元格。

步骤 3 选中 H5 单元格，输入公式"=IFERROR(ROUND((D5+G5)/(C5+ F5),2),"")"，选中 H5 单元格，单击鼠标左键并拖动右下角的填充柄至 H14 单元格，如图 6-44 所示。

图 6-44 输入"加权平均单价"的计算公式

（三）导入本月出库数据

步骤 1 选中 I5 单元格，输入公式"=IFERROR(VLOOKUP(B5,cktj[[商品名称]:[库存数量]],4,FALSE),0)"，选中 I5 单元格，单击鼠标左键并拖动右下角的填充柄至 I14 单元格，如图 6-45 所示。

图 6-45 输入"本月出库""数量"的计算公式

步骤 2 选中 J5 单元格，输入公式"=IFERROR(VLOOKUP(B5,cktj[[商品名称]:[库存数量]],7,FALSE),"")"，选中 J5 单元格，单击鼠标左键并拖动右下角的填充柄至 J14 单元格。

步骤 3 选中 K5 单元格，输入公式"=IFERROR(ROUND(J5/I5,2),"")"，选中 K5 单元格，单击鼠标左键并拖动右下角的填充柄至 K14 单元格。

步骤 4 隐藏"期初库存""本月入库""本月出库"全部为零的行，即第 5 行、第 6 行、第 8 行、第 9 行和第 13 行。

步骤 5 选中 L7 单元格，输入公式"=IFERROR((K7-H7)*I7,"")"，选中 L7 单元格，单击鼠标左键并拖动右下角的填充柄至 L14 单元格。

（四）计算期末库存数量和库存成本

步骤 1 选中 M7 单元格，输入公式"=IFERROR(C7+F7-I7,"")"，选中 M7 单元格，单击鼠标左键并拖动右下角的填充柄至 M14 单元格，如图 6-46 所示。

Excel在财务中的应用

	C	D	E	F	G	H	I	J	K	L	M
4	数量	库存金额	平均单价	数量	入库金额	加权平均单价	数量	销售额	平均单价	销售毛利	数量
7	5	2000	400	10	5000	466.67	0				F7-I7,"")

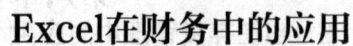

图 6-46 输入"期末库存""数量"的计算公式

步骤 2 选中 N7 单元格,输入公式"=IFERROR(H7*M7,"")",选中 N7 单元格,单击鼠标左键并拖动右下角的填充柄至 N14 单元格。

步骤 3 加权平均法计价的存货汇总表编制完成,效果如图 6-47 所示。

	A	B	C	D	E	F	G	H	I	J	K	L	M	N
1						存货汇总表								
2								报表日期:	2022年2月					
3				期初库存		本月入库			本月出库				期末库存	
4	商品编号	商品名称	数量	库存金额	平均单价	数量	入库金额	加权平均单价	数量	销售额	平均单价	销售毛利	数量	库存成本
7	RM03	电控组件	5	2000	400	10	5000	466.67	0				15	7000.05
10	PR01	洗衣机	30	108000	3600	50	175000	3537.5	60	370500	6175	158250	20	70750
11	PR02	电冰箱	20	104000	5200	40	200000	5066.67	40	285000	7125	82333.2	20	101333.4
12	PR03	电锅	50	4000	80	100	8000	80	50	7500	150	3500	100	8000
14	PR05	热水器	50	17500	350	0	0	350	30	15000	500	4500	20	7000

图 6-47 存货汇总表效果

本章实训

(一)实训资料

HG 公司是一家电子科技销售公司,假设公司在 2022 年 12 月刚刚成立,尚未存在期初库存。HG 公司在 2023 年 1 月发生的出入库信息如下。

① 1 月 2 日,入库单号为 P2022001 的笔记本电脑 50 台,单价为 4500 元。

② 1 月 5 日,入库单号为 P2022002 的复印机 20 台,单价为 3500 元。

③ 1 月 7 日,入库单号为 P2022003 的网络设备 60 台,单价为 1040 元。

④ 1 月 8 日,入库单号为 P2022004 的智能摄像头 100 个,单价为 100 元。

⑤ 1 月 10 日,出库单号为 S2022001 的笔记本电脑 30 台,单价为 7500 元,优惠 11250 元。

⑥ 1 月 15 日,出库单号为 S2022002 的网络设备 40 台,单价为 1500 元,优惠 3000 元。

⑦ 1 月 26 日,出库单号为 S2022003 的复印机 15 台,单价为 5500 元,优惠 4125 元。

⑧ 1 月 28 日,出库单号为 S2022004 的智能摄像头 30 台,单价为 150 元,无优惠。

(二)实训要求

1. 编制入库单,并根据以上入库信息编制入库统计表。
2. 编制出库单,并根据以上出库信息编制出库统计表。
3. 编制加权平均法计价的存货汇总表。

微课视频

第七章
Excel 在固定资产管理中的应用

➤ **知识目标：**

通过本章学习，要求学生能够掌握利用 Excel 进行新增固定资产登记、固定资产变更登记和计算固定资产折旧费用的方法。

➤ **技能目标：**

通过本章学习，要求学生熟练运用计算固定资产折旧的 SLN 函数、DDB 函数、VDB 函数及 SYD 函数，了解 DATE 函数、IFERROR 函数、VLOOKUP 函数、ROW 函数的应用场景。

➤ **思政目标：**

习近平总书记指出："实事求是，是马克思主义的根本观点，是中国共产党人认识世界、改造世界的根本要求，是我们党的基本思想方法、工作方法、领导方法。"实事求是要求言出必行、有诺必践。固定资产的管理工作不仅需要财务部门的监督，还需要业务部门的通力合作。固定资产是企业正常运行的物资基础，要求企业以实事求是的态度、诚实守信的品质根据相关会计准则的规定，适当确定折旧方法，正确进行相应的会计处理及信息披露。因此，要求学生树立诚信价值观和真心为民的情怀。

本章从固定资产的登记与变更、固定资产的折旧处理两个方面介绍如何利用 Excel 提高固定资产管理的效率。

第一节　固定资产的登记与变更

↳ 数据源：

来顺公司成立于 2019 年 5 月 1 日，是一家生产家用电器的中小型企业，公司由行政部、财务部、销售部、生产部、人力资源部、研发部 6 个部门组成。固定资产的归属部门使用固定资产并负责日常维护。目前，来顺公司的固定资产由财务部集中管理，每个固定资产都有一张卡片记录它的取得方式、取得日期、资产编号、规格类型、资产类别、归属部门、原值、预计净残值、折旧方法等信息。来顺公司的固定资产分为机器设备、房屋建筑物、运输工具、办公设备及其他 5 个类别，它们的编码分别为 C、D、NV、A/B、O。

来顺公司固定资产一览表如表 7-1 所示，展示了来顺公司的固定资产取得情况。此数据源是本章的背景资料，对本章其他节仍有参照意义。

在表 7-1 的数据基础上，假设来顺公司在 2020 年以后发生的固定资产变更情况如下。

2020 年 4 月 20 日，资产编号为 A103 的固定资产——办公椅交由行政部使用。

2021 年 5 月 10 日，资产编号为 B221 的固定资产——打印机由于操作不当报废。

表 7-1　来顺公司固定资产一览表

资产编号	资产名称	归属部门	取得日期	预计使用年限（年）	取得方式	折旧方法	原值（元）	预计净残值
D045	仓库	销售部	2019/5/10	30	自建	双倍余额递减法	800000	40000
C052	生产设备	生产部	2019/6/30	15	外购	双倍余额递减法	800000	40000
NV25	货车	生产部	2019/5/20	15	外购	年数总和法	250000	12500
NV32	轿车	行政部	2020/2/1	12	外购	年数总和法	200000	8000
A103	办公椅	销售部	2021/1/31	6	外购	直线法	4000	200
B221	打印机	财务部	2019/5/1	5	外购	直线法	3500	140
B223	电脑	财务部	2019/5/1	7	外购	直线法	7500	375

▶ 一、登记固定资产

（一）创建固定资产参数表

步骤 1 创建工作簿，将其保存为启用宏的工作簿"固定资产管理.xlsm"。

步骤 2 将"Sheet1"工作表重命名为"参数"。

步骤 3 选中 A1 单元格，输入"资产类别"，在 A2:A6 单元格区域中依次输入"机器设备""办公设备""房屋建筑物""运输工具""其他"字段。

第七章
Excel在固定资产管理中的应用

步骤 4 选中 A1 单元格，在"插入"选项卡下，单击"表格"组内的"表格"按钮，对于弹出的"创建表"对话框，勾选"表包含标题"复选框，单击"确定"按钮，将指定的单元格区域转换为表对象，如图 7-1 所示。

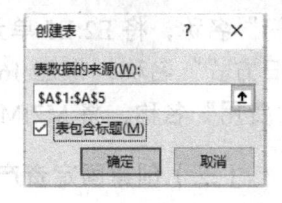

步骤 5 在"表设计"选项卡下，在"属性"组内的"表名称"文本框中输入"资产类别"，如图 7-2 所示。

图 7-1 "创建表"对话框

图 7-2 "表设计"选项卡

步骤 6 将"部门名称""取得方式""折旧方法""处置方式""费用类别""使用情况"分别转换为表对象。设置的固定资产参数信息如图 7-3 所示。

图 7-3 固定资产参数信息

（二）定义列名称

步骤 1 选中 A2:A6 单元格区域，在"公式"选项卡下，单击"定义的名称"组内的"定义名称"按钮，如图 7-4 所示。

步骤 2 对于弹出的"新建名称"对话框，在"名称"文本框中输入"固定资产类别"，单击"引用位置"文本框，选中 A2:A6 单元格区域，单击"确定"按钮，完成"资产类别"所指向的单元格区域设置，如图 7-5 所示。

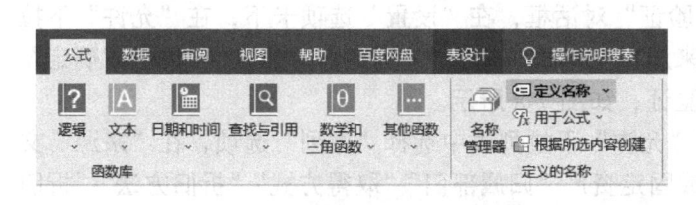

图 7-4 "定义名称"按钮

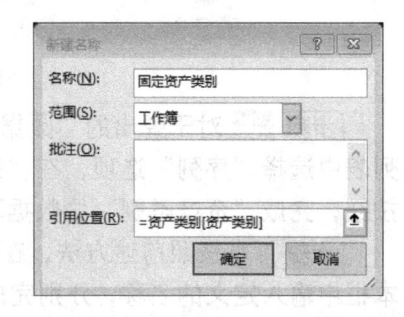

图 7-5 "新建名称"对话框

步骤 3 按照前述方法，将"参数"工作表中的 C2:C7 单元格区域设置为"归属部门"名称,将 E2:E5 单元格区域设置为"新增"名称,将 G2:G5 单元格区域设置为"折旧方式"名称,将 I2:I6 单元格区域设置为"减少"名称,将 K2:K4 单元格区域设置为"费用"名称,将 M2:M5 单元格区域设置为"使用"名称。

(三)创建固定资产新增登记卡

步骤 1 新建名为"新增固定资产"的工作表,创建固定资产新增登记卡,输入表格标题并设置"合并后居中",在 A2 和 D2 单元格中分别输入"卡片编号:"和"填卡日期:",输入"资产编号""资产名称""资产类别""规格类型""归属部门""取得方式""预计使用年限""取得日期""折旧方法""折旧费用类别""原值""预计净残值""折旧计提开始日期"字段,选中 A3:E8 单元格区域,在"开始"选项卡下,单击"字体"组内的"边框"下拉按钮,选择"所有框线"选项,并调整格式,效果如图 7-6 所示。

	A	B	C	D	E
1			固定资产新增登记卡		
2	卡片编号:			填卡日期:	
3	资产编号	资产名称	资产类别	规格类型	归属部门
4					
5	取得方式	预计使用年限	取得日期	折旧方法	折旧费用类别
6					
7	原值	预计净残值	折旧计提开始日期		
8					

图 7-6 创建固定资产新增登记卡

步骤 2 按住"Ctrl"键,依次选中 E2、C6、C8 单元格,单击鼠标右键,选择"设置单元格格式"命令,在"数字"选项卡下,选择"分类"列表框中的"日期"选项,在"类型"列表框中选择"2012/3/14"日期格式,单击"确定"按钮。

(四)设置数据验证

步骤 1 选中 C4 单元格,在"数据"选项卡下,单击"数据工具"组内的"数据验证"按钮,如图 7-7 所示。

图 7-7 "数据验证"按钮

步骤 2 对于弹出的"数据验证"对话框,在"设置"选项卡下,在"允许"下拉列表中选择"序列"选项,在"来源"文本框中输入"=固定资产类别",单击"确定"按钮,完成"资产类别"的数据验证,如图 7-8 所示。

步骤 3 按照前述方法,在"允许"下拉列表中选择"序列"选项,在"来源"文本框中输入定义的名称,分别完成固定资产"归属部门""取得方式""折旧方法""折旧费用类别"的数据验证。

步骤 4 选中 C8 单元格,输入公式"=DATE(YEAR(C6),MONTH(C6)+1,1)",计算"折旧计提开始日期",如图 7-9 所示。

第七章
Excel在固定资产管理中的应用

图 7-8 "数据验证"对话框

图 7-9 输入"折旧计提开始日期"的计算公式

步骤 5 以表 7-1 中资产编号为 B223 的电脑为例,创建固定资产新增登记卡,效果如图 7-10 所示。

图 7-10 资产编号为 B223 的电脑的固定资产新增登记卡

(五)将固定资产新增登记卡转换为数据表格

步骤 1 新建名为"数据转换"的工作表。

步骤 2 在 A2:O2 单元格区域中依次输入"卡片编号""填卡日期""资产编号""资产名称""资产类别""规格类型""归属部门""取得方式""预计使用年限""取得日期""折旧方法""折旧费用类别""原值""预计净残值""折旧计提开始日期"字段。

步骤 3 选中 A2 单元格,在"插入"选项卡下,单击"表格"组内的"表格"按钮,对于弹出的"创建表"对话框,勾选"表包含标题"复选框,单击"确定"按钮,将指定的单元格区域转换为表对象,效果如图 7-11 所示。

图 7-11 将固定资产新增登记卡转换为数据表格效果

步骤 4 选中 A3 单元格,输入公式"=新增固定资产!B2",如图 7-12 所示。

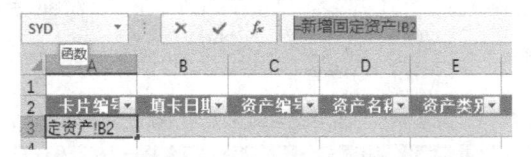

图 7-12 输入"卡片编号"的计算公式

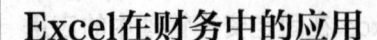

步骤 5 选中 B3 单元格,输入公式"=新增固定资产!E2"。

选中 C3 单元格,输入公式"=新增固定资产!A4"。

选中 D3 单元格,输入公式"=新增固定资产!B4"。

选中 E3 单元格,输入公式"=新增固定资产!C4"。

选中 F3 单元格,输入公式"=新增固定资产!D4"。

选中 G3 单元格,输入公式"=新增固定资产!E4"。

选中 H3 单元格,输入公式"=新增固定资产!A6"。

选中 I3 单元格,输入公式"=新增固定资产!B6"。

选中 J3 单元格,输入公式"=新增固定资产!C6"。

选中 K3 单元格,输入公式"=新增固定资产!D6"。

选中 L3 单元格,输入公式"=新增固定资产!E6"。

选中 M3 单元格,输入公式"=新增固定资产!A8"。

选中 N3 单元格,输入公式"=新增固定资产!B8"。

选中 O3 单元格,输入公式"=新增固定资产!C8"。

完成所有字段公式的设置,将固定资产新增登记卡中的信息转移到"数据转换"工作表中。

步骤 6 按住"Ctrl"键,依次选中 B3、J3、O3 单元格,单击鼠标右键,选择"设置单元格格式"命令,在"数字"选项卡下,选择"分类"列表框中的"日期"选项,在"类型"列表框中选择"2012/3/14"日期格式,单击"确定"按钮。

(六)创建固定资产登记表

步骤 1 新建名为"固定资产登记表"的工作表。

步骤 2 在 A2:O2 单元格区域中依次输入"卡片编号""填卡日期""资产编号""资产名称""资产类别""规格型号""归属部门""取得方式""预计使用年限""取得日期""折旧方法""折旧费用类别""原值""预计净残值""折旧计提开始日期"字段。

步骤 3 选中 A2 单元格,在"插入"选项卡下,单击"表格"组内的"表格"按钮,对于弹出的"创建表"对话框,勾选"表包含标题"复选框,单击"确定"按钮,将指定的单元格区域转换为表对象。

步骤 4 在"表设计"选项卡下,在"属性"组内的"表名称"文本框中输入"zcdj",如图 7-13 所示。

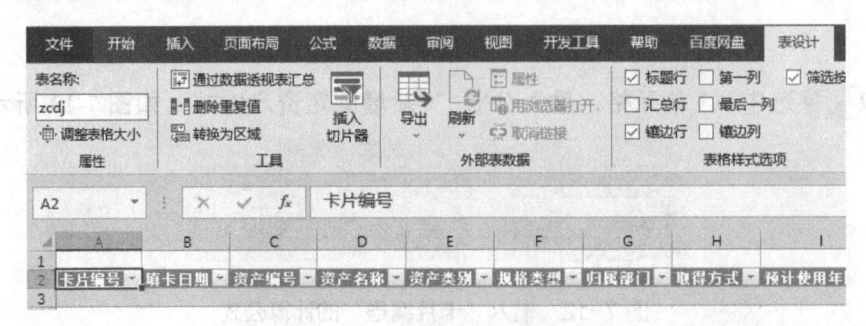

图 7-13 创建固定资产登记表

步骤 5 选中 A3 单元格，输入"z"，避免第一行数据为空。

（七）录制宏

步骤 1 打开"新增固定资产"工作表，在"开发工具"选项卡下，单击"控件"组内的"插入"下拉按钮，选择"表单控件"列表中的"按钮（窗体控件）"选项，然后单击 E8 单元格，对于弹出的"指定宏"对话框，直接单击"确定"按钮，生成"按钮 1"，双击按钮将其重命名为"添加"，如图 7-14 所示。

图 7-14 创建"添加"按钮

步骤 2 在"开发工具"选项卡下，单击"代码"组内的"录制宏"按钮，对于弹出的"录制宏"对话框，在"宏名"文本框中输入"固定资产登记 1"，单击"确定"按钮，开始录制宏，如图 7-15 所示。

步骤 3 打开"数据转换"工作表，选中 A3:O3 单元格区域，单击鼠标右键，选择"复制"命令，完成对指定单元格区域的复制。

步骤 4 打开"固定资产登记表"工作表，选中 A2 单元格，在"开发工具"选项卡下，单击"代码"组内的"使用相对引用"按钮，将录制模式设置为相对模式，如图 7-16 所示。

图 7-15 "录制宏"对话框

图 7-16 "使用相对引用"按钮

步骤 5 选中 A2 单元格，按"Ctrl+向下方向键"组合键，再按一次"向下方向键"，单击鼠标右键，选择"选择性粘贴"下拉列表中的"值"选项。

步骤 6 在"开发工具"选项卡下，再次单击"代码"组内的"使用相对引用"按钮，将录制模式设置为绝对模式。

步骤 7 打开"新增固定资产"工作表，删除 B2 单元格、E2 单元格、A4:E4 单元格区域、A6:E6 单元格区域、A8 单元格、B8 单元格中的内容，效果如图 7-17 所示。

步骤 8 在"开发工具"选项卡下，单击"代码"组内的"停止录制"按钮，完成宏的录制，如图 7-18 所示。

Excel在财务中的应用

	A	B	C	D	E
1	固定资产新增登记卡				
2	卡片编号：			填卡日期：	
3	资产编号	资产名称	资产类别	规格类型	归属部门
4					
5	取得方式	预计使用年限	取得日期	折旧方法	折旧费用类别
6					
7	原值	预计净残值	折旧计提开始日期		
8					添加

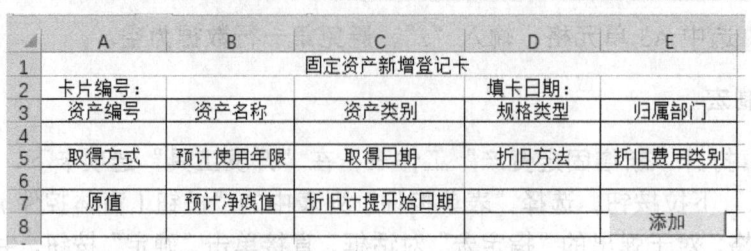

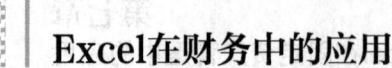

图 7-17　使用宏添加信息模板

图 7-18　"停止录制"按钮

步骤 9 在"添加"按钮上单击鼠标右键，选择"指定宏"命令，对于弹出的"指定宏"对话框，在"宏名"文本框中选择"固定资产登记1"选项，单击"确定"按钮，完成"指定宏"对话框的设置，如图 7-19 所示。

步骤 10 打开"固定资产登记表"工作表，删除第 3 行。

（八）使用宏添加登记信息

下面以表 7-1 中资产编号为 B221 的打印机为例，演示使用宏添加登记信息的操作步骤。

步骤 1 打开"新增固定资产"工作表，将卡片编号设为"B002"，将填卡日期设为"2019/5/31"，输入 B221 的资产编号、资产名称、资产类别、规格类型、归属部门、取得方式、预计使用年限、取得日期、折旧方法、折旧费用类别、原值、预计净残值。

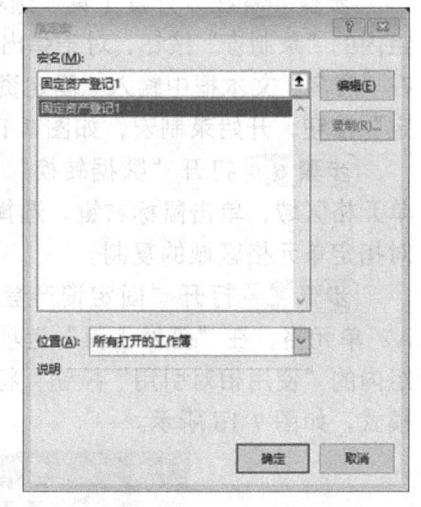

图 7-19　"指定宏"对话框

步骤 2 单击"添加"按钮，打开"固定资产登记表"工作表，即可看到 B221 的信息已登记，效果如图 7-20 所示。

	A	B	C	D	E	F	G	H	I	J	K	L	M	N	O
1	卡片编号	填卡日期	资产编号	资产名称	资产类别	规格类型	归属部门	取得方式	预计使用年限	取得日期	折旧方法	折旧费用类别	原值	预计净残值	折旧计提开始日期
2															
3	B001	43616	B223	电脑	办公设备	戴尔	财务部	外购	7	43596	直线法	管理费用	7500	375	43617
4	B002	43616	B221	打印机	办公设备	惠普	财务部	外购	5	43596	直线法	管理费用	3500	140	43617

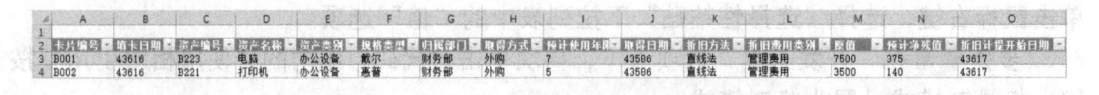

图 7-20　使用宏添加登记信息效果

步骤 3 按住"Ctrl 键"，依次选中 B 列、J 列和 O 列，单击鼠标右键，选择"设置单元格格式"命令，在"数字"选项卡下，选择"分类"列表框中的"日期"选项，在"类型"列表框中选择"2012/3/14"日期格式，单击"确定"按钮。

第七章
Excel在固定资产管理中的应用

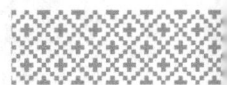

步骤 4 按照前述方法,将表 7-1 中的其他资产逐一登记,假设固定资产的填卡日期是取得资产的当月月末,最终登记效果如图 7-21 所示。

卡片编号	填卡日期	资产编号	资产名称	资产类别	规格类型	归属部门	取得方式	预计使用年限	取得日期	折旧方法	折旧费用类别	原值	预计净残值	折旧计提开始日期
B001	2019/5/31	B223	电脑	办公设备	戴尔	财务部	外购	5	2019/5/1	直线法	管理费用	7500	375	2019/6/1
B002	2019/5/31	B221	打印机	办公设备	惠普	财务部	外购	5	2019/5/1	直线法	管理费用	3500	140	2019/6/1
B003	2019/5/31	D045	仓库	房屋建筑物	40m*30m	销售部	自建	30	2019/5/10	双倍余额递减法	营业成本	800000	40000	2019/6/1
B004	2019/5/31	NV225	货车	运输工具	一汽解放	生产部	外购	15	2019/5/20	年数总和法	制造费用	250000	12500	2019/6/1
B005	2019/6/30	C052	生产设备	机器设备	艾普	生产部	外购	15	2019/6/30	双倍余额递减法	制造费用	800000	40000	2019/7/1
B006	2020/2/29	NV32	轿车	其他	大众	行政部	外购	12	2020/2/1	年数总和法	管理费用	200000	8000	2020/3/1
B007	2021/3/31	A103	办公桌	办公设备	歌德利	销售部	外购	6	2021/1/31	直线法	管理费用	4000	200	2021/2/1

图 7-21 固定资产登记表最终登记效果

二、变更固定资产

下面以资产编号为 A103 和资产编号为 B221 的固定资产发生的两次变更为例,演示变更固定资产的操作步骤。

(一)创建固定资产变更登记卡

步骤 1 新建名为"变更固定资产"的工作表,创建固定资产变更登记卡,输入表格标题并设置"合并后居中",在 A2 和 A3 单元格中分别输入"变更编号:"和"登记日期:",输入"资产编号""资产名称""规格类型""归属部门""使用状况""变更事由""保管人""折旧费用类别""折旧计提结束日期"字段,选中 A4:C9 单元格区域,在"开始"选项卡下,单击"字体"组内的"边框"下拉按钮,选择"所有框线"选项,并调整格式,效果如图 7-22 所示。

步骤 2 按住"Ctrl"键,依次选中 B3 和 C9 单元格,单击鼠标右键,选择"设置单元格格式"命令,在"数字"选项卡下,选择"分类"列表框中的"日期"选项,在"类型"列表框中选择"2012/3/14"日期格式,单击"确定"按钮。

(二)设置数据验证

步骤 1 选中 A7 单元格,在"数据"选项卡下,单击"数据工具"组内的"数据验证"按钮,对于弹出的"数据验证"对话框,在"设置"选项卡下,在"允许"下拉列表中选择"序列"选项,在"来源"文本框中输入"=归属部门",单击"确定"按钮,完成"归属部门"的数据验证,如图 7-23 所示。

图 7-22 创建固定资产变更登记卡

图 7-23 "数据验证"对话框

159

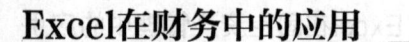

步骤 2 按照前述方法，在"允许"下拉列表中选择"序列"选项，在"来源"文本框中输入定义的名称，分别完成固定资产"使用状况"和"折旧费用类别"的数据验证。

（三）设置表格相关数据公式

步骤 1 选中 B5 单元格，输入公式"=IFERROR(VLOOKUP($A$5,zcdj [[#全部],[资产编号]:[资产名称]],2,FALSE),"")"，完成"资产名称"的设置，如图 7-24 所示。

图 7-24　输入"资产名称"的计算公式

步骤 2 选中 C5 单元格，输入公式"=IFERROR(VLOOKUP($A$5,zcdj [[#全部],[资产编号]:[规格类型]],4,FALSE),"")"，完成"规格类型"的设置，如图 7-25 所示。

图 7-25　输入"规格类型"的计算公式

步骤 3 以表 7-1 中资产编号为 A103 的办公椅的变更为例，创建固定资产变更登记卡，效果如图 7-26 所示。

固定资产变更信息的登记与固定资产新增信息的登记逻辑相同，即先将登记卡中的信息转移到"数据转换"工作表中，再通过录制宏，将"数据转换"工作表中的信息导入登记表格中。

图 7-26　资产编号为 A103 的办公椅的固定资产变更登记卡

（四）将固定资产变更登记卡转换为数据表格

步骤 1 打开"数据转换"工作表。

步骤 2 在 A5:K5 单元格区域中依次输入"变更编号""登记日期""资产编号""资产名称""规格类型""归属部门""使用状况""变更事由""保管人""折旧费用类别"

第七章
Excel在固定资产管理中的应用

"折旧计提结束日期"字段。

步骤 3 选中 A5 单元格,在"插入"选项卡下,单击"表格"组内的"表格"按钮,对于弹出的"创建表"对话框,勾选"表包含标题"复选框,单击"确定"按钮,将指定的单元格区域转换为表对象,如图 7-27 所示。

图 7-27 将固定资产变更登记卡转换为数据表格效果

步骤 4 选中 A6 单元格,输入公式"=变更固定资产!B2",如图 7-28 所示。

步骤 5 选中 B6 单元格,输入公式"=变更固定资产!B3"。

选中 C6 单元格,输入公式"=变更固定资产!A5"。
选中 D6 单元格,输入公式"=变更固定资产!B5"。
选中 E6 单元格,输入公式"=变更固定资产!C5"。
选中 F6 单元格,输入公式"=变更固定资产!A7"。
选中 G6 单元格,输入公式"=变更固定资产!B7"。
选中 H6 单元格,输入公式"=变更固定资产!C7"。
选中 I6 单元格,输入公式"=变更固定资产!A9"。
选中 J6 单元格,输入公式"=变更固定资产!B9"。
选中 K6 单元格,输入公式"=变更固定资产!C9"。

图 7-28 输入"变更编号"的计算公式

完成所有字段公式的设置,将固定资产变更登记卡中的信息转移到"数据转换"工作表中。

步骤 6 按住"Ctrl"键,依次选中 B6 和 K6 单元格,单击鼠标右键,选择"设置单元格格式"命令,在"数字"选项卡下,选择"分类"列表框中的"日期"选项,在"类型"列表框中选择"2012/3/14"日期格式,单击"确定"按钮。

(五)创建变更登记表

步骤 1 新建名为"变更登记表"的工作表。

步骤 2 在 A2:M2 单元格区域中依次输入"序号""变更编号""登记日期""资产编号""资产名称""规格类型""归属部门""使用状况""变更事由""保管人""折旧费用类别""折旧计提结束日期""最大行号"字段。

步骤 3 选中 A2 单元格,在"插入"选项卡下,单击"表格"组内的"表格"按钮,对于弹出的"创建表"对话框,勾选"表包含标题"复选框,单击"确定"按钮,将指定的单元格区域转换为表对象。

步骤 4 在"表设计"选项卡下,在"属性"组内的"表名称"文本框中输入"zcbg",如图 7-29 所示。

步骤 5 选中 A3 单元格,输入公式"=ROW()-2",完成"序号"的设置,如图 7-30 所示。

Excel在财务中的应用

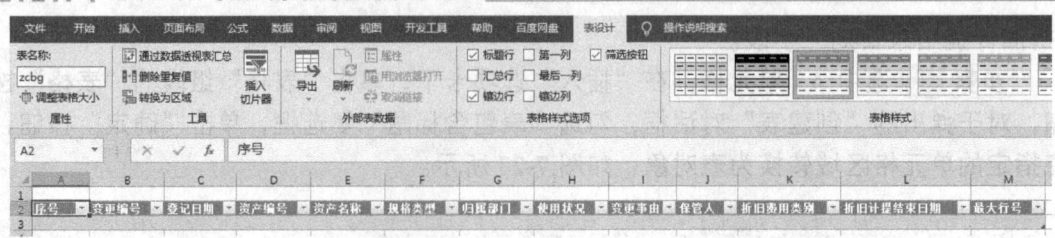

图 7-29 创建变更登记表

步骤 6 选中 M3 单元格，输入公式"=MAX(IF([资产编号]=[@资产编号],[序号]+1,0))"，按"Ctrl+Shift+Enter"组合键，将公式转换为数组公式，计算指定固定资产在变更登记表中的最大行号，如图 7-31 所示。

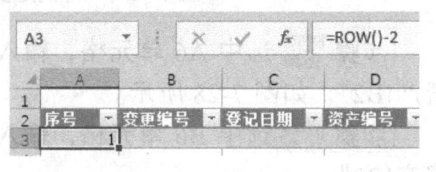

图 7-30 输入"序号"的计算公式

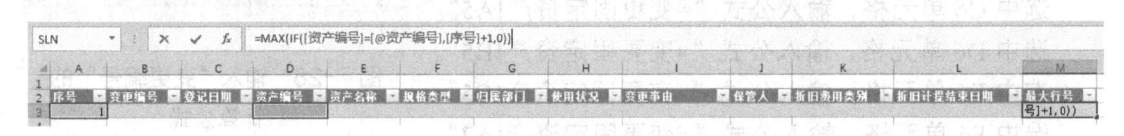

图 7-31 输入"最大行号"的计算公式

步骤 7 选中 B3 单元格，输入"z"。

（六）录制宏

步骤 1 打开"变更固定资产"工作表，在"开发工具"选项卡下，单击"控件"组内的"插入"下拉按钮，选择"表单控件"列表中的"按钮（窗体控件）"选项，然后单击 C10 单元格，对于弹出的"指定宏"对话框，直接单击"确定"按钮，生成"按钮1"，双击按钮将其重命名为"添加"，如图 7-32 所示。

步骤 2 在"开发工具"选项卡下，单击"代码"组内的"录制宏"按钮，对于弹出的"录制宏"对话框，在"宏名"文本框中输入"变更登记1"，单击"确定"按钮，开始录制宏，如图 7-33 所示。

图 7-32 创建"添加"按钮

图 7-33 "录制宏"对话框

步骤 3 打开"数据转换"工作表，选中 A6:K6 单元格区域，单击鼠标右键，选择"复制"命令，完成对指定单元格区域的复制。

第七章
Excel在固定资产管理中的应用

步骤 4 打开"变更登记表"工作表，选中 A2 单元格，在"开发工具"选项卡下，单击"代码"组内的"使用相对引用"按钮，将录制模式设置为相对模式。

步骤 5 选中 B2 单元格，按"Ctrl+向下方向键"组合键，再按一次"向下方向键"，单击鼠标右键，选择"选择性粘贴"下拉列表中的"值"选项。

步骤 6 在"开发工具"选项卡下，再次单击"代码"组内的"使用相对引用"按钮，将录制模式设置为绝对模式。

步骤 7 打开"变更固定资产"工作表，删除 B2 单元格、B3 单元格、A5 单元格、A7:C7 单元格区域、A9 单元格、B9 单元格中的内容。

步骤 8 在"开发工具"选项卡下，单击"代码"组内的"停止录制"按钮，完成宏的录制。

步骤 9 在"添加"按钮上单击鼠标右键，选择"指定宏"命令，对于弹出的"指定宏"对话框，在"宏名"文本框中选择"变更登记 1"选项，单击"确定"按钮，完成"指定宏"对话框的设置，如图 7-34 所示。

步骤 10 打开"变更登记表"工作表，删除第 3 行。

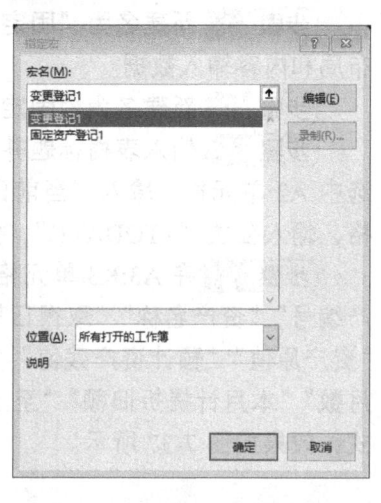

图 7-34 "指定宏"对话框

（七）使用宏添加变更登记信息

下面以表 7-1 中资产编号为 B221 的打印机的报废为例，演示使用宏添加变更登记信息的操作步骤。

步骤 1 打开"变更固定资产"工作表，将变更编号设为"BG002"，将登记日期设为"2021/5/10"，输入 B221 的资产编号、归属部门、使用状况、变更事由、保管人、折旧费用类别。

步骤 2 单击"添加"按钮，打开"变更登记表"工作表，即可看到 B221 的变更信息已登记。

步骤 3 按住"Ctrl"键，依次选中 C 列和 L 列，单击鼠标右键，选择"设置单元格格式"命令，在"数字"选项卡下，选择"分类"列表框中的"日期"选项，在"类型"列表框中选择"2012/3/14"日期格式，单击"确定"按钮，效果如图 7-35 所示。

序号	变更编号	登记日期	资产编号	资产名称	规格类型	归属部门	使用状况	变更事由	保管人	折旧费用类别	折旧计提结束日期	最大行号
1	BG001	2020/4/20	A103	办公椅	欧德利	行政部	正常使用	固定资产使用	李强	管理费用	1900/1/0	2
2	BG002	2021/5/10	B221	打印机	惠普	财务部	待处置	报废	张敏	管理费用	1900/1/0	3

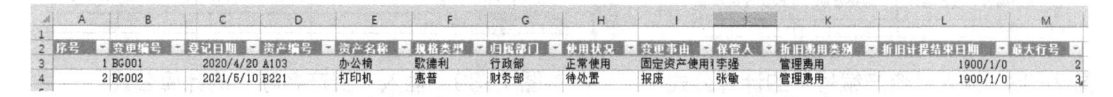

图 7-35 使用宏添加变更登记信息效果

第二节　固定资产的折旧处理

沿用表 7-1 中的数据信息，分别以资产编号为 B223、C052、NV32 的固定资产为例，

163

Excel在财务中的应用

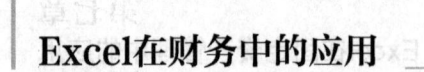

演示用年限平均法（也称直线法）、双倍余额递减法、年数总和法计提折旧的操作步骤。

一、创建固定资产折旧表

步骤 1 新建名为"固定资产一览表"的工作表，从 A1 单元格开始按照表 7-1 的布局和内容输入数据。

步骤 2 新建名为"固定资产折旧"的工作表。

步骤 3 输入表格标题并设置"合并后居中"，选中 A2 单元格，输入"当前日期"，选中 B2 单元格，输入公式"=TODAY()"，如图 7-36 所示。

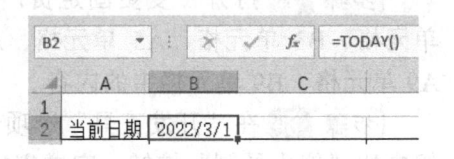

图 7-36　输入"当前日期"的计算公式

步骤 4 在 A3:K3 单元格区域中依次输入"资产编号""资产名称""取得日期""预计使用年限""资产原值""预计资产残值""折旧方法""已计提月数""本月计提折旧额""至上月止累计折旧""剩余价值"字段，添加边框，并调整格式，效果如图 7-37 所示。

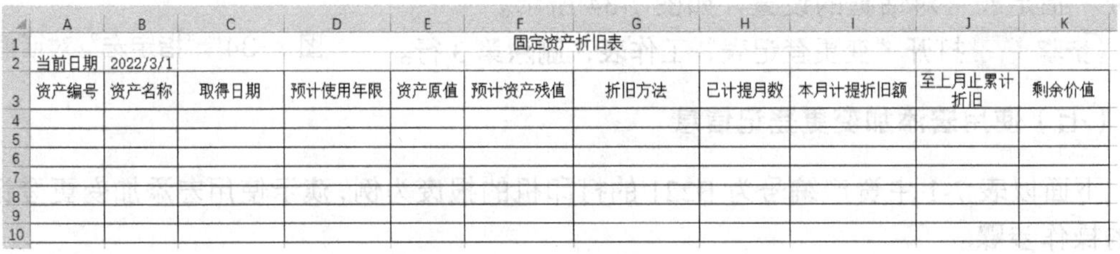

图 7-37　创建固定资产折旧表

步骤 5 选中 A4 单元格，输入公式"=固定资产登记表!C3"，如图 7-38 所示。

选中 B4 单元格，输入公式"=VLOOKUP(A4,固定资产一览表!$A$2:$I$8, 2,0)"，如图 7-39 所示。

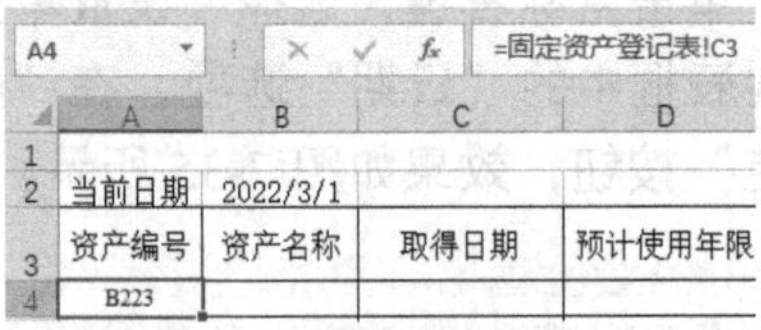

图 7-38　输入"资产编号"的计算公式 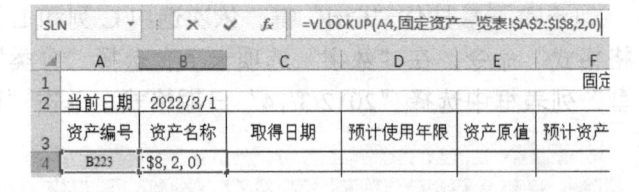　　图 7-39　输入"资产名称"的计算公式

选中 C4 单元格，输入公式"=VLOOKUP(A4,固定资产一览表!$A$2:$I$8, 4,0)"。
选中 D4 单元格，输入公式"=VLOOKUP(A4,固定资产一览表!$A$2:$I$8, 5,0)"。
选中 E4 单元格，输入公式"=VLOOKUP(A4,固定资产一览表!$A$2:$I$8, 8,0)"。
选中 F4 单元格，输入公式"=VLOOKUP(A4,固定资产一览表!$A$2:$I$8, 9,0)"。
选中 G4 单元格，输入公式"=VLOOKUP(A4,固定资产一览表!$A$2:$I$8, 7,0)"。
单击鼠标左键并拖动以上每个单元格右下角的填充柄至第 10 行，填充公式。

步骤 6 选中 H4 单元格,输入公式"=INT(DAYS360(C4,$B$2)/30)",计算"已计提月数",并填充公式,效果如图 7-40 所示。

	A	B	C	D	E	F	G	H	I	J	K
1						固定资产折旧表					
2	当前日期	2022/3/1									
3	资产编号	资产名称	取得日期	预计使用年限	资产原值	预计资产残值	折旧方法	已计提月数	本月计提折旧额	至上月止累计折旧	剩余价值
4	B223	电脑	2019/5/1	7	7500	375	直线法	34			
5	B221	打印机	2019/5/1	5	3500	140	直线法	34			
6	D045	仓库	2019/5/10	30	800000	40000	双倍余额递减法	33			
7	NV25	货车	2019/5/20	15	250000	12500	年数总和法	33			
8	C052	生产设备	2019/6/30	15	800000	40000	双倍余额递减法	32			
9	NV32	轿车	2020/2/1	12	200000	8000	年数总和法	25			
10	A103	办公椅	2021/1/31	6	4000	200	直线法	13			

图 7-40 填制固定资产折旧表效果

二、年限平均法计提折旧

下面以资产编号为 B223 的固定资产为例,演示用年限平均法计提折旧的操作步骤。

步骤 1 选中 I4 单元格,在"公式"选项卡下,单击"函数库"组内的"插入函数"按钮,对于弹出的"插入函数"对话框,在"或选择类别"下拉列表中选择"财务"选项,在"选择函数"列表框中选择"SLN"选项,单击"确定"按钮。

> **小贴士**
>
> **SLN 函数**
>
> SLN 函数用于返回固定资产的每期线性折旧费用,该函数的语法是:SLN(cost, salvage, life)。参数 cost 是指固定资产原值,参数 salvage 是指固定资产残值,参数 life 是指固定资产的预计使用年限。需注意的是,该函数计算的是年折旧额。若采用工作量法计算折旧,应在 SLN 函数的参数 life 中输入预计的总工作量。

步骤 2 对于弹出的"函数参数"对话框,选择 SLN 函数的参数值,单击"确定"按钮,计算年折旧额,如图 7-41 所示。

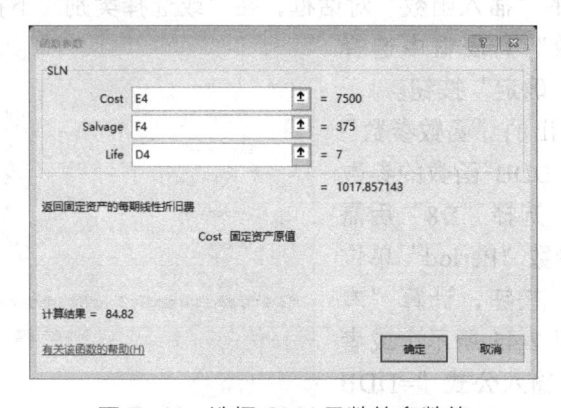

图 7-41 选择 SLN 函数的参数值

步骤 3 选中 I4 单元格,在编辑栏中添加"/12",或者直接输入公式"=SLN(E4,F4,D4)/12",计算"本月计提折旧额",如图 7-42 所示。

Excel在财务中的应用

	A	B	C	D	E	F	G	H	I
SLN			× ✓ fx	=SLN(E4,F4,D4)/12					
1					固定资产折旧表				
2	当前日期	2022/3/1							
3	资产编号	资产名称	取得日期	预计使用年限	资产原值	预计资产残值	折旧方法	已计提月数	本月计提折旧额
4	B223	电脑	2019/5/1	7	7500	375	直线法	34	34,F4,D4)/12

图 7-42　输入"本月计提折旧额"的计算公式

步骤 4 选中 J4 单元格，输入公式"=H4*I4"，计算"至上月止累计折旧"，如图 7-43 所示。

	B	C	D	E	F	G	H	I	J
SLN		× ✓ fx	=H4*I4						
1				固定资产折旧表					
2	2022/3/1								
3	资产名称	取得日期	预计使用年限	资产原值	预计资产残值	折旧方法	已计提月数	本月计提折旧额	至上月止累计折旧
4	电脑	2019/5/1	7	7500	375	直线法	34	84.82	=H4*I4

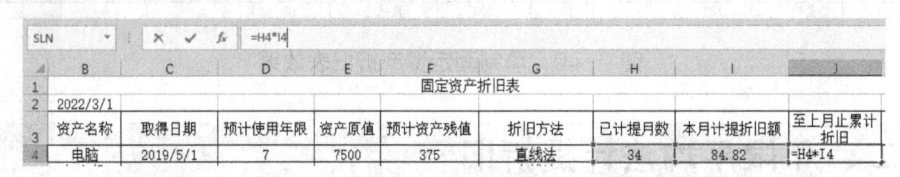

图 7-43　输入"至上月止累计折旧"的计算公式

步骤 5 选中 K4 单元格，输入公式"=E4-I4-J4"，计算"剩余价值"。资产编号为 B223 的固定资产的折旧信息如图 7-44 所示。

	A	B	C	D	E	F	G	H	I	J	K
1					固定资产折旧表						
2	当前日期	2022/3/1									
3	资产编号	资产名称	取得日期	预计使用年限	资产原值	预计资产残值	折旧方法	已计提月数	本月计提折旧额	至上月止累计折旧	剩余价值
4	B223	电脑	2019/5/1	7	7500	375	直线法	34	84.82	2883.93	4531.25

图 7-44　资产编号为 B223 的固定资产的折旧信息

三、双倍余额递减法计提折旧

下面以资产编号为 C052 的固定资产为例，演示用双倍余额递减法计提折旧的操作步骤。

步骤 1 选中 I8 单元格，在"公式"选项卡下，单击"函数库"组内的"插入函数"按钮，对于弹出的"插入函数"对话框，在"或选择类别"下拉列表中选择"财务"选项，在"选择函数"列表框中选择"DDB"选项，单击"确定"按钮。

步骤 2 对于弹出的"函数参数"对话框，选择并设置 DDB 函数的参数值（注意参数"Life"选择"D8"后需要"*12"以保证和参数"Period"单位一致），单击"确定"按钮，计算"本月计提折旧额"，如图 7-45 所示。或者选中 I8 单元格，直接输入公式"=DDB(E8,F8,D8*12,H8)"，计算"本月计提折旧额"。

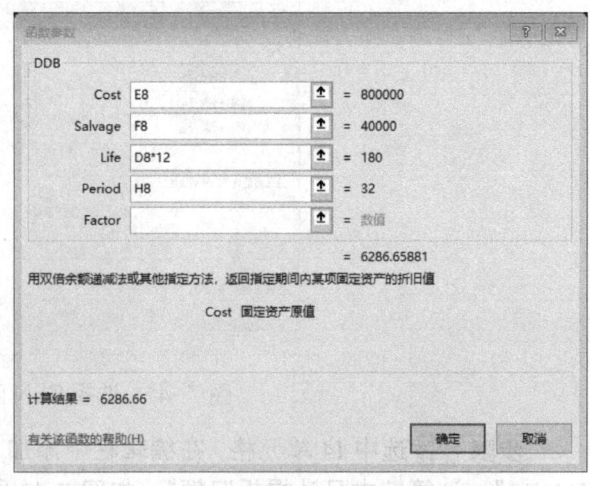

图 7-45　选择并设置 DDB 函数的参数值

第七章 Excel在固定资产管理中的应用

> **小贴士**
>
> ### DDB 函数与 VDB 函数
>
> 因为双倍余额递减法开始计提折旧时未考虑净残值，所以需要对固定资产使用到期前的剩余使用年限的折旧值进行调整，即在固定资产使用的最后几年，将双倍余额递减法转换为年限平均法计提折旧。这种方法适用于使用年限平均法计算的折旧值大于使用双倍余额递减法计算的折旧值的情况。
>
> DDB 函数用于返回指定期间内某项固定资产的折旧值，该函数的语法是：DDB (cost, salvage, life, period, [factor])。参数 cost、salvage、life 的含义与前文描述相同；参数 period 是指进行折旧计算的期次；参数 factor 是指余额递减速率，如果省略影响因素，则假定为 2（双倍余额递减法）。需要注意的是，period 必须使用与 life 相同的单位。
>
> VDB 函数用于返回指定的任何期间内（包括部分期间）某项固定资产的折旧值，该函数的语法是：VDB(cost, salvage, life, start period, end period, [factor], [no switch])。参数 cost、salvage、life 与 factor 的含义与前文描述相同；参数 start period 表示折旧计算的起始时间；end period 表示折旧计算的截止时间；no switch 是逻辑值，指定当折旧值大于余额递减计算值时是否转用年限平均法。

步骤 3 选中 J8 单元格，输入公式"=VDB(E8,F8,D8,0,INT(H8/12))+DDB(E8,F8,D8,INT(H8/12)+1)/12*MOD(H8,12)"，计算"至上月止累计折旧"。

步骤 4 选中 K8 单元格，输入公式"=E8-I8-J8"，计算"剩余价值"。资产编号为 C052 的固定资产的折旧信息如图 7-46 所示。

	A	B	C	D	E	F	G	H	I	J	K
1						固定资产折旧表					
2	当前日期	2022/3/1									
3	资产编号	资产名称	取得日期	预计使用年限	资产原值	预计资产残值	折旧方法	已计提月数	本月计提折旧额	至上月止累计折旧	剩余价值
4	B223	电脑	2019/5/1	7	7500	375	直线法	34	84.82	2883.93	4531.25
5	B221	打印机	2019/5/1	5	3500	140	直线法	34			
6	D045	仓库	2019/5/10	30	800000	40000	双倍余额递减法	33			
7	NV25	货车	2019/5/20	15	250000	12500	年数总和法	33			
8	C052	生产设备	2019/6/30	15	800000	40000	双倍余额递减法	32	6286.66	252523.46	541189.88

图 7-46 资产编号为 C052 的固定资产的折旧信息

四、年数总和法计提折旧

下面以资产编号为 NV32 的固定资产为例，演示用年数总和法计提折旧的操作步骤。

步骤 1 选中 I9 单元格，在"公式"选项卡下，单击"函数库"组内的"插入函数"按钮，对于弹出的"插入函数"对话框，在"或选择类别"下拉列表中选择"财务"选项，在"选择函数"列表框中选择"SYD"选项，单击"确定"按钮。

> **小贴士**
>
> ### SYD 函数
>
> SYD 函数用于返回某项固定资产按年限总和折旧法计算的每期折旧金额，该函数的语法是：SYD（cost, salvage, life, per）。参数 cost、salvage、life 的含义与前文描述相同，参数 per 是指进行折旧计算的期次。

Excel在财务中的应用

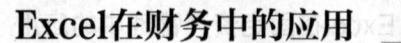

步骤 2 对于弹出的"函数参数"对话框,选择并设置 SYD 函数的参数值(注意参数"Life"选择"D9"后需要"*12"以保证和参数"Per"单位一致),单击"确定"按钮,计算"本月计提折旧额",如图 7-47 所示。或者选中 I9 单元格,直接输入公式"=SYD(E9,F9,D9*12,H9)",计算"本月计提折旧额"。

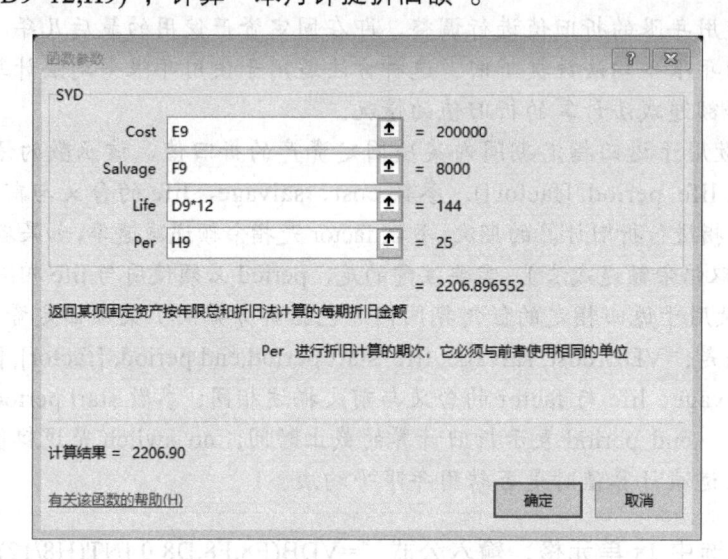

图 7-47 选择并设置 SYD 函数的参数值

步骤 3 选中 J9 单元格,输入公式"=SYD(E9,F9,D9,1)+SYD(E9,F9,D9, 2)+SYD(E9, F9,D9,3)–SYD(E9,F9,D9*12,H9)–SYD(E9,F9,D9*12,H9+1)",计算"至上月止累计折旧"。

步骤 4 选中 K9 单元格,输入公式"=E9-I9-J9",计算"剩余价值"。资产编号为 NV32 的固定资产的折旧信息如图 7-48 所示。

	A	B	C	D	E	F	G	H	I	J	K
1						固定资产折旧表					
2	当前日期	2022/3/1									
3	资产编号	资产名称	取得日期	预计使用年限	资产原值	预计资产残值	折旧方法	已计提月数	本月计提折旧额	至上月止累计折旧	剩余价值
4	B223	电脑	2019/5/1	7	7500	375	直线法	34	84.82	2883.93	4531.25
5	B221	打印机	2019/5/1	5	3500	140	直线法	34			
6	D045	仓库	2019/5/10	30	800000	40000	双倍余额递减法	33			
7	NV25	货车	2019/5/20	15	250000	12500	年数总和法	33			
8	C052	生产设备	2019/6/30	15	800000	40000	双倍余额递减法	32	6286.66	252523.46	541189.88
9	NV32	轿车	2020/2/1	12	200000	8000	年数总和法	25	2206.90	76835.37	120957.74

图 7-48 资产编号为 NV32 的固定资产的折旧信息

五、分析折旧费用

步骤 1 按照前述方法,将其他固定资产的折旧信息补充完整,效果如图 7-49 所示。

步骤 2 打开"固定资产折旧"工作表,选中任意一个数据单元格,在"插入"选项卡下,单击"表格"组内的"数据透视表"按钮,如图 7-50 所示。

第七章
Excel在固定资产管理中的应用

	A	B	C	D	E	F	G	H	I	J	K
1						固定资产折旧表					
2	当前日期	2022/3/1									
3	资产编号	资产名称	取得日期	预计使用年限	资产原值	预计资产残值	折旧方法	已计提月数	本月计提折旧额	至上月止累计折旧	剩余价值
4	B223	电脑	2019/5/1	7	7500	375	直线法	34	84.82	2883.93	4531.25
5	B221	打印机	2019/5/1	5	3500	140	直线法	34	56.00	1904.00	1540.00
6	D045	仓库	2019/5/10	30	800000	40000	双倍余额递减法	33	3718.73	137955.56	658325.72
7	NV25	货车	2019/5/20	15	250000	12500	年数总和法	33	2157.77	78824.05	169018.19
8	C052	生产设备	2019/6/30	15	800000	40000	双倍余额递减法	32	6286.66	252523.46	541189.88
9	NV32	轿车	2020/2/1	12	200000	8000	年数总和法	25	2206.90	76835.37	120957.74
10	A103	办公椅	2021/1/31	6	4000	200	直线法	13	52.78	686.11	3261.11

图 7-49　填制固定资产折旧表效果

步骤 3 对于弹出的"来自表格或区域的数据透视表"对话框，在"选择表格或区域"下的"表/区域"文本框中，选中该工作表中的所有数据区域，在"选择放置数据透视表的位置"选区中选中"新工作表"单选按钮，单击"确定"按钮，如图 7-51 所示。

步骤 4 此时系统会自动在工作表前面创建一个名为"Sheet1"的新工作表，将此表重命名为"折旧费用数据透视表"，新工作表具有数据透视表的基本框架，并在右侧弹出"数据透视表字段"窗格，如图 7-52 所示。

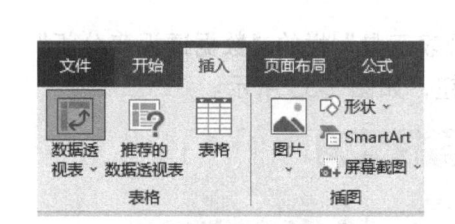

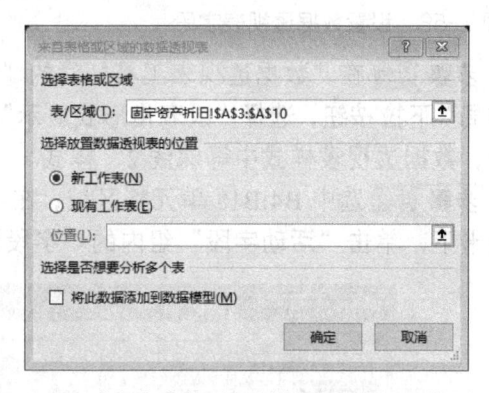

图 7-50　"数据透视表"按钮　　　　图 7-51　"来自表格或区域的数据透视表"对话框

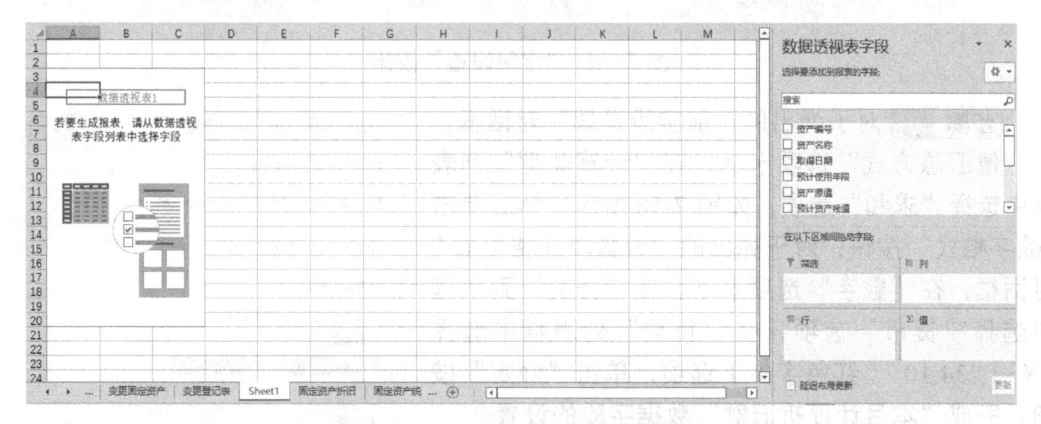

图 7-52　创建折旧费用数据透视表

步骤 5 在"数据透视表字段"窗格中，将"资产名称"和"资产编号"依次拖动至"行"下的空白框中，将"本月计提折旧额""至上月止累计折旧""剩余价值"依次拖动至"值"下的空白框中，操作如图 7-53 所示。创建好的折旧费用数据透视表如图 7-54 所示。

Excel在财务中的应用

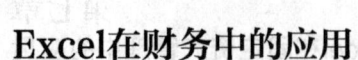

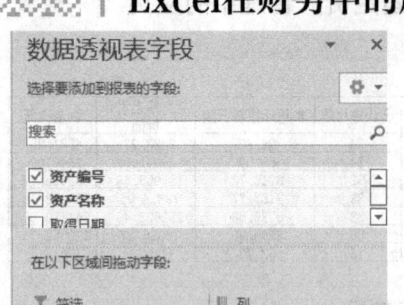

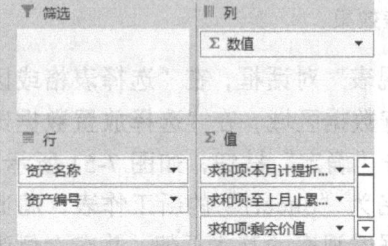

图 7-53 设置数据透视表字段

行标签	求和项:本月计提折旧额	求和项:至上月止累计折旧	求和项:剩余价值
办公椅	52.77777778	686.1111111	3261.111111
A103	52.77777778	686.1111111	3261.111111
仓库	3718.727111	137955.5556	658325.7173
D045	3718.727111	137955.5556	658325.7173
打印机	56	1904	1540
B221	56	1904	1540
电脑	84.82142857	2883.928571	4531.25
B223	84.82142857	2883.928571	4531.25
货车	2157.7655	78824.0485	169018.186
NV25	2157.7655	78824.0485	169018.186
轿车	2206.896552	76835.36693	120957.7365
NV32	2206.896552	76835.36693	120957.7365
生产设备	6286.65881	252523.4568	541189.8844
C052	6286.65881	252523.4568	541189.8844
总计	14563.64718	551612.4675	1498823.885

图 7-54 创建好的折旧费用数据透视表

步骤 6 在"数据透视表工具"栏的"设计"选项卡下，单击"布局"组内的"报表布局"下拉按钮，选择"以表格形式显示"选项，在"数据透视表样式"组内选择"浅蓝色，数据透视表样式中等深浅 2"样式。

步骤 7 选中 B4:B18 单元格区域，在"数据透视表工具"栏的"数据透视表分析"选项卡下，单击"活动字段"组内的"字段设置"按钮，如图 7-55 所示。

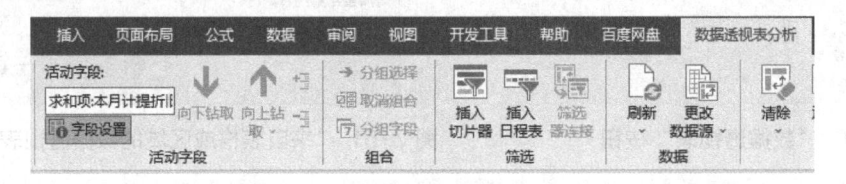

图 7-55 "字段设置"按钮

步骤 8 对于弹出的"值字段设置"对话框，在"值汇总方式"选项卡下，在"计算类型"列表框中选择"求和"选项，如图 7-56 所示，然后单击"数字格式"按钮；对于弹出的"设置单元格格式"对话框，在"数字"选项卡下，在"分类"列表框中选择"货币"选项，在"负数"列表框中选择"¥-1,234.10"（红色字体）选项，单击"确定"按钮，完成"本月计提折旧额"数据字段的设置。

步骤 9 使用格式刷将"本月计提折旧额"数据字段的格式复制到"至上月止累计折旧"和"剩余价值"数据字段中，完成折旧费用数据透视表的制作，如图 7-57 所示。

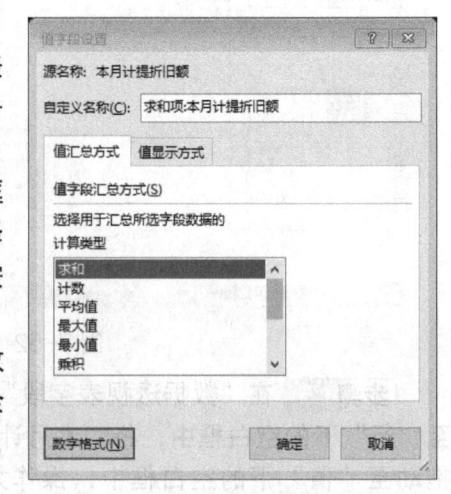

图 7-56 "值字段设置"对话框

第七章
Excel在固定资产管理中的应用

资产名称	资产编号	求和项:本月计提折旧额	求和项:至上月止累计折旧	求和项:剩余价值
⊟办公椅	A103	¥52.78	¥686.11	¥3,261.11
办公椅 汇总		¥52.78	¥686.11	¥3,261.11
⊟仓库	D045	¥3,718.73	¥137,955.56	¥658,325.72
仓库 汇总		¥3,718.73	¥137,955.56	¥658,325.72
⊟打印机	B221	¥56.00	¥1,904.00	¥1,540.00
打印机 汇总		¥56.00	¥1,904.00	¥1,540.00
⊟电脑	B223	¥84.82	¥2,883.93	¥4,531.25
电脑 汇总		¥84.82	¥2,883.93	¥4,531.25
⊟货车	NV25	¥2,157.77	¥78,824.05	¥169,018.19
货车 汇总		¥2,157.77	¥78,824.05	¥169,018.19
⊟轿车	NV32	¥2,206.90	¥76,835.37	¥120,957.74
轿车 汇总		¥2,206.90	¥76,835.37	¥120,957.74
⊟生产设备	C052	¥6,286.66	¥252,523.46	¥541,189.88
生产设备 汇总		¥6,286.66	¥252,523.46	¥541,189.88
总计		¥14,563.65	¥551,612.47	¥1,498,823.89

图 7-57 以表格形式显示的折旧费用数据透视表

本 章 实 训

（一）实训资料

SW 公司是一家生产农业大中型机械的企业，公司有运营部、财务部、人力资源部、采购部、销售部、金工车间、机装车间等部门。固定资产的归属部门使用固定资产并负责日常维护。目前，SW 公司固定资产的集中管理在财务部，每个固定资产都有一张卡片记录它的资产编号、资产名称、归属部门、开始使用日期、预计使用年限、增加方式、折旧方法、原值、净残值率等信息。SW 公司的固定资产分为房屋建筑、机械设备、运输工具、办公设备，它们的编码分别为 02、03、05、06，净残值率分别为 6%、5%、4%、3%。05 号固定资产预计总工作量为 400000 千米，本月工作量为 5000 千米。

SW 公司新增固定资产一览表如表 7-2 所示。

表 7-2 SW 公司新增固定资产一览表

资产编号	资产名称	归属部门	开始使用日期	预计使用年限（年）	增加方式	折旧方法	原值（元）	净残值率
02-01	厂房	机装车间	2020/5/10	30	自建	双倍余额递减法	750000	6%
03-02	车床	金工车间	2021/4/25	14	外购	年数总和法	180000	5%
05-03	货车	采购部	2021/5/20	10	租赁	工作量法	200000	4%
06-04	打印机	财务部	2021/9/10	5	外购	年限平均法	15000	3%

（二）实训要求

1. 创建固定资产参数表，录入固定资产的初始数据。
2. 计提 03 号和 05 号固定资产的折旧。

微课视频

第八章

Excel 在成本费用管理中的应用

➤ **知识目标：**

通过本章学习，要求学生了解分配辅助生产成本、分配制造费用及归及产品成本的方法，从而进行产品成本差异分析，学会日常费用的统计分析。

➤ **技能目标：**

通过本章学习，要求学生熟练掌握使用宏添加日常费用的申报登记信息，掌握通过数据透视表进行数据的汇总与分析，掌握通过阶梯图直观展示费用的变化情况，了解 ROUND 函数、LEFT 函数、SUM 函数等的应用场景。

➤ **思政目标：**

减税降费是实施积极的财政政策、支持市场主体纾困和发展的重要举措，是受益面最大的惠企政策。在以习近平同志为核心的党中央坚强领导下，近年来把推进规模性减税降费作为"先手棋"，"十三五"以来累计新增减税降费超过 8.6 万亿元，着力用政府收入的"减法"来换取企业效益的"加法"和市场活力的"乘法"，为稳定经济、优化结构注入了强劲动力。面对需求收缩、供给冲击、预期转弱的三重压力，按照党中央、国务院决策部署，2022 年要继续面向市场主体实施新的更大力度组合式减税降费，跟踪政策实施效果，及时研究解决企业反映的突出问题，帮助企业降低成本、轻装上阵、更好发展。延续实施 2021 年底到期的支持小微企业和个体工商户的减税降费措施。对企业自身来说，也要做好成本费用的管理工作，使有限的资源发挥最大效能。

本章从产品成本的统计分析和日常费用的统计分析两个方面说明如何利用 Excel 提高成本费用管理的效率。

第一节　产品成本的统计分析

▶ 数据源：

来顺公司是一家生产家用电器的中小型企业，是一家典型的制造业企业，生产的产品包括电视机、电冰箱、洗衣机、热水器和电锅。其生产部主要由一个基本生产车间和两个辅助生产车间（机修车间和供电车间）组成。公司 2022 年 6 月的制造费用合计 83000 元，机修车间和供电车间的待分配费用分别为 75000 元和 89000 元。产品成本计算采用品种法，辅助生产费用分配采用交互分配法。原材料在生产过程中一次领用，在产品按 50%的完工比例计算，制造费用按生产工人工资进行分配。生产部产品领料汇总表如表 8-1 所示。

表 8-1　生产部产品领料汇总表

原材料			生产电冰箱		生产电视机		生产洗衣机	
名称	单位	单价	数量	成本（元）	数量	成本（元）	数量	成本（元）
A 零配件	元/吨	29600	8	236800	3	88800	2	59200
B 零配件	元/吨	13500	4	54000	5	67500	1	13500
电阻控件	元/套	500	20	10000	15	7500	10	5000

生产部人员工资表如表 8-2 所示。

表 8-2　生产部人员工资表

部门	人员岗位	会计科目	工资总额（元）
生产部	电冰箱生产工人	生产成本	77070
生产部	电视机生产工人	生产成本	64225
生产部	洗衣机生产工人	生产成本	63000
生产部	热水器生产工人	生产成本	58000
生产部	电锅生产工人	生产成本	48000
生产部	管理人员	制造费用	40000
合计			350295

辅助生产车间劳务提供情况表如表 8-3 所示。

表 8-3　辅助生产车间劳务提供情况表

	生产电冰箱	生产电视机	生产洗衣机	机修车间	供电车间	合计
机修车间（小时）	50	20	30	—	700	800
供电车间（度）	70000	60000	55000	20000	—	205000

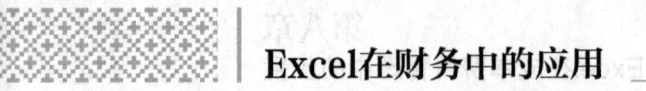

截至 2022 年 6 月底，电冰箱完工产品为 80 台，在产品为 15 台，月初在产品的直接材料成本、直接人工成本、辅助生产成本及制造费用的资金占用分别为 32000 元、7000 元、6000 元和 2000 元。

一、创建产品成本计算表

步骤 1 创建工作簿，将其保存为工作簿"成本费用管理.xlsx"。

步骤 2 将"Sheet1"工作表重命名为"产品成本"。

步骤 3 选中 A1 单元格，输入"产品成本计算表"，在 A2、A3、E2、E3、H3 单元格中分别输入"产成品数量："产品名称：""在产品数量：""2022 年 6 月""单位：元"字段。

步骤 4 在 A4:H4 单元格区域中依次输入"成本项目""月初在产品""本月生产费用""生产费用合计""约当产量""完工产品总成本""单位成本""月末在产品成本"字段；在 A5:A9 单元格区域中依次输入"直接材料""直接人工""辅助生产成本""制造费用""合计"字段；选中 A1:H1 单元格区域，在"开始"选项卡下，单击"对齐方式"组内的"合并后居中"按钮；选中 A4:H9 单元格区域，在"开始"选项卡下，单击"字体"组内的"边框"下拉按钮，选择"所有框线"选项，并调整格式。产品成本计算表界面如图 8-1 所示。

	A	B	C	D	E	F	G	H
1					产品成本计算表			
2	产成品数量：				在产品数量：			
3	产品名称：				2022年6月			单位：元
4	成本项目	月初在产品	本月生产费用	生产费用合计	约当产量	完工产品总成本	单位成本	月末在产品成本
5	直接材料							
6	直接人工							
7	辅助生产成本							
8	制造费用							
9	合计							

图 8-1 产品成本计算表界面

二、计算产品成本

（一）计算直接材料成本和直接人工成本

步骤 1 新建名为"直接材料"的工作表。

步骤 2 从 A1 单元格开始按照表 8-1 的布局和内容输入数据，选中 A1:I6 单元格区域，在"开始"选项卡下，单击"字体"组内的"边框"下拉按钮，选择"所有框线"选项，并调整格式。

步骤 3 选中 A6 单元格，输入"合计"；选中 E6 单元格，输入公式"=SUM(E3:E5)"；同理，选中 G6 单元格，输入公式"=SUM(G3:G5)"；选中 I6 单元格，输入公式"=SUM(I3:I5)"。计算得出的生产各产品的直接材料成本如图 8-2 所示。

步骤 4 新建名为"直接人工"的工作表。

第八章
Excel在成本费用管理中的应用

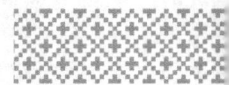

图 8-2　直接材料成本

步骤 5 从 A1 单元格开始按照表 8-2 的布局和内容输入数据，选中 A1:D8 单元格区域，在"开始"选项卡下，单击"字体"组内的"边框"下拉按钮，选择"所有框线"选项，并调整格式，如图 8-3 所示。

图 8-3　直接人工成本

（二）分配辅助生产成本

步骤 1 新建名为"分配辅助生产成本"的工作表。

> **小贴士**
>
> **交互分配法的内容**
>
> 交互分配法的常用方法是先在各辅助生产车间之间分配辅助生产费用，然后在辅助生产车间外的各部门进行分配，适用于各辅助生产车间之间提供的劳务量较多的情况。具体步骤及计算公式如下。
>
> （1）交互分配（即对内分配）
>
> 某辅助生产车间交互分配率=该辅助生产车间交互分配前的费用/该辅助生产车间提供的产品或劳务数量。某辅助生产车间交互分配转出费用=该辅助生产车间交互分配率*为其他辅助生产车间提供的产品或劳务数量。某辅助生产车间交互分配转入费用=∑（该辅助生产车间供应本车间的产品或劳务数量*该辅助生产车间交互分配率）。
>
> （2）对外分配
>
> 某辅助生产车间交互分配后的实际费用=该辅助生产车间交互分配前的费用+该辅助生产车间交互分配转入费用-该辅助生产车间交互分配转出费用。某辅助生产车间对外分配率=该辅助生产车间交互分配后的实际费用/该辅助生产车间对外提供的产品或劳务数量。某产品或车间、部门应分配的费用=该产品或车间、部门受益的劳务量*某辅助生产车间对外分配率。

步骤 2 从 A1 单元格开始按照表 8-3 的布局和内容输入数据，选中 A1:G3 单元格区域，在"开始"选项卡下，单击"字体"组内的"边框"下拉按钮，选择"所有框线"选项，并调整格式，如图 8-4 所示。

Excel在财务中的应用

	A	B	C	D	E	F	G
1		生产电冰箱	生产电视机	生产洗衣机	机修车间	供电车间	合计
2	机修车间（小时）	50	20	30		700	800
3	供电车间（度）	70000	60000	55000	20000		205000

图 8-4　辅助生产车间劳务提供情况

步骤 3　选中 A5 单元格，输入"辅助生产成本分配表"；在 A6、C6、F6 单元格中分别输入"项目""交互分配""对外分配"字段；在 C7:H7 单元格区域中依次输入"机修车间""供电车间""合计""机修车间""供电车间""合计"字段；在 A8:A22 单元格区域中依次输入"待分配费用""劳务供应量""分配率""机修车间""供电车间""分配合计""生产电冰箱""生产电视机""生产洗衣机""合计"字段；在 B11 和 B12、B13 和 B14、B16 和 B17、B18 和 B19、B20 和 B21 单元格中都分别输入"数量"和"金额"；合并相关单元格，设置相关单元格"合并后居中"；选中 A5:H22 单元格区域，在"开始"选项卡下，单击"字体"组内的"边框"下拉按钮，选择"所有框线"选项，并调整格式。辅助生产成本分配表界面如图 8-5 所示。

	A	B	C	D	E	F	G	H
5			辅助生产成本分配表					
6			交互分配			对外分配		
7	项目		机修车间	供电车间	合计	机修车间	供电车间	合计
8	待分配费用							
9	劳务供应量							
10	分配率							
11	机修车间	数量						
12		金额						
13	供电车间	数量						
14		金额						
15	分配合计							
16	生产电冰箱	数量						
17		金额						
18	生产电视机	数量						
19		金额						
20	生产洗衣机	数量						
21		金额						
22	合计							

图 8-5　辅助生产成本分配表界面

步骤 4　在 C8 和 D8 单元格中分别输入机修车间的待分配费用"75000"和供电车间的待分配费用"89000"。选中 C9 单元格，输入公式"=G2"，选中 D9 单元格，输入公式"=G3"，引用得到两个车间的"劳务供应量"，如图 8-6 所示。

	A	B	C	D	E	F	G
1		生产电冰箱	生产电视机	生产洗衣机	机修车间	供电车间	合计
2	机修车间（小时）	50	20	30		700	800
3	供电车间（度）	70000	60000	55000	20000		205000
4							
5			辅助生产成本分配表				
6			交互分配			对外分配	
7	项目		机修车间	供电车间	合计	机修车间	供电车间
8	待分配费用		75000	89000			
9	劳务供应量		800	205000			

图 8-6　引用得到两个车间的"劳务供应量"

步骤 5　选中 C10 单元格，输入公式"=C8/C9"，计算机修车间交互分配率；选中 D10 单元格，输入公式"=D8/D9"，计算供电车间交互分配率，如图 8-7 所示。

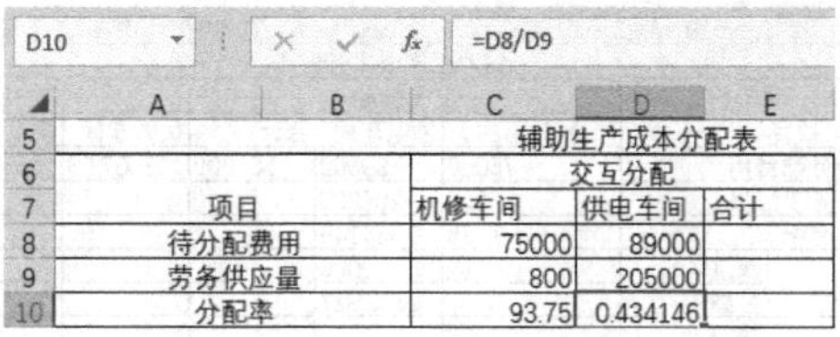

第八章 Excel在成本费用管理中的应用

图 8-7 输入机修车间交互分配率的计算公式

步骤 6 选中 E8 单元格,输入公式"=SUM(C8:D8)",计算交互分配的合计待分配费用。

步骤 7 选中 C13 单元格,输入公式"=F2",引用供电车间占用机修车间的资源;选中 C14 单元格,输入公式"=C13*C10",计算资源占用对应的金额,即机修车间交互分配转出费用,如图 8-8 所示。

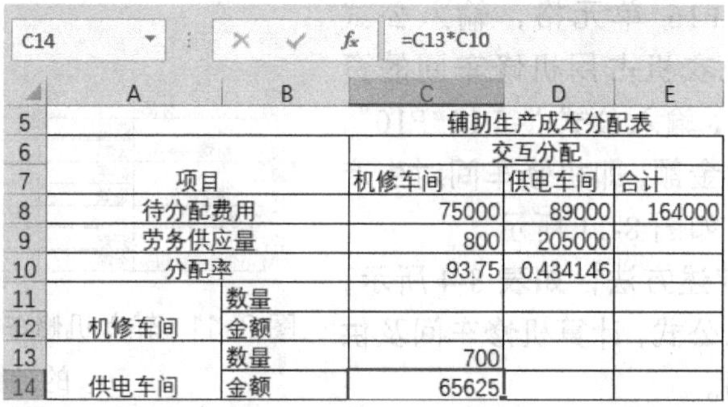

图 8-8 输入机修车间交互分配转出费用的计算公式

步骤 8 选中 D11 单元格,输入公式"=E3",引用机修车间占用供电车间的资源;选中 D12 单元格,输入公式"=D11*D10",计算资源占用对应的金额,即供电车间交互分配转出费用,如图 8-9 所示。

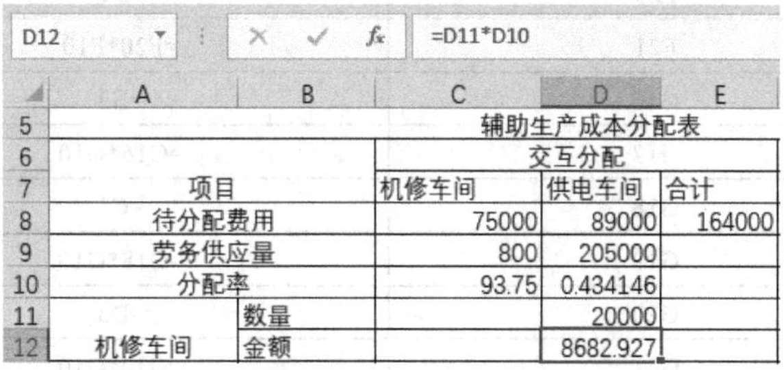

图 8-9 输入供电车间交互分配转出费用的计算公式

步骤 9 选中 C15 单元格,输入公式"=C8-C14+D12";选中 D15 单元格,输入公式"=D8-D12+C14"。

步骤 10 选中 E15 单元格,输入公式"=SUM(C15:D15)"。

步骤 11 选中 F8 单元格,输入公式"=C15",单击鼠标左键并拖动右下角的填充柄至 G8 单元格,完成公式填充,得到对外分配的待分配费用,如图 8-10 所示;选中 H8 单元格,输入公式"=SUM(F8:G8)",计算对外分配的合计待分配费用。

Excel在财务中的应用

图 8-10　得到对外分配的待分配费用

步骤 12 选中 F9 单元格，输入公式"=C9-C13"，按照前述方法，选中 G9 单元格，输入公式"=D9-D11"，计算对外分配的劳务供应量。

步骤 13 选中 F10 单元格，输入公式"=F8/F9"，按照前述方法，选中 G10 单元格，输入公式"=G8/G9"，计算对外分配率。

步骤 14 选中 F16 单元格，输入公式"=B2"，引用生产洗衣机占用机修车间的资源；选中 F17 单元格，输入公式"=F16*F10"，计算资源占用对应的金额，即机修车间对生产电冰箱分配的费用，如图 8-11 所示。

步骤 15 按照前述方法，如表 8-4 所示，在相应单元格中输入公式，计算机修车间及供电车间对外分配费用。

图 8-11　输入机修车间对电冰箱分配的费用的计算公式

表 8-4　对外分配费用的计算公式表

单元格	公式
F18	=C2
F19	=F18*F10
F20	=D2
F21	=F20*F10
G16	=B3
G17	=G16*G10
G18	=C3
G19	=G18*G10
G20	=D3
G21	=G20*G10

步骤 16 分别选中 F22、G22、H22、H17、H19、H21 单元格，输入表 8-5 中的公式，计算求和。

表 8-5　对外分配费用求和的计算公式表

单元格	公式
F22	=F17+F19+F21
G22	=G17+G19+G21

续表

单元格	公式
H22	=SUM(F22:G22)
H17	=SUM(F17:G17)
H19	=SUM(F19:G19)
H21	=SUM(F21:G21)

步骤 17 编制完成的辅助生产成本分配表效果如图 8-12 所示。

图 8-12 辅助生产成本分配表效果

（三）分配制造费用

步骤 1 新建名为"分配制造费用"的工作表。

步骤 2 选中 A1 单元格，输入"制造费用分配表"；在 A2:D2 单元格区域中依次输入"产品名称""工资总额""分配率""分配金额"字段；选中 A8 单元格，输入"合计"字段；选中 A1:D1 单元格区域，在"开始"选项卡下，单击"对齐方式"组内的"合并后居中"按钮；选中 A1:D8 单元格区域，在"开始"选项卡下，单击"字体"组内的"边框"下拉按钮，选择"所有框线"选项，并调整格式。制造费用分配表界面如图 8-13 所示。

步骤 3 选中 A3 单元格，输入公式"=LEFT(直接人工!B2,3)"，单击鼠标左键并拖动右下角的填充柄至 A6 单元格，完成公式填充，如图 8-14 所示。

图 8-13 制造费用分配表界面

图 8-14 输入公式并完成公式填充

按照前述方法，选中 A7 单元格，输入公式"=LEFT(直接人工!B6,2)"，完成产品名称的引用。

Excel在财务中的应用

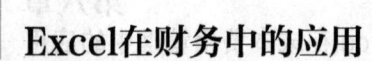

步骤 4 选中 B3 单元格，输入公式"=直接人工!D2"，如图 8-15 所示。

步骤 5 选中 B3 单元格，单击鼠标左键并拖动右下角的填充柄至 B7 单元格，完成公式填充；选中 B8 单元格，输入公式"=SUM(B3:B7)"。

步骤 6 选中 C3:C8 单元格区域，在"开始"选项卡下，单击"对齐方式"组内的"合并后居中"按钮，输入公式"=83000/B8"。

步骤 7 选中 C3 单元格，在"开始"选项卡下，单击"数字"组内的"百分比"按钮。

步骤 8 选中 D3 单元格，输入公式"=B3*$C$3"，计算电冰箱制造费用分配金额，如图 8-16 所示。

图 8-15 输入电冰箱生产工人工资总额的计算公式　　图 8-16 输入电冰箱制造费用分配金额的计算公式

步骤 9 选中 D3 单元格，单击鼠标左键并拖动右下角的填充柄至 D8 单元格，完成公式填充。编制完成的制造费用分配表效果如图 8-17 所示。

（四）归及产品成本

下面以电冰箱为例，演示归及产品成本的操作步骤。

步骤 1 打开"产品成本"工作表，选中 B5:H9 单元格区域，单击鼠标右键，选择"设置单元格格式"

图 8-17 制造费用分配表效果

命令，在"数字"选项卡下，选择"分类"列表框中的"会计专用"选项，设置"货币符号（国家/地区）"为"无"，单击"确定"按钮。

步骤 2 按照数据源中的信息，在 B2、B3、F2 单元格中分别输入"80""电冰箱""15"，将电冰箱月初在产品的直接材料成本、直接人工成本、辅助生产成本及制造费用的资金占用数据分别输入 B5、B6、B7 和 B8 单元格中；选中 B9 单元格，输入公式"=SUM(B5:B8)"。

步骤 3 分别选中 C5、C6、C7、C8、C9 单元格，输入表 8-6 中的公式，计算每个成本项目下电冰箱的本月生产费用。

表 8-6 每个成本项目下电冰箱的本月生产费用的计算公式表

单元格	公式
C5	=直接材料!E6
C6	=直接人工!D2
C7	=分配辅助生产成本!H17

续表

单元格	公式
C8	=分配制造费用!D3
C9	=SUM(C5:C8)

步骤 4 选中 D5 单元格,输入公式"=B5+C5",计算直接材料项目下电冰箱的生产费用合计,如图 8-18 所示。

	A	B	C	D
4	成本项目	月初在产品	本月生产费用	生产费用合计
5	直接材料	32,000.00	300,800.00	332,800.00

图 8-18 输入直接材料项目下电冰箱的生产费用合计的计算公式

步骤 5 分别选中 E5、E6、E7、E8 单元格,输入表 8-7 中的公式,计算每个成本项目下电冰箱的本月约当产量。

表 8-7 每个成本项目下电冰箱的本月约当产量的计算公式表

单元格	公式
E5	=B2+F2
E6	=$B$2+$F$2*50%
E7	=$B$2+$F$2*50%
E8	=$B$2+$F$2*50%

步骤 6 选中 F5 单元格,输入公式"=D5/E5*$B$2",计算直接材料项目下电冰箱的完工产品总成本,如图 8-19 所示。

	A	B	C	D	E	F
1				产品成本计算表		
2	产成品数量:	80			在产品数量:	15
3	产品名称:	电冰箱			2022年6月	
4	成本项目	月初在产品	本月生产费用	生产费用合计	约当产量	完工产品总成本
5	直接材料	32,000.00	300,800.00	332,800.00	95.00	280,252.63

图 8-19 输入直接材料项目下电冰箱的完工产品总成本的计算公式

步骤 7 选中 G5 单元格,输入公式"=F5/$B$2",计算直接材料项目下电冰箱的单位成本,如图 8-20 所示。

	A	B	C	D	E	F	G
1				产品成本计算表			
2	产成品数量:	80			在产品数量:	15	
3	产品名称:	电冰箱			2022年6月		
4	成本项目	月初在产品	本月生产费用	生产费用合计	约当产量	完工产品总成本	单位成本
5	直接材料	32,000.00	300,800.00	332,800.00	95.00	280,252.63	3,503.16

图 8-20 输入直接材料项目下电冰箱的单位成本的计算公式

Excel在财务中的应用

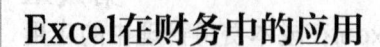

步骤 8 选中 H5 单元格，输入公式"=D5-F5"，计算直接材料项目下电冰箱的月末在产品成本。

步骤 9 分别选中 D5 单元格、F5:H5 单元格区域，单击鼠标左键并拖动右下角的填充柄至第 8 行，如图 8-21 所示。

	C	D	E	F	G	H
4	本月生产费用	生产费用合计	约当产量	完工产品总成本	单位成本	月末在产品成本
5	300,800.00	332,800.00	95.00	280,252.63	3,503.16	52,547.37
6	77,070.00	84,070.00	87.50	76,864.00	960.80	7,206.00
7	64,250.29	70,250.29	87.50	64,228.84	802.86	6,021.45
8	20,615.25	22,615.25	87.50	20,676.80	258.46	1,938.45

图 8-21　填充结果

步骤 10 选中 F9 单元格，输入公式"=SUM（F5:F8）"；选中 G9 单元格，输入公式"=SUM(G5:G8)"，计算本月生产电冰箱的单位成本，如图 8-22 所示。

G9		× √ fx	=SUM(G5:G8)				
	A	B	C	D	E	F	G
4	成本项目	月初在产品	本月生产费用	生产费用合计	约当产量	完工产品总成本	单位成本
5	直接材料	32,000.00	300,800.00	332,800.00	95.00	280,252.63	3,503.16
6	直接人工	7,000.00	77,070.00	84,070.00	87.50	76,864.00	960.80
7	辅助生产成本	6,000.00	64,250.29	70,250.29	87.50	64,228.84	802.86
8	制造费用	2,000.00	20,615.25	22,615.25	87.50	20,676.80	258.46
9	合计	47,000.00		462,735.54		442,022.27	5,525.28

图 8-22　"产品单位成本"计算公式

步骤 11 选中 H9 单元格，输入公式"=SUM（H5:H8）"。编制完成的产品成本计算表效果如图 8-23 所示。

	A	B	C	D	E	F	G	H
1				产品成本计算表				
2	产成品数量：	80			在产品数量：	15		
3	产品名称：	电冰箱			2022年6月			单位：元
4	成本项目	月初在产品	本月生产费用	生产费用合计	约当产量	完工产品总成本	单位成本	月末在产品成本
5	直接材料	32,000.00	300,800.00	332,800.00	95.00	280,252.63	3,503.16	52,547.37
6	直接人工	7,000.00	77,070.00	84,070.00	87.50	76,864.00	960.80	7,206.00
7	辅助生产成本	6,000.00	64,250.29	70,250.29	87.50	64,228.84	802.86	6,021.45
8	制造费用	2,000.00	20,615.25	22,615.25	87.50	20,676.80	258.46	1,938.45
9	合计	47,000.00		462,735.54		442,022.27	5,525.28	67,713.27

图 8-23　产品成本计算表效果

三、分析产品成本差异

（一）编制产品成本差异情况分析表

假设计划生产一台电冰箱的直接材料成本、直接人工成本、辅助生产成本、制造费用分别为 2800 元、870 元、780 元、280 元。下面以电冰箱为例，演示进行产品成本差异分析的操作步骤。

步骤 1 打开"产品成本"工作表。

步骤 2 选中 A11 单元格，输入"产品成本差异情况分析"；在 A12:F13 单元格区域中依次输入"成本项目""计划单位成本""实际单位成本""成本差异情况""各成本

第八章 Excel在成本费用管理中的应用

项目对单位成本的影响""差异额""差异率"字段；选中 A11:F11 单元格区域，在"开始"选项卡下，单击"对齐方式"组内的"合并后居中"按钮；选中 A11:F18 单元格区域，在"开始"选项卡下，单击"字体"组内的"边框"下拉按钮，选择"所有框线"选项，合并相关单元格并调整格式。产品成本差异情况分析表界面如图 8-24 所示。

	A	B	C	D	E	F
11	产品成本差异情况分析					
12	成本项目	计划单位成本	实际单位成本	成本差异情况		各成本项目对单位成本的影响
13				差异额	差异率	
14						
15						
16						
17						
18						

图 8-24　产品成本差异情况分析表界面

步骤 3　将 A5:A9 单元格区域中的内容复制、粘贴到 A14:A18 单元格区域，粘贴时选择"选择性粘贴"下拉列表中的"粘贴链接"选项。

步骤 4　在 B14:B17 单元格区域中输入每个成本项目下计划单位成本的已知信息；选中 B18 单元格，输入公式"=SUM(B14:B17)"，计算计划单位成本合计。

将 G5:G9 单元格区域中的内容复制、粘贴到 C14:C18 单元格区域，粘贴时选择"选择性粘贴"下拉列表中的"粘贴链接"选项，效果如图 8-25 所示。

	A	B	C
12	成本项目	计划单位成本	实际单位成本
13			
14	直接材料	2800	3,503.16
15	直接人工	870	960.80
16	辅助生产成本	780	802.86
17	制造费用	280	258.46
18	合计	4730	5,525.28

图 8-25　粘贴效果

步骤 5　选中 E14:F18 单元格区域，在"开始"选项卡下，单击"数字"组内的"百分比"按钮。

步骤 6　选中 D14 单元格，输入公式"=C14-B14"，计算"差异额"。

步骤 7　选中 E14 单元格，输入公式"=D14/B14"，计算"差异率"。

步骤 8　选中 F14 单元格，输入公式"=D14/$B$18"，计算"各成本项目对单位成本的影响"。

步骤 9　选中 D14:F14 单元格区域，单击鼠标左键并拖动右下角的填充柄至第 18 行，完成产品成本差异情况分析表的编制，效果如图 8-26 所示。

	A	B	C	D	E	F
11	产品成本差异情况分析					
12	成本项目	计划单位成本	实际单位成本	成本差异情况		各成本项目对单位成本的影响
13				差异额	差异率	
14	直接材料	2800	3,503.16	703.16	25.11%	14.87%
15	直接人工	870	960.80	90.80	10.44%	1.92%
16	辅助生产成本	780	802.86	22.86	2.93%	0.48%
17	制造费用	280	258.46	-21.54	-7.69%	-0.46%
18	合计	4730	5,525.28	795.28	16.81%	16.81%

图 8-26　产品成本差异情况分析表效果

Excel在财务中的应用

从产品成本差异情况分析表可以看出，电冰箱的实际单位成本比计划单位成本超支了795.28元，超支率为16.81%，超支原因主要是直接材料超支。

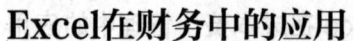

（二）绘制成本差异分析图

步骤 1 打开"产品成本"工作表，按住"Ctrl"键，依次选中 A12:A17 单元格区域、B12:B17 单元格区域、C12:C17 单元格区域，在"插入"选项卡下，单击"图表"组内的"推荐的图表"按钮。

步骤 2 对于弹出的"插入图表"对话框，在"所有图表"选项卡下，选择"带数据标记的折线图"选项，如图 8-27 所示。生成的初始折线图如图 8-28 所示。

步骤 3 选中左侧的垂直轴区域，单击鼠标右键，选择"设置坐标轴格式"命令，弹出"设置坐标轴格式"窗格，将"单位"的最"大"值改为"500"，如图 8-29 所示。

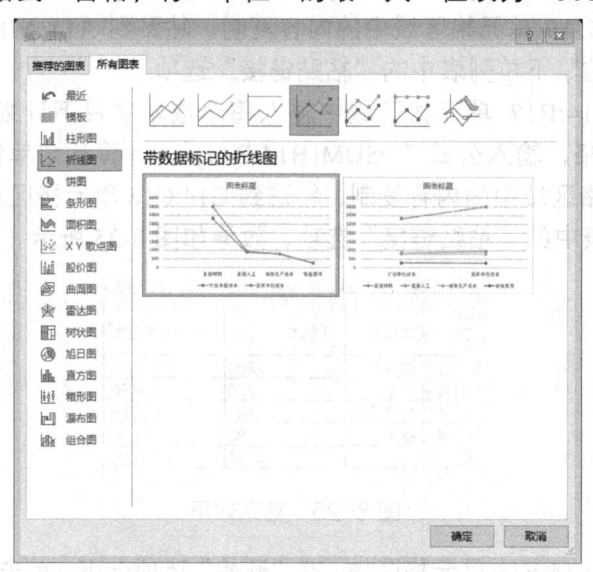

图 8-27 "插入图表"对话框

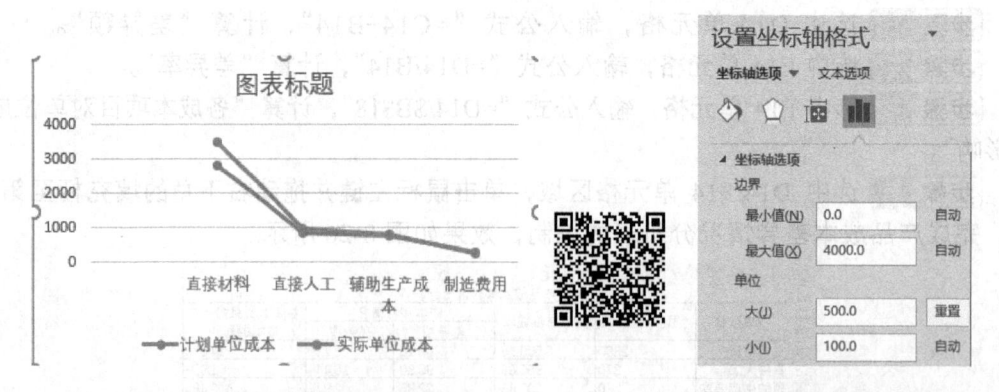

图 8-28 生成的初始折线图   图 8-29 "设置坐标轴格式"窗格

步骤 4 单击"图表标题"所在的文本框，输入"电冰箱成本差异分析图"，调整折线图的大小，效果如图 8-30 所示。

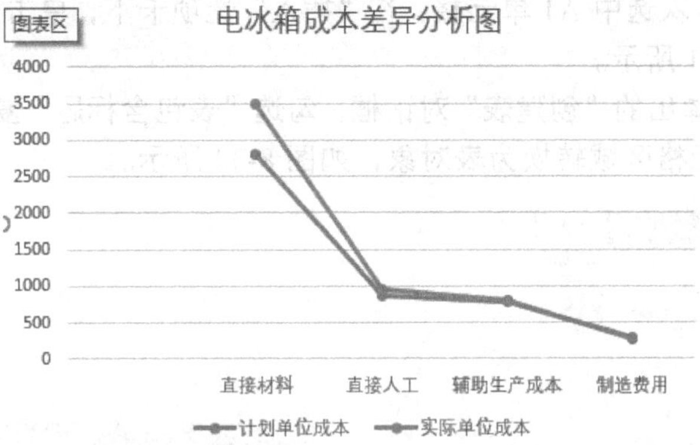

图 8-30 “电冰箱成本差异分析图”效果

第二节 日常费用的统计分析

➘ 数据源：

来顺公司由行政部、财务部、销售部、生产部、人力资源部、研发部 6 个部门组成。假设公司 2021 年 7 月的日常费用预算是 30000 元。来顺公司 2021 年 7 月日常费用申报情况表如表 8-8 所示。

表 8-8 来顺公司 2021 年 7 月日常费用申报情况表

日期	经办人	业务部门	费用类别	金额（元）	用途
2021/7/7	王可	行政部	低值易耗品购置费	500	购买录音笔
2021/7/8	张兴	行政部	办公费	3600	资料印刷费
2021/7/10	张爽	人力资源部	差旅费	1890	北京出差
2021/7/11	孟宁	人力资源部	交通费	300	市内调研出租费
2021/7/12	孟宁	人力资源部	培训费	2680	邀请培训机构导师授课
2021/7/13	田明	研发部	办公费	1800	资料费
2021/7/14	刘文	销售部	业务招待费	3600	部委检查团
2021/7/17	孙志	销售部	差旅费	4800	上海出差
2021/7/25	李丽	财务部	办公费	12600	购买电脑

一、创建参数表

（一）创建日常费用参数表

步骤 1 将工作簿“成本费用管理.xlsx”另存为“成本费用管理.xlsm”。

步骤 2 新建名为“日常费用参数”的工作表。

步骤 3 选中 A1 单元格，输入“部门类别”，在 A2:A7 单元格区域中依次输入所

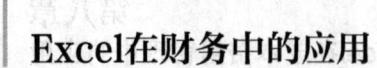

设定的类别内容，再次选中 A1 单元格，在"插入"选项卡下，单击"表格"组内的"表格"按钮，如图 8-31 所示。

步骤 4 对于弹出的"创建表"对话框，勾选"表包含标题"复选框，单击"确定"按钮，将指定的单元格区域转换为表对象，如图 8-32 所示。

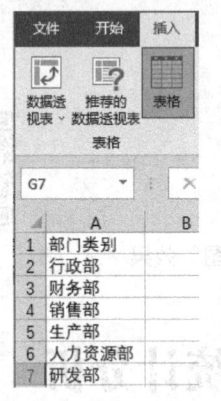

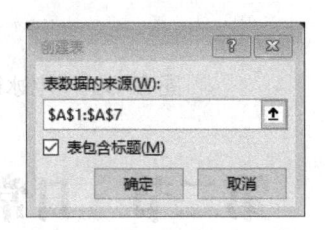

图 8-31 "表格"按钮　　　　图 8-32 "创建表"对话框

步骤 5 在"表设计"选项卡下，在"属性"组内的"表名称"文本框中输入"部门类别"。

步骤 6 选中 C1 单元格，输入"费用类别"，在 C2:C8 单元格区域中依次输入所设定的类别内容，再次选中 C1 单元格，在"插入"选项卡下，单击"表格"组内的"表格"按钮。

步骤 7 对于弹出的"创建表"对话框，勾选"表包含标题"复选框，单击"确定"按钮，将指定的单元格区域转换为表对象，如图 8-33 所示。

步骤 8 在"表设计"选项卡下，在"属性"组内的"表名称"文本框中输入"费用类别"。完成表对象的设置，设置的日常费用参数信息如图 8-34 所示。

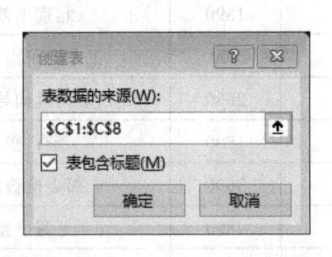

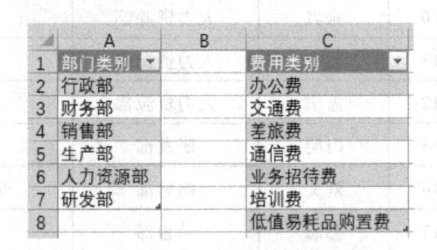

图 8-33 "创建表"对话框　　　　图 8-34 日常费用参数信息

（二）定义列名称

步骤 1 选中 A1 单元格，在"公式"选项卡下，单击"定义的名称"组内的"定义名称"按钮。

步骤 2 对于弹出的"新建名称"对话框，在"名称"文本框中输入"部门"，单击"引用位置"文本框，选中 A2:A7 单元格区域，单击"确定"按钮，完成"部门类别"所指向的单元格区域设置，如图 8-35 所示。

步骤 3 按照前述方法，将"日常费用参数"工作表中的 C2:C8 单元格区域设置为"费用"名称，如图 8-36 所示。

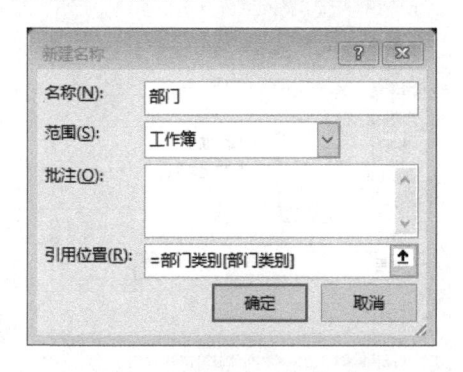

图 8-35 "新建名称"对话框 1

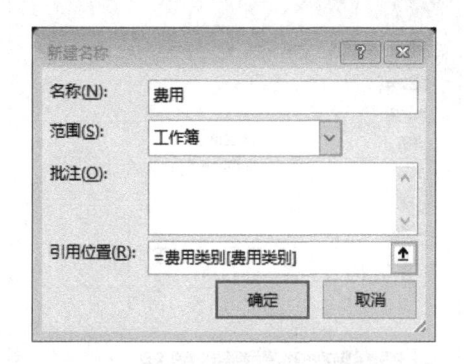

图 8-36 "新建名称"对话框 2

二、创建费用汇总报销单

步骤 1 新建名为"费用汇总报销单"的工作表。

步骤 2 选中 A1 单元格，输入"费用汇总报销单"；在 A2:G2 单元格区域中依次输入"报销部门""报销日期""费用类别""金额""备注""报销人""附件张数"字段；选中 A1:G1 单元格区域，在"开始"选项卡下，单击"对齐方式"组内的"合并后居中"按钮；选中 A1:G7 单元格区域，在"开始"选项卡下，单击"字体"组内的"边框"下拉按钮，选择"所有框线"选项，并调整格式。费用汇总报销单界面如图 8-37 所示。

图 8-37 费用汇总报销单界面

步骤 3 选中 B3:B7 单元格区域，单击鼠标右键，选择"设置单元格格式"命令，在"数字"选项卡下，选择"分类"列表框中的"日期"选项，在"类型"列表框中选择"2012/3/14"日期格式，单击"确定"按钮。

步骤 4 选中 A3:A7 单元格区域，在"数据"选项卡下，单击"数据工具"组内的"数据验证"按钮。

步骤 5 对于弹出的"数据验证"对话框，在"设置"选项卡下，在"允许"下拉列表中选择"序列"选项，在"来源"文本框中输入"=部门"，单击"确定"按钮，完成"报销部门"的数据验证，如图 8-38 所示。

步骤 6 按照前述方法，选中 C3:C7 单元格区域，在"数据"选项卡下，单击"数据工具"组内的"数据验证"按钮，对于弹出的"数据验证"对话框，在"设置"选项卡下，在"允许"下拉列表中选择"序列"选项，在"来源"文本框中输入"=费用"，

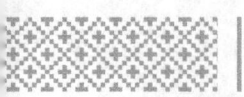

单击"确定"按钮,完成"费用类别"的数据验证,如图 8-39 所示。

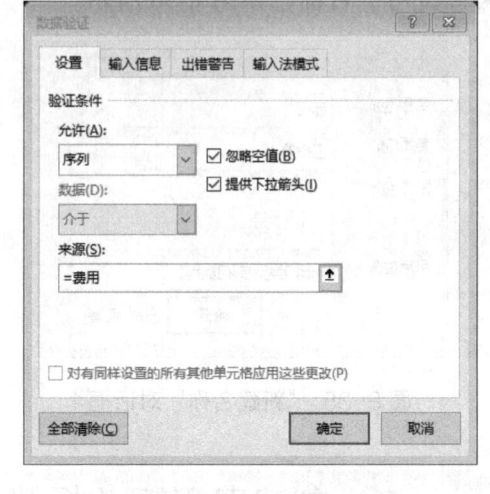

图 8-38 "数据验证"对话框 1　　　　图 8-39 "数据验证"对话框 2

步骤 7 将表 8-8 中的第一笔费用申报添加到费用汇总报销单中,效果如图 8-40 所示。

	A	B	C	D	E	F	G
1	费用汇总报销单						
2	报销部门	报销日期	费用类别	金额	备注	报销人	附件张数
3	行政部	2021/7/7	低值易耗品购置费	500	购买录音笔	王可	2

图 8-40 第一笔费用申报登记

三、编制日常费用统计表

(一)创建日常费用统计表

步骤 1 新建名为"日常费用统计表"的工作表。

步骤 2 在 A2:I2 单元格区域中依次输入"序号""报销部门""报销日期""费用类别""金额""备注""报销人""本月预算""余额"字段。

步骤 3 选中 A2 单元格,在"插入"选项卡下,单击"表格"组内的"表格"按钮,对于弹出的"创建表"对话框,勾选"表包含标题"复选框,单击"确定"按钮,将指定的单元格区域转换为表对象,如图 8-41 所示。

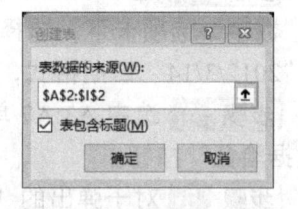

图 8-41 "创建表"对话框

步骤 4 在"表设计"选项卡下,在"属性"组内的"表名称"文本框中输入"fytj"。

步骤 5 选中 H3 单元格,输入公司的日常费用预算"30000";选中 J2 单元格,输入"余额",因为"余额"的公式并不统一,所以不能在一个表对象内;选中 J3 单元格,输入公式"=fytj[@本月预算]",并隐藏 I 列,如图 8-42 所示。

第八章
Excel在成本费用管理中的应用

图 8-42 输入"余额"的计算公式

步骤 6 选中 A3 单元格，输入公式"=IF(B3="","",MAX(A$2:A2)+1)"，如图 8-43 所示。

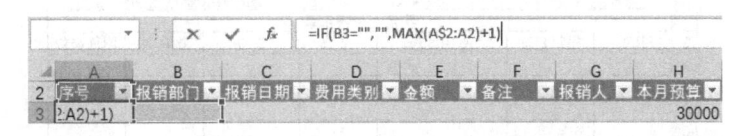

图 8-43 输入"序号"的计算公式

（二）录制宏

步骤 1 打开"费用汇总报销单"工作表，在"开发工具"选项卡下，单击"控件"组内的"插入"下拉按钮，选择"表单控件"列表中的"按钮（窗体控件）"选项，如图 8-44 所示。

步骤 2 单击 G8 单元格，对于弹出的"指定宏"对话框，直接单击"确定"按钮，生成"按钮 1"，双击按钮将其重命名为"添加"，如图 8-45 示。

图 8-44 选择"按钮（窗体控件）"选项　　图 8-45 创建"添加"按钮

步骤 3 在"开发工具"选项卡下，单击"代码"组内的"录制宏"按钮，对于弹出的"录制宏"对话框，在"宏名"文本框输入"日常费用统计"，单击"确定"按钮，开始录制宏，如图 8-46 示。

步骤 4 选中 A3:F3 单元格区域，单击鼠标右键，选择"复制"命令，完成对指定单元格区域的复制。

步骤 5 打开"日常费用统计表"工作表，选中 A2 单元格，在"开发工具"选项卡下，单击"代码"组内的"使用相对引用"按钮，将录制模式设置为相对模式。

图 8-46 "录制宏"对话框

步骤 6 选中 A2 单元格，按"Ctrl+向下方向键"组合键，再按一次"向下方向键"，再按一次"向右方向键"，单击鼠标右键，选择"选择性粘贴"下拉列表中的"值"选项。

步骤 7 在"开发工具"选项卡下，再次单击"代码"组内的"使用相对引用"按钮，将录制模式设置为绝对模式。

步骤 8 打开"费用汇总报销单"工作表，删除 A3:G3 单元格区域中已经登记的内容，效果如图 8-47 所示。

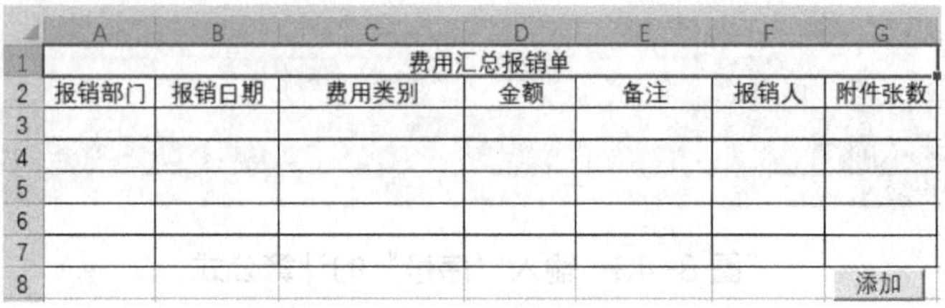

图 8-47 使用宏添加信息模板

步骤 9 在"开发工具"选项卡下，单击"代码"组内的"停止录制"按钮，完成宏的录制。

步骤 10 在"添加"按钮上单击鼠标右键，选择"指定宏"命令，对于弹出的"指定宏"对话框，在"宏名"文本框中选择"日常费用统计"选项，单击"确定"按钮，完成"指定宏"对话框的设置，如图 8-48 所示。

步骤 11 打开"日常费用统计表"工作表，选中 C 列，单击鼠标右键，选择"设置单元格格式"命令，在"数字"选项卡下，选择"分类"列表框中的"日期"选项，在"类型"列表框中选择"2012-03-14"日期格式，单击"确定"按钮。

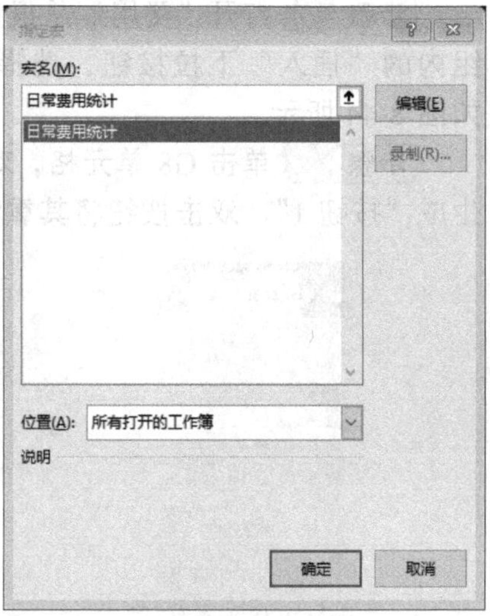

图 8-48 "指定宏"对话框

（三）使用宏添加费用申报登记信息

步骤 1 打开"费用汇总报销单"工作表，将本月第二笔费用申报登记。

步骤 2 单击"添加"按钮，打开"日常费用统计表"工作表，即可看到第二笔费用申报已登记，效果如图 8-49 所示。

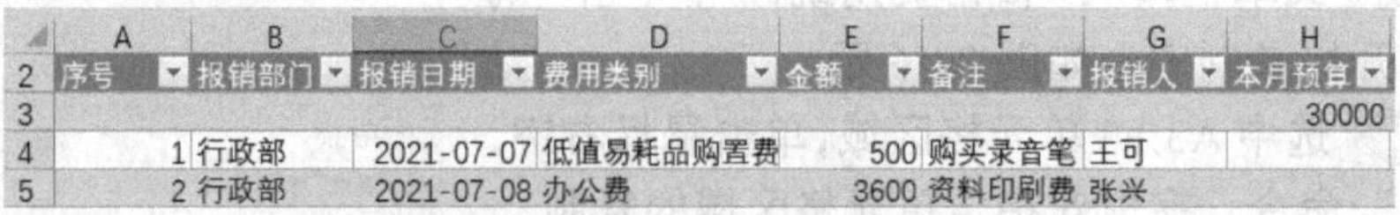

图 8-49 使用宏添加登记信息效果

步骤 3 按照前述方法，将表 8-1 中的其他费用申报逐一登记；选中 J4 单元格，输入公式"=J3-fytj[@金额]"，单击鼠标左键并拖动右下角的填充柄至 J12 单元格。日常费用统计表最终效果如图 8-50 所示。

第八章
Excel在成本费用管理中的应用

	A	B	C	D	E	F	G	H	I	J
1										
2	序号	报销部门	报销日期	费用类别		金额	备注	报销人	本月预算	余额
3									30000	30000
4	1	行政部	2021-07-07	低值易耗品购置费		500	购买录音笔	王可		29500
5	2	行政部	2021-07-08	办公费		3600	资料印刷费	张兴		25900
6	3	人力资源部	2021-07-10	差旅费		1890	北京出差	张爽		24010
7	4	人力资源部	2021-07-11	交通费		300	市内调研出租费	孟宁		23710
8	5	人力资源部	2021-07-12	培训费		2680	邀请培训机构身	孟宁		21030
9	6	研发部	2021-07-13	办公费		1800	资料费	田明		19230
10	7	销售部	2021-07-14	业务招待费		3600	部委检查招待	刘文		15630
11	8	销售部	2021-07-17	差旅费		4800	上海出差	孙志		10830
12	9	财务部	2021-07-25	办公费		12600	购买电脑	李丽		-1770

图 8-50　日常费用统计表最终效果

四、按费用类别分析日常费用

步骤 1 打开"日常费用统计表"工作表,选中任意一个数据单元格,在"插入"选项卡下,单击"表格"组内的"数据透视表"按钮。

步骤 2 对于弹出的"来自表格或区域的数据透视表"对话框,在"选择表格或区域"下的"表/区域"文本框中,选中该工作表中的所有数据区域(或直接输入表对象名称"fytj"),在"选择放置数据透视表的位置"选区中选中"新工作表"单选按钮,单击"确定"按钮,如图 8-51 所示。

步骤 3 此时系统会自动在工作表前面创建一个名为"Sheet1"的新工作表,将此表重命名为"日常费用数据透视表",新工作表具有数据透视表的基本框架,并在右侧弹出"数据透视表字段"窗格,如图 8-52 所示。

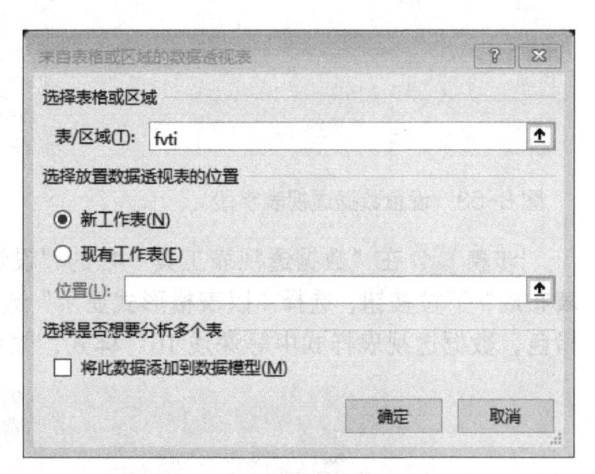

图 8-51　"来自表格或区域的数据透视表"对话框

图 8-52　创建日常费用数据透视表

Excel在财务中的应用

步骤 4 在"数据透视表字段"窗格中，将"报销日期"和"费用类别"依次拖动至"行"下的空白框中，将"报销部门"拖动至"列"下的空白框中，将"金额"拖动至"值"下的空白框中，操作如图 8-53 所示。创建好的日常费用数据透视表如图 8-54 所示。

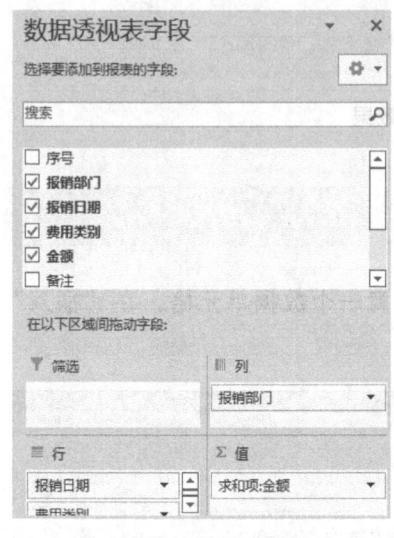

图 8-53　设置数据透视表字段

图 8-54　创建好的日常费用数据透视表

步骤 5 在"数据透视表工具"栏的"设计"选项卡下，单击"布局"组内的"报表布局"下拉按钮，选择"以表格形式显示"选项，在"数据透视表样式"组内选择"浅橙色，数据透视表样式中等深浅 10"样式，效果如图 8-55 所示。

图 8-55　以表格形式显示的日常费用数据透视表效果

步骤 6 在"数据透视表工具"栏的"设计"选项卡下，单击"布局"组内的"分类汇总"下拉按钮，选择"不显示分类汇总"选项，将空白列 H 列和空白行第 14 行隐藏，效果如图 8-56 所示。

第八章
Excel在成本费用管理中的应用

	A	B	C	D	E	F	G	I
3	求和项:金额		报销部门					
4	报销日期	费用类别	财务部	人力资源部	销售部	行政部	研发部	总计
5	⊟2021/7/7	低值易耗品购置费				500		500
6	⊟2021/7/8	办公费				3600		3600
7	⊟2021/7/10	差旅费		1890				1890
8	⊟2021/7/11	交通费		300				300
9	⊟2021/7/12	培训费		2680				2680
10	⊟2021/7/13	办公费					1800	1800
11	⊟2021/7/14	业务招待费			3600			3600
12	⊟2021/7/17	差旅费			4800			4800
13	⊟2021/7/25	办公费	12600					12600
15	总计		12600	4870	8400	4100	1800	31770

图 8-56　日常费用数据透视表效果

五、绘制日常费用分析图

（一）创建散点图

步骤 1　新建名为"日常费用阶梯图"的工作表。

步骤 2　在 A1:A4 单元格区域中依次输入"日期""金额""x 轴误差""y 轴误差"字段，"日期"和"金额"引用日常费用统计表中的信息，引用结果如图 8-57 所示。

	A	B	C	D	E	F	G	H	I	J
1	日期	2021-07-07	2021-07-08	2021-07-10	2021-07-11	2021-07-12	2021-07-13	2021-07-14	2021-07-17	2021-07-25
2	金额	500	3600	1890	300	2680	1800	3600	4800	12600

图 8-57　"日期"和"金额"引用结果

步骤 3　"x 轴误差"为两个日期点的间隔，需要手动输入；"y 轴误差"为当前日期点的金额-上个日期点的金额，第一个日期点的"y 轴误差"为"0"。选中 B4 单元格，输入"0"；选中 C4 单元格，输入公式"=C2-B2"。

步骤 4　选中 C4 单元格，单击鼠标左键并拖动右下角的填充柄至 J4 单元格，完成公式填充，结果如图 8-58 所示。

	A	B	C	D	E	F	G	H	I	J
1	日期	2021-07-07	2021-07-08	2021-07-10	2021-07-11	2021-07-12	2021-07-13	2021-07-14	2021-07-17	2021-07-25
2	金额	500	3600	1890	300	2680	1800	3600	4800	12600
3	x轴误差	0	1	2	1	1	1	1	3	8
4	y轴误差	0	3100	-1710	-1590	2380	-880	1800	1200	7800

图 8-58　填充结果

步骤 5　选中 B1:J2 单元格区域，在"插入"选项卡下，单击"图表"组内的"推荐的图表"按钮。

步骤 6　对于弹出的"插入图表"对话框，在"所有图表"选项卡下，选择"XY 散点图"选项。生成的初始散点图如图 8-59 所示。

步骤 7　单击"图表标题"所在的文本框，输入"费用变化阶梯图"。

步骤 8　选中水平轴主要网格线，按"Delete"键删除，效果如图 8-60 所示。

Excel在财务中的应用

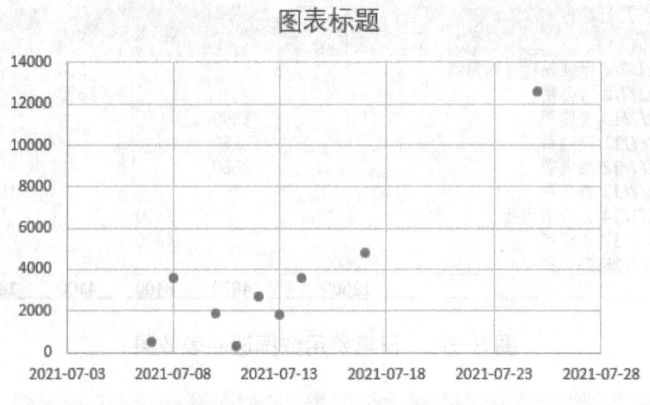

图表标题

图 8-59　生成的初始散点图

费用变化阶梯图

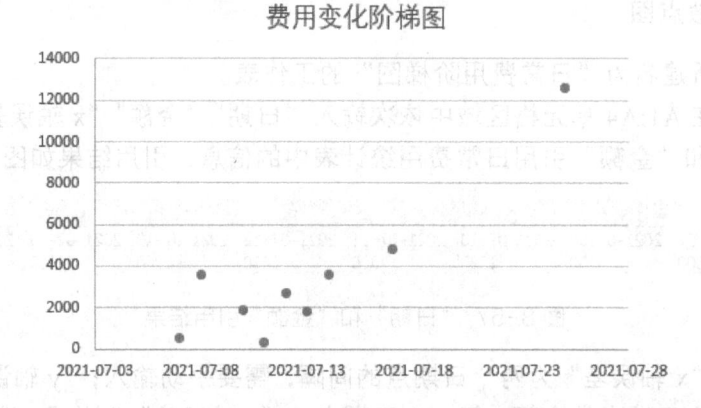

图 8-60　删除水平轴主要网格线效果

（二）绘制费用变化阶梯图

步骤 1　选中费用变化阶梯图，在"图表工具"栏的"图表设计"选项卡下，单击"图表布局"组内的"添加图表元素"下拉按钮，选择"误差线"下拉列表中的"其他误差线选项"选项，如图 8-61 所示。

步骤 2　在"设置误差线格式"窗格中，在"垂直误差线"选项下，在"方向"选区中选中"负偏差"单选按钮，在"误差量"选区中选中"自定义"单选按钮，并单击"指定值"按钮，如图 8-62 所示。

步骤 3　对于弹出的"自定义错误栏"对话框，单击"负错误值"文本框，选中 B4:J4 单元格区域，单击"确定"按钮，如图 8-63 所示。

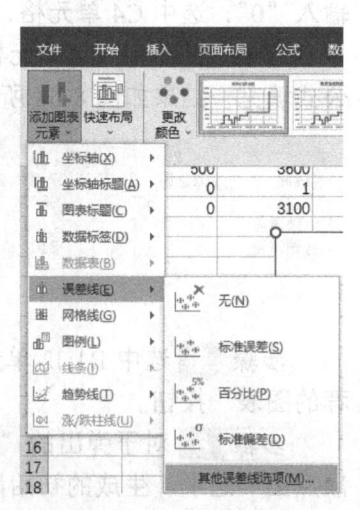

图 8-61　选择"其他误差线选项"选项

第八章
Excel在成本费用管理中的应用

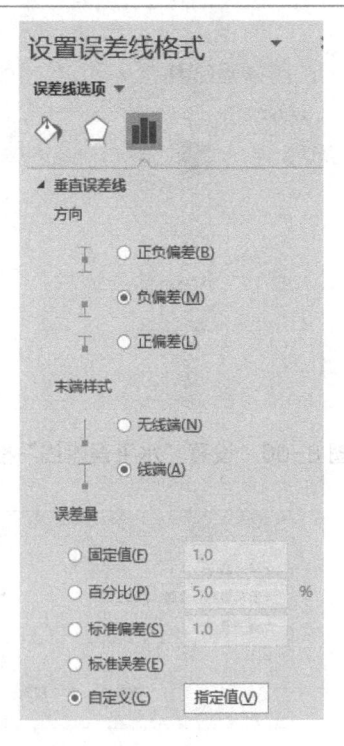

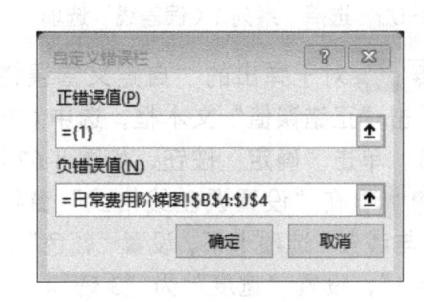

图 8-62 设置"垂直误差线"格式

图 8-63 "自定义错误栏"对话框

步骤 4 在"设置误差线格式"窗格中，在"填充与线条"选项卡下，设置"颜色"为"黑色，文字 1"，设置"宽度"为"3 磅"，如图 8-64 所示。

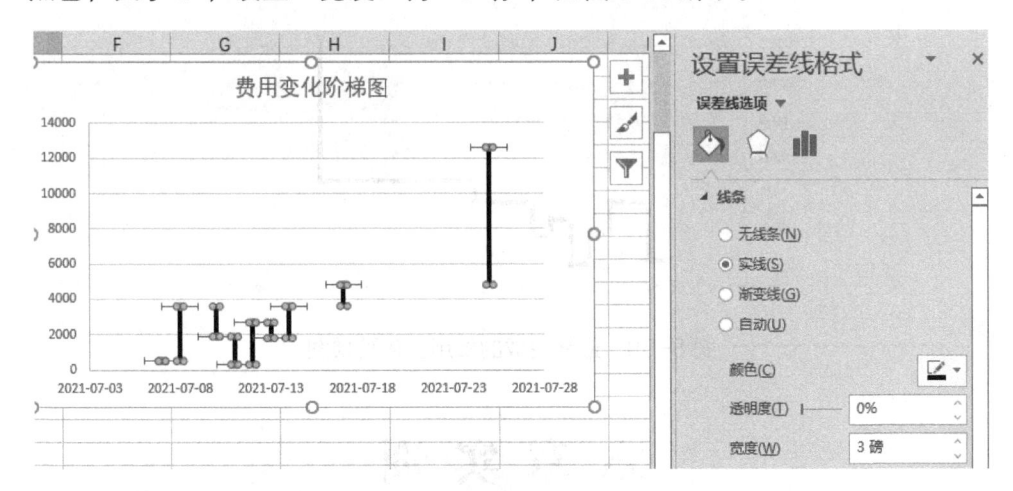

图 8-64 设置"线条"格式

步骤 5 单击"误差线选项"下拉按钮，选择"系列 1X 误差线"选项，如图 8-65 所示。

步骤 6 在"设置误差线格式"窗格中，在"水平误差线"选项下，在"方向"选区中选中"正偏差"单选按钮，在"误差量"选区中选中"自定义"单选按钮，并单击"指定值"按钮，如图 8-66 所示。

Excel在财务中的应用

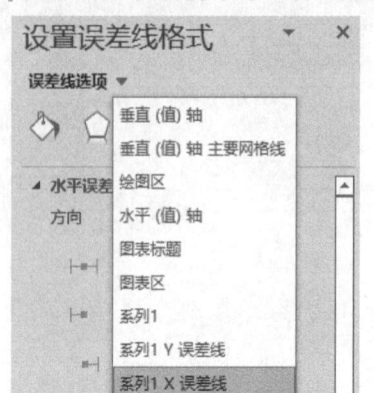

图 8-65 选择"系列1X 误差线"选项

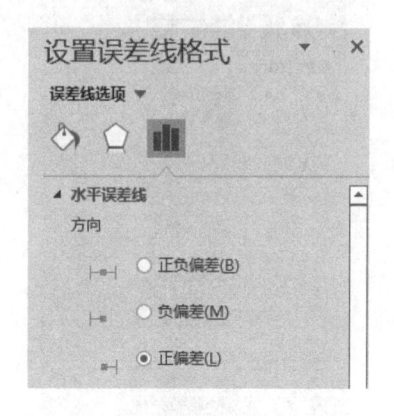

图 8-66 设置"水平误差线"格式

步骤 7 对于弹出的"自定义错误栏"对话框，单击"正错误值"文本框，选中 C3:J3 单元格区域，单击"确定"按钮，如图 8-67 所示。

步骤 8 在"设置误差线格式"窗格中，在"填充与线条"选项卡下，设置"颜色"为"黑色，文字1"，设置"宽度"为"3磅"。

最终生成的费用变化阶梯图如图 8-68 所示。

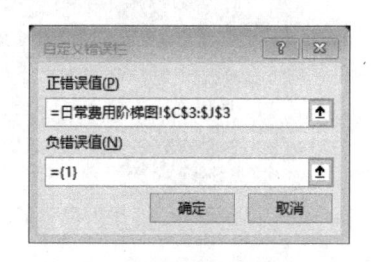

图 8-67 "自定义错误栏"对话框"

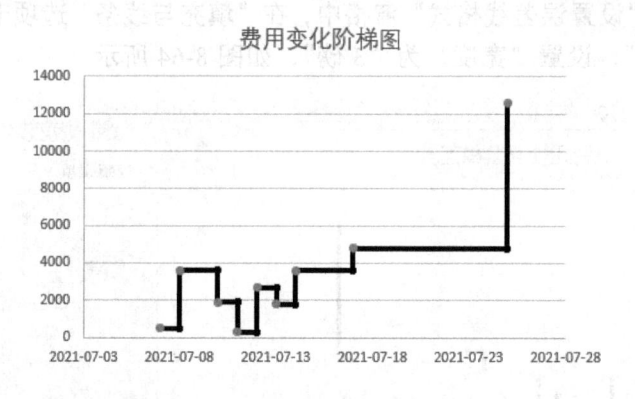

图 8-68 最终生成的费用变化阶梯图

本 章 实 训

（一）实训资料

1. HW 公司是一家生产电子元件的中小型企业，是一家典型的制造业企业，生产的产品包括 P1 和 P2。其生产部主要由一个基本生产车间和两个辅助生产车间（机修车间和供汽车间）组成。公司 2022 年 3 月的制造费用合计 79000 元，机修车间和供汽车间的

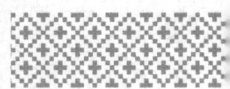

待分配费用分别为 87000 元和 79000 元。产品成本计算采用品种法，辅助生产费用分配采用交互分配法。原材料在生产过程中一次领用，在产品按 40%的完工比例计算，制造费用按生产工人工资进行分配。生产部产品领料汇总表如表 8-9 所示。

表 8-9　生产部产品领料汇总表

原材料			生产 P1		生产 P2	
名称	单位	单价	数量	成本（元）	数量	成本（元）
丝网	元/千克	20	70	1400	90	1800
铭牌	元/千克	55	100	5500	160	8800
焊丝	元/千克	50	400	20000	340	17000
垫圈	元/千克	6	500	3000	450	2700

生产部人员工资表如表 8-10 所示。

表 8-10　生产部人员工资表

部门	人员岗位	会计科目	工资总额（元）
生产部	P1 生产工人	生产成本	172070
生产部	P2 生产工人	生产成本	154225
生产部	管理人员	制造费用	57000

辅助生产车间劳务提供情况表如表 8-11 所示。

表 8-11　辅助生产车间劳务提供情况表

	生产 P1	生产 P2	机修车间	供汽车间	合计
机修车间（小时）	30	20	—	850	900
供汽车间（吨）	11000	10000	2500	—	23500

截至 2022 年 3 月底，P1 完工产品为 5000 件，在产品为 600 件，月初在产品的直接材料成本、直接人工成本、辅助生产成本及制造费用的资金占用分别为 1980 元、3000 元、1200 元和 2500 元。

2. HW 公司由行政部、财务部、销售部、生产部、人力资源部、研发部 6 个部门组成。HW 公司 2022 年 3 月日常费用申报情况表如表 8-12 所示。

表 8-12　HW 公司 2022 年 3 月日常费用申报情况表

日期	经办人	业务部门	费用类别	金额（元）	用途
2022/3/3	王名	行政部	低值易耗品购置费	700	购买录音笔
2022/3/8	张凯	行政部	办公费	2300	资料印刷费
2022/3/10	张梦	人力资源部	差旅费	2540	北京出差
2022/3/12	孙宁	人力资源部	交通费	400	市内调研出租费
2022/3/13	孙宁	人力资源部	培训费	1990	邀请培训机构导师授课
2022/3/15	李娟	研发部	办公费	250	资料费

续表

日期	经办人	业务部门	费用类别	金额（元）	用途
2022/3/16	郑文	销售部	业务招待费	2500	部委检查团
2022/3/20	孙海	销售部	差旅费	3600	上海出差
2022/3/25	李冰	财务部	办公费	8000	购买打印机

（二）实训要求

1. 给产品 P1、P2 分配辅助生产成本。
2. 计算产品 P1 在 2022 年 3 月的单位成本。
3. 创建费用汇总报销单并编制日常费用统计表。
4. 编制日常费用数据透视表，汇总本月各部门的日常费用。

微课视频

第九章
Excel 在本量利分析中的应用

➤ **知识目标：**

通过本章学习，要求学生熟练掌握分解混合成本的方法、单品种盈亏平衡点的计算与敏感性分析方法、单品种本量利分析动态图表的绘制方法、多品种盈亏平衡点的计算方法。

➤ **技能目标：**

通过本章学习，要求学生掌握 Excel 中用图表工具和相关函数分解混合成本的方法，能够用公式法计算单品种和多品种盈亏平衡点，了解 INTERCEPT、SLOPE 函数的应用场景。

➤ **思政目标：**

习近平总书记在 2020 年 7 月 21 日企业家座谈会上讲道："近几年，经济全球化遭遇逆流，经贸摩擦加剧。一些企业基于要素成本和贸易环境等方面的考虑，调整了产业布局和全球资源配置。"本量利分析是指在成本习性分析的基础上，运用数学模型和图式，对成本、利润、业务量与单价等因素之间的依存关系进行具体的分析，研究其变动的规律性，是为企业进行经营决策和目标控制提供有效信息的一种方法。

本章从分解混合成本的方法和本量利关系的敏感分析两个方面研究 Excel 是如何在本量利分析中应用的，帮助企业管理层识别风险并做出正确的决策。

第一节　分解混合成本的方法

↘ 数据源：

来顺公司的机器维修费是一种混合成本。来顺公司 2021 年机器工时和维修费的数据资料如表 9-1 所示。

表 9-1　来顺公司 2021 年机器工时和维修费的数据资料

月份	机器工时（小时）	维修费（元）
1	480000	76800
2	468000	74400
3	492000	75600
4	486000	75000
5	481200	74400
6	507000	78480
7	482160	75600
8	462000	73200
9	470400	75000
10	504000	78960
11	522000	81900
12	534000	82680

一、利用图表工具分解混合成本

步骤 1　创建工作簿，将其保存为"本量利分析.xlsx"。

步骤 2　将"Sheet1"工作表重命名为"混合成本分解"。

步骤 3　在 A1:C1 单元格区域中依次输入"月份""机器工时(小时)""维修费(元)"字段，并在 A2:C13 单元格区域中按照表 9-1 输入数据，并调整格式，如图 9-1 所示。

	A	B	C
1	月份	机器工时（小时）	维修费（元）
2	1	480000	76800
3	2	468000	74400
4	3	492000	75600
5	4	486000	75000
6	5	481200	74400
7	6	507000	78480
8	7	482160	75600
9	8	462000	73200
10	9	470400	75000
11	10	504000	78960
12	11	522000	81900
13	12	534000	82680

图 9-1　输入数据

第九章
Excel在本量利分析中的应用

步骤 4 选中 B1:C13 单元格区域,在"插入"选项卡下,单击"图表"组内的"散点图"下拉按钮,选择"散点图"选项,如图 9-2 所示。

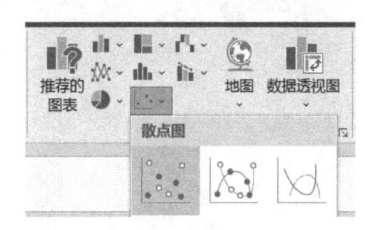

图 9-2 选择"散点图"选项

步骤 5 对于弹出的散点图,长按鼠标左键,移动其位置,完成维修费与机器工时散点图的绘制,将图表标题修改为"维修费与机器工时之间的关系",如图 9-3 所示。

月份	机器工时(小时)	维修费(元)
1	480000	76800
2	468000	74400
3	492000	75600
4	486000	75000
5	481200	74400
6	507000	78480
7	482160	75600
8	462000	73200
9	470400	75000
10	504000	78960
11	522000	81900
12	534000	82680

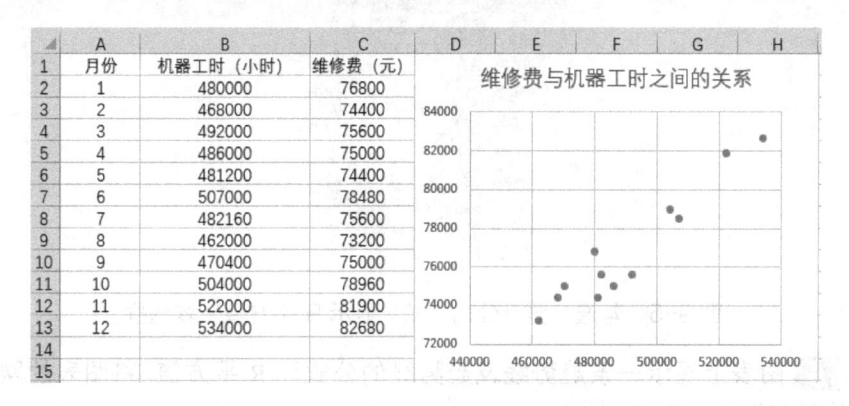

图 9-3 绘制的维修费与机器工时散点图

步骤 6 选中散点图,单击"图表元素"按钮,选择"趋势线"下拉列表中的"线性"选项,如图 9-4 所示。

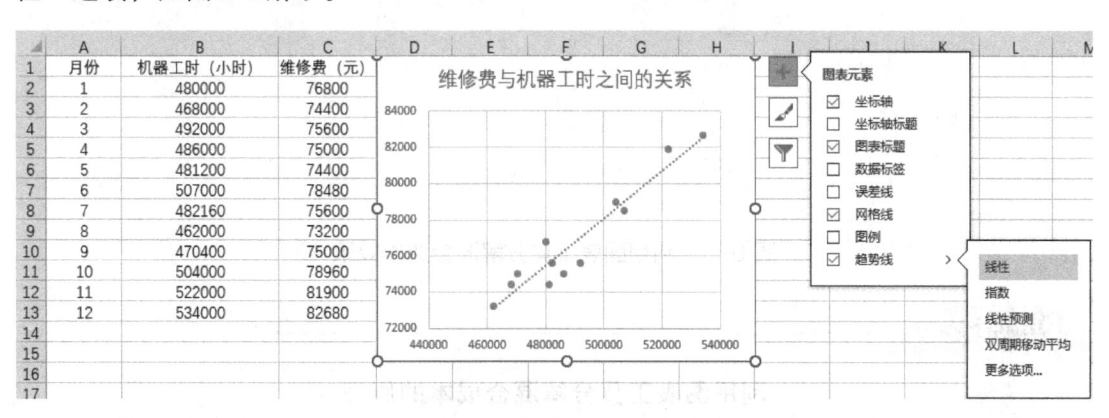

图 9-4 选择"趋势线"类型

步骤 7 选择"趋势线"下拉列表中的"更多选项"选项,在弹出的"设置趋势线格式"窗格中,勾选"显示公式"和"显示 R 平方值"复选框,如图 9-5 所示。

Excel在财务中的应用

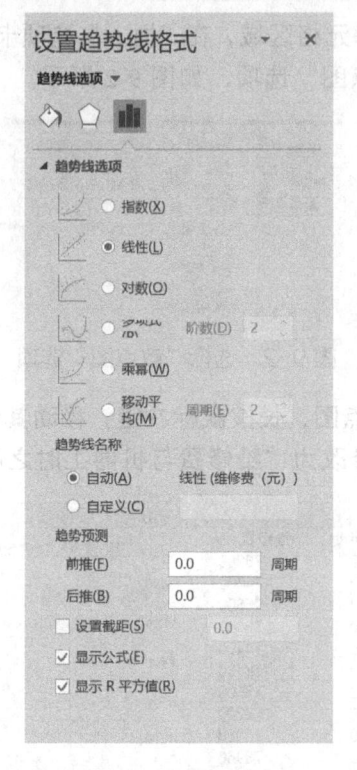

图 9-5 勾选"显示公式"和"显示 R 平方值"复选框

步骤 8 图表上显示一条趋势线及趋势线的公式和 R 平方值。将图表的网格线和边框删除后效果如图 9-6 所示。

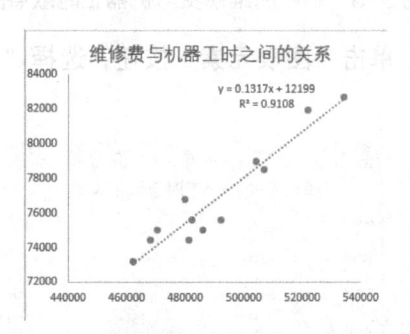

图 9-6 利用图表工具分解混合成本效果

小贴士

利用图表工具分解混合成本的原理

利用图表工具分解混合成本时，可首先将业务量与混合成本的历史数据绘制成散点图，然后为散点图添加趋势线，并在图表上显示趋势线的公式和 R 平方值，由此可以得到单位变动成本和固定成本的数据，从而将混合成本分解为单位变动成本和固定成本两个部分。

第九章
Excel在本量利分析中的应用

从图 9-6 中可以看出，混合成本分解后所得到的固定成本为 12199 元，单位变动成本为 0.1317 元。趋势线的 R 平方值为 0.9108，说明 X 与 Y 线性关系显著，按照图 9-6 中所示的趋势线公式分解混合成本的结果比较可靠。

二、利用相关函数分解混合成本

步骤 1 打开"混合成本分解"工作表，将前文绘制的散点图移至数据表的下方，在 E1:E3 单元格区域中依次输入"成本分解""固定成本（元）""单位变动成本（元/小时）"，并调整格式。

步骤 2 选中 F2 单元格，输入公式"=INTERCEPT(C2:C13,B2:B13)"，如图 9-7 所示，得到"固定成本"。

步骤 3 选中 F3 单元格，输入公式"=SLOPE(C2:C13,B2:B13)"，如图 9-8 所示，得到"单位变动成本"。

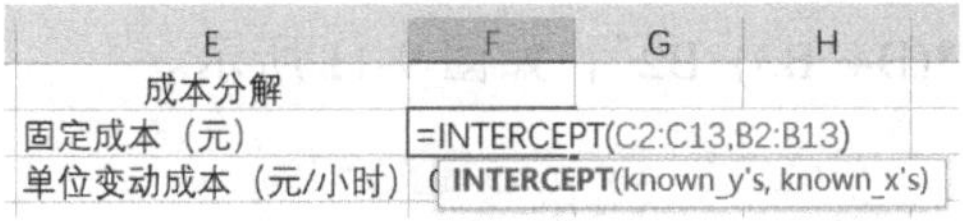

图 9-7 输入"固定成本"的计算公式 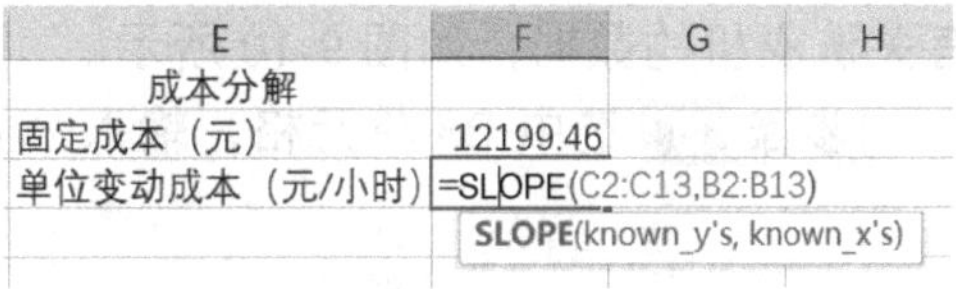　　图 9-8 输入"单位变动成本"的计算公式

步骤 4 利用相关函数分解混合成本结果如图 9-9 所示。

	A	B	C	D	E	F
1	月份	机器工时（小时）	维修费（元）		成本分解	
2	1	480000	76800		固定成本（元）	12199.46
3	2	468000	74400		单位变动成本（元/小时）	0.131713
4	3	492000	75600			
5	4	486000	75000			
6	5	481200	74400			
7	6	507000	78480			
8	7	482160	75600			
9	8	462000	73200			
10	9	470400	75000			
11	10	504000	78960			
12	11	522000	81900			
13	12	534000	82680			

图 9-9 利用相关函数分解混合成本结果

从图 9-9 中可以看出，混合成本分解的结果是固定成本约为 12199 元，单位变动成本约为 0.1317 元，这与利用图表工具分解混合成本的结果一致。

第二节　本量利关系的敏感分析

▶ **数据源：**

来顺公司生产洗衣机每月固定成本为 50000 元，洗衣机单位变动成本为 1500 元/台，销售单价为 2899 元/台。来顺公司生产电锅每年固定成本为 8000000 元，电锅单位变动成本为 300 元/个，产品单价为 800 元/个。

Excel在财务中的应用

来顺公司生产电水壶、暖风机、电磁炉的基本资料如表 9-2 所示。

表 9-2 来顺公司生产电水壶、暖风机、电磁炉的基本资料

	电水壶	暖风机	电磁炉
预计产销量（台）	150000	100000	70000
单位产品售价（元/台）	120	220	180
单位变动成本（元/台）	72	148	239
固定成本（元）	1000000		

一、计算单品种盈亏平衡点

下面以来顺公司每月生产洗衣机为例，演示计算单品种盈亏平衡点的操作步骤。

步骤 1 新建名为"单品种盈亏平衡点计算与分析"的工作表。

步骤 2 在 A1:B8 单元格区域中，设计单品种盈亏平衡点计算表，并输入数据源中有关洗衣机的数据，如图 9-10 所示。

步骤 3 选中 B8 单元格，输入公式"=B7*(B4-B3)-B2"，如图 9-11 所示。

图 9-10 设计单品种盈亏平衡点计算表　　图 9-11 输入"利润"的计算公式

步骤 4 在"数据"选项卡下，单击"预测"组内的"模拟分析"下拉按钮，选择"单变量求解"选项，如图 9-12 所示。

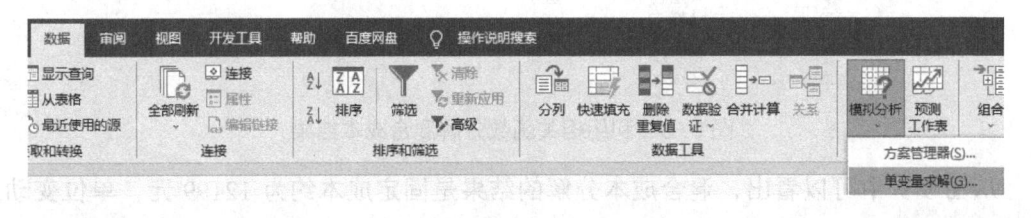

图 9-12 选择"单变量求解"选项

步骤 5 对于弹出的"单变量求解"对话框，设置"目标单元格"为"$B$8"，设置"目标值"为"0"，设置"可变单元格"为"$B$7"，单击"确定"按钮，如图 9-13 所示。

步骤 6 在工作表中得到"盈亏平衡点销售量"的计算结果（即单变量求解的结果），如图 9-14 所示。

从图 9-14 中可以看出，在每月固定成本、单位变动成本、销售单价 3 个参数为表中给定值的情况下，该公司盈亏平衡点销售量为 36 台，销售量少于 36 台时将发生亏损，多于 36 台时可产生利润。

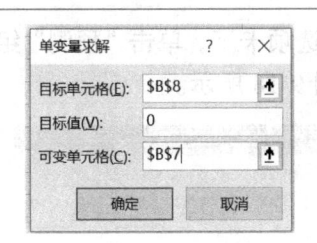

图 9-13 "单变量求解"对话框   图 9-14 "盈亏平衡点销售量"的计算结果

二、分析单品种敏感性

下面仍以来顺公司每月生产洗衣机为例，演示分析单品种敏感性的操作步骤。

步骤 1 打开"单品种盈亏平衡点计算与分析"工作表，在 A10:I24 单元格区域中，设计盈亏平衡点销售量对固定成本的敏感性分析表和盈亏平衡点销售量双因素敏感性分析表，如图 9-15 所示。

图 9-15 设计盈亏平衡点销售量敏感性分析表

步骤 2 选中 B13 单元格，输入公式"=B2*(1+C2)/(B4−B3)"，其中 C2 单元格代表每月固定成本的变动率，目前是空值，如图 9-16 所示。

步骤 3 选中 B17 单元格，输入公式"=B2/(B4*(1+C4)−B3*(1+C3))"，其中 C3 和 C4 单元格分别代表单位变动成本和产品销售单价的变动率，目前都是空值，如图 9-17 所示。

图 9-16 输入 B13 单元格的计算公式   图 9-17 输入 B17 单元格的计算公式

Excel在财务中的应用

步骤 4 选中 B12:I13 单元格区域，在"数据"选项卡下，单击"预测"组内的"模拟分析"下拉按钮，选择"模拟运算表"选项，如图 9-18 所示。

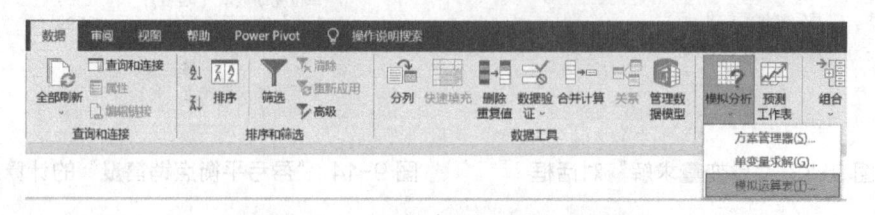

图 9-18 选择"模拟运算表"选项

步骤 5 对于弹出的"模拟运算表"对话框，在"输入引用行的单元格"文本框中输入"$C$2"，单击"确定"按钮，即可得到单变量模拟运算的结果，如图 9-19 所示。

步骤 6 选中 B17:I24 单元格区域，在"数据"选项卡下，单击"预测"组内的"模拟分析"下拉按钮，选择"模拟运算表"选项，对于弹出的"模拟运算表"对话框，在"输入引用行的单元格"文本框中输入"$C$4"，在"输入引用列的单元格"文本框中输入"$C$3"，单击"确定"按钮，即可得到双变量模拟运算的结果，如图 9-20 所示。

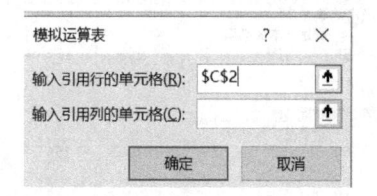

图 9-19 "模拟运算表"对话框 1　　　图 9-20 "模拟运算表"对话框 2

步骤 7 最终得到的模拟运算结果如图 9-21 所示。

	A	B	C	D	E	F	G	H	I
10			盈亏平衡点销售量对固定成本的敏感性分析						
11						固定成本变动率			
12			-15%	-10%	-5%	0%	5%	10%	15%
13	盈亏平衡点销售量（台）	35.73981	30.37884	32.16583	33.95282	35.73981	37.5268	39.3138	41.10079
14									
15			盈亏平衡点销售量双因素敏感性分析（台）						
16						销售单价变动率			
17		35.73981	-15%	-10%	-5%	0%	5%	10%	15%
18		-15%	42.04684	37.47845	33.80548	30.78818	28.26536	26.12467	24.2854
19		-10%	44.87726	39.7109	35.61127	32.27889	29.51681	27.19017	25.20352
20	单位变动成本变动率	-5%	48.11625	42.22616	37.62086	33.9213	30.88422	28.34628	26.19378
21		0%	51.85915	45.0816	39.87082	35.73981	32.38447	29.60507	27.26504
22		5%	56.23348	48.35122	42.40702	37.76435	34.03792	30.98085	28.42767
23		10%	61.41374	52.13221	45.2878	40.03203	35.86929	32.49074	29.69386
24		15%	67.64527	56.55469	48.5885	42.58944	37.90894	34.15534	31.0781

图 9-21 最终得到的模拟运算结果

三、绘制单品种本量利分析动态图表

下面以来顺公司每年生产电锅为例，演示绘制单品种本量利分析动态图表的操作步骤。

步骤 1 新建名为"单品种本量利分析"的工作表。

步骤 2 在 A1:D9 单元格中,设计本量利分析数据表;选中 B6 单元格,输入公式"=ROUND(B5/(B3−B4),0)",得到数据改变前的盈亏平衡点,如图 9-22 所示。

步骤 3 在 A10:A30 单元格区域中输入销售量系列数据(可以根据实际情况输入相应的数据系列)。

步骤 4 在"开发工具"选项卡下,单击"控件"组内的"插入"下拉按钮,选择"表单控件"列表中的"滚动条(窗体控件)"选项,单击 E3 单元格添加滚动条控件,将其调整到 E3 单元格大小;在该滚动条控件上单击鼠标右键,选择"设置控件格式"命令,对于弹出的"设置控件格式"对话框,在"当前值"文本框中输入"0",在"最小值"数值框中输入"0",在"最大值"数值框中输入"100",在"单元格链接"文本框中输入"D3",将该滚动条控件与单元格 D3 建立链接,单击"确定"按钮,如图 9-23 所示。

图 9-22 设计本量利分析数据表并得到数据改变前的盈亏平衡点

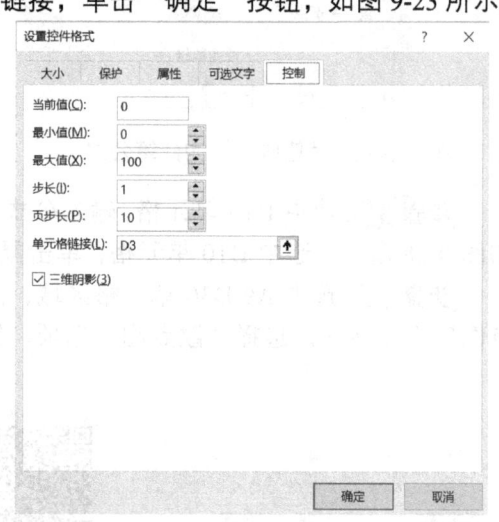

图 9-23 "设置控件格式"对话框

步骤 5 按照前述方法,在 E4 单元格处添加同样的滚动条控件。

步骤 6 按照前述方法,在 E5 单元格处添加同样的滚动条控件。

步骤 7 选中 C3 单元格,输入公式"=B3*(50%+D3/100)",单击滚动条控件时得到变化后产品单价(这里产品单价的变化区间为 ±50%),如图 9-24 所示。

步骤 8 选中 C3 单元格,单击鼠标左键并拖动右下角的填充柄至 C5 单元格,得到变化后单位变动成本和变化后固定成本。

步骤 9 选中 B6 单元格,单击鼠标左键并拖动右下角的填充柄至 C6 单元格,得到数据改变后的盈亏平衡点。"基本数据"部分效果如图 9-25 所示。

图 9-24 输入变化后产品单价的计算公式

图 9-25 "基本数据"部分效果

Excel在财务中的应用

步骤 10 选中 B10 单元格，输入公式"=$C$3*A10"，计算某个销售量的"销售收入"，如图 9-26 所示；选中 B10 单元格，单击鼠标左键并拖动右下角的填充柄至 B30 单元格。

步骤 11 选中 C10 单元格，输入公式"=$C$4*A10+$C$5"，计算某个销售量的"总成本"，如图 9-27 所示；选中 C10 单元格，单击鼠标左键并拖动右下角的填充柄至 C30 单元格。

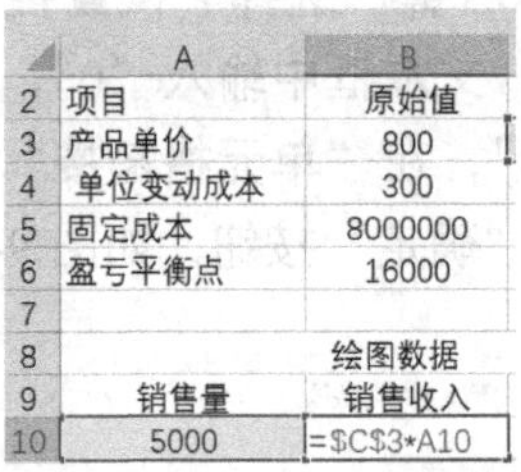

图 9-26 输入"销售收入"的计算公式　　图 9-27 输入"总成本"的计算公式

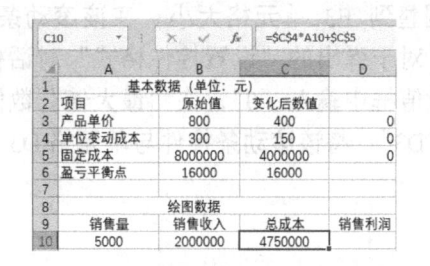

步骤 12 选中 D10 单元格，输入公式"=B10-C10"，计算某个销售量的"销售利润"，如图 9-28 所示；选中 D10 单元格，单击鼠标左键并拖动右下角的填充柄至 D30 单元格。

步骤 13 选中 A9:D30 单元格区域，在"插入"选项卡下，单击"图表"组内的"散点图"下拉按钮，选择"散点图"选项，绘制本量利分析图，效果如图 9-29 所示。

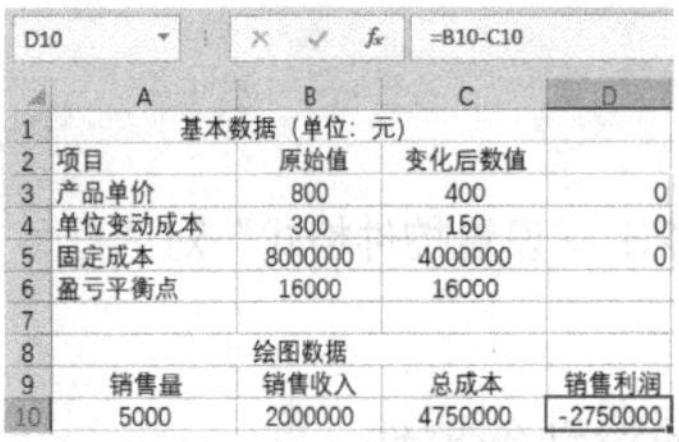

图 9-28 输入"销售利润"的计算公式　　图 9-29 绘制本量利分析图

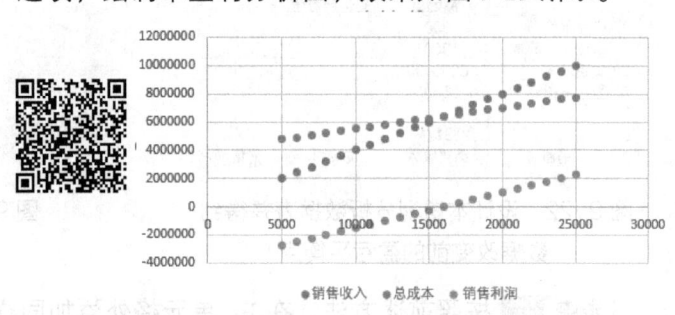

> **小贴士**
>
> **动态分析表**
>
> 为了直观地观察当固定成本、单位变动成本、产品单价及销售量几个参数变化时企业的盈亏平衡点和利润的变化情况，可以绘制带有滚动条控件的本量利分析动态图表。通过单击工作表中的滚动条控件改变产品单价、单位变动成本和固定成本，观察盈亏平衡点的变化情况和在不同的销售量水平下企业的盈亏情况。

步骤 14 在 A32、A33、B33 单元格中分别输入"盈亏平衡线""销售量""金额"；选中 A32:B32 单元格区域，在"开始"选项卡下，单击"对齐方式"组内的"合并后居中"按钮；在 A34、A35 和 A36 单元格中均输入公式"=$C$6"，得到盈亏平衡点数据。

步骤 15 选中 B34 单元格，输入公式"=MIN(B10:D30)-10000000"，得到一个足够

第九章
Excel在本量利分析中的应用

大的亏损数据，设置这个数据是为了能够在图表上得到无下限的盈亏平衡线，如图 9-30 所示。

步骤 16 选中 B35 单元格，输入公式"=A35*C3"，计算盈亏平衡点的销售额，如图 9-31 所示。

	A	B	C
32		盈亏平衡线	
33	销售量	金额	
34		16000	=MIN(B10:D30)-10000000

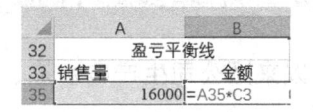

图 9-30　输入 B34 单元格的计算公式

	A	B
32		盈亏平衡线
33	销售量	金额
35		16000	=A35*C3

图 9-31　输入 B35 单元格的计算公式

步骤 17 选中 B36 单元格，输入公式"=MAX(B10:D30)+10000000"，得到一个足够大的盈利数据，设置这个数据是为了能够在图表上得到无上限的盈亏平衡线，如图 9-32 所示。

步骤 18 单击图表区，单击鼠标右键，选择"选择数据"命令，对于弹出的"选择数据源"对话框，单击"图例项（系列）"选项卡下的"添加"按钮，对于弹出的"编辑数据系列"对话框，在"系列名称"文本框中输入"盈亏平衡点"，单击"X 轴系列值"文本框，选中 A34:A36 单元格区域，单击"Y 轴系列值"文本框，选中 B34:B36 单元格区域，单击"确定"按钮返回到"选择数据源"对话框，如图 9-33 所示。

	A	B
32		盈亏平衡线
33	销售量	金额
36		16000	=MAX(B10:D30)+10000000

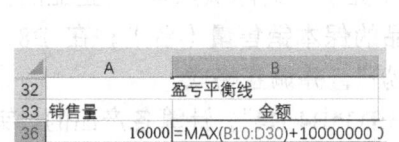

图 9-32　输入 B36 单元格的计算公式

图 9-33　添加系列"盈亏平衡点"

步骤 19 单击"确定"按钮，绘制包含盈亏平衡线的本量利分析图，效果如图 9-34 所示。

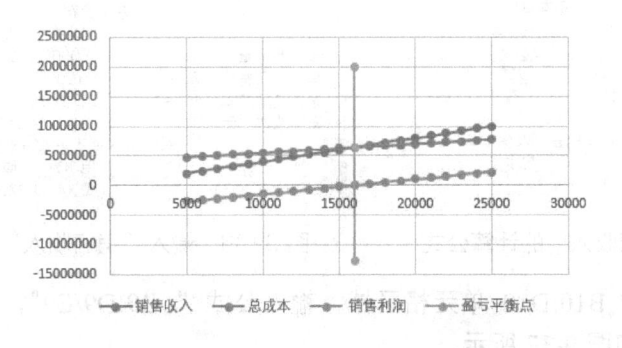

图 9-34　绘制包含盈亏平衡线的本量利分析图

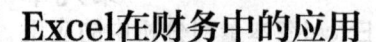

只要单击工作表中产品单价、单位变动成本和固定成本的滚动条控件，改变这 3 个指标的数据，就可以看到本量利分析图上的 4 条线（销售收入-销售量、总成本-销售量、销售利润-销售量和盈亏平衡线）发生移动，从而提供更加生动的信息。

四、计算多品种盈亏平衡点

下面以来顺公司生产电水壶、暖风机、电磁炉为例，演示计算多品种盈亏平衡点的操作步骤。

> **小贴士**
>
> **多品种盈亏平衡点**
>
> 在企业生产多种产品的情况下，计算盈亏平衡点的方法不是唯一的。采用怎样的方法计算盈亏平衡点取决于企业按怎样的顺序或结构销售各种产品。这里假定企业销售各种产品的结构保持不变，此时可以通过计算各种产品的边际贡献率及全部产品的综合边际贡献率，来确定盈亏平衡点的销售额及各种产品的盈亏平衡点销售额和销售量。

步骤 1 新建名为"多品种盈亏平衡点计算"的工作表。

步骤 2 选中 A1 单元格，输入"基本资料"；选中 A1:D1 单元格区域，在"开始"选项卡下，单击"对齐方式"组内的"合并后居中"按钮；在 A2:D6 单元格区域中，按照表 9-2 的布局和内容输入数据，并调整格式；选中 A7 单元格，输入"保本销售额及保本销售量的计算"；选中 A7:E7 单元格区域，在"开始"选项卡下，单击"对齐方式"组内的"合并后居中"按钮；在 A9:A16 单元格区域中依次输入"销售收入（元）""各产品销售收入所占比重""变动成本（元）""边际贡献（元）""边际贡献率""企业的保本销售额（元）""各产品的保本销售额（元）""各产品的保本销售量（台）"；在 B8、C8、D8 单元格中分别输入"电水壶""暖风机""电磁炉"，并调整格式。

步骤 3 选中 B9:D9 单元格区域，输入公式"=B3:D3*B4:D4"，计算各产品的"销售收入"，如图 9-35 所示。

步骤 4 选中 E9 单元格，输入公式"=SUM(B9:D9)"，如图 9-36 所示；选中 E9 单元格，单击鼠标左键并拖动右下角的填充柄至 E12 单元格。

	A	B
1	基本资料	
2		电水壶
3	预计产销量（台）	150000
4	单位产品售价（元/台）	120
5	单位变动成本（元/台）	72
6	固定成本（元）	
7		保本销售额及保本销售
8		电水壶
9	销售收入（元）	=B3:D3*B4:D4

图 9-35　输入"销售收入"的计算公式

	A	B	C	D	E
1	基本资料				
2		电水壶	暖风机	电磁炉	
3	预计产销量（台）	150000	100000	70000	
4	单位产品售价（元/台）	120	220	180	
5	单位变动成本（元/台）	72	148	239	
6	固定成本（元）		1000000		
7	保本销售额及保本销售量的计算				
8		电水壶	暖风机	电磁炉	
9	销售收入（元）	18000000	22000000	=SUM(B9:D9)	

图 9-36　输入"销售收入"的求和计算公式

步骤 5 选中 B10:D10 单元格区域，输入公式"=B9:D9/E9"，计算"各产品销售收入所占比重"，如图 9-37 所示。

第九章
Excel在本量利分析中的应用

步骤 6 选中 B11:D11 单元格区域，输入公式"=B3:D3*B5:D5"，计算各产品的"变动成本"，如图 9-38 所示。

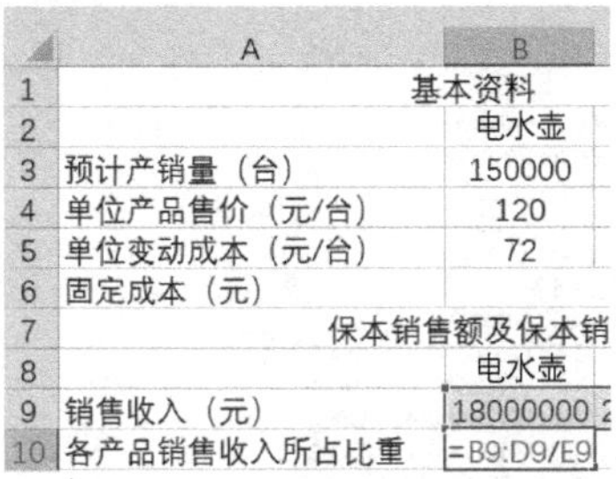

图 9-37 输入"各产品销售收入所占比重"的计算公式　　图 9-38 输入"变动成本"的计算公式

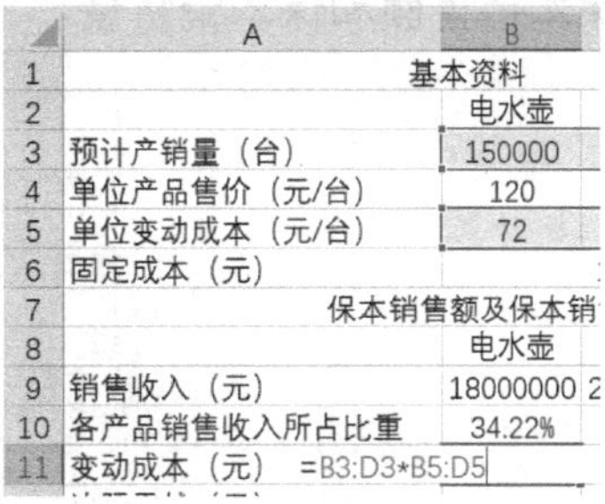

步骤 7 选中 B12:D12 单元格区域，输入公式"=B9:D9-B11:D11"，计算各产品的"边际贡献"，如图 9-39 所示。

步骤 8 选中 B13:E13 单元格区域，输入公式"=B12:E12/B9:E9"，计算各产品的"边际贡献率"，如图 9-40 所示。

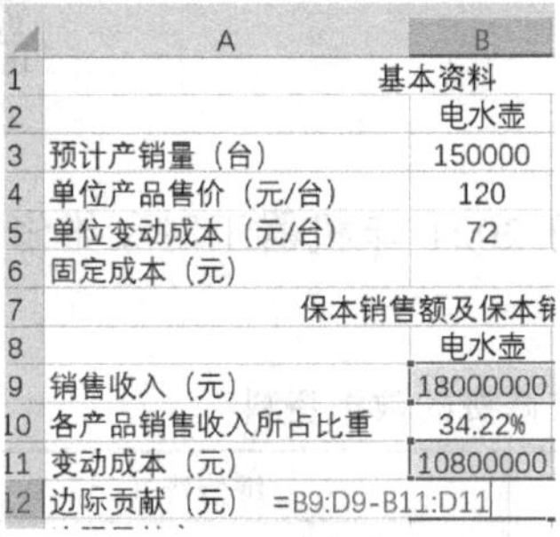

图 9-39 输入"边际贡献"的计算公式　　图 9-40 输入"边际贡献率"的计算公式

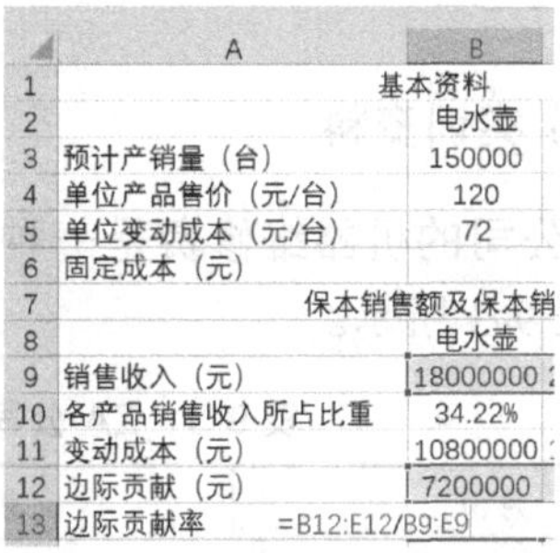

步骤 9 选中 E14 单元格，输入公式"=B6/E13"，计算"企业的保本销售额"，如图 9-41 所示。

步骤 10 选中 B15:D15 单元格区域，输入公式"=E14*B10:D10"，计算"各产品的保本销售额"，如图 9-42 所示。

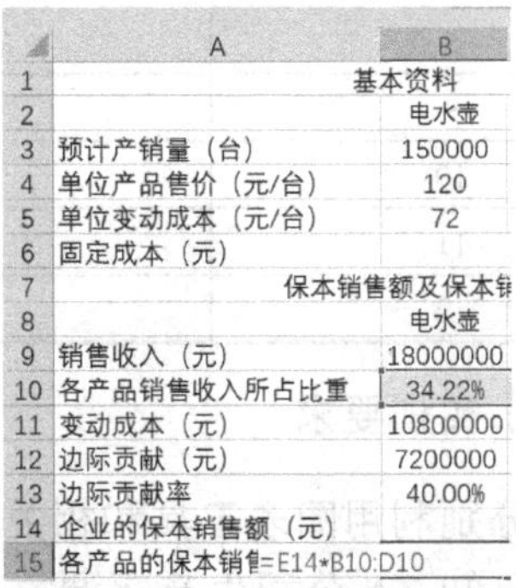

图 9-41 输入"企业的保本销售额"的计算公式　　图 9-42 输入"各产品的保本销售额"的计算公式

| 211 |

步骤 11 选中 B16:D16 单元格区域，输入公式"=B15:D15/B4:D4"，计算"各产品的保本销售量"。计算结果如图 9-43 所示，从而得到企业的保本销售额，以及各种产品的保本销售额和保本销售量。

	A	B	C	D	E
1		基本资料			
2		电水壶	暖风机	电磁炉	
3	预计产销量（台）	150000	100000	70000	
4	单位产品售价（元/台）	120	220	180	
5	单位变动成本（元/台）	72	148	239	
6	固定成本（元）	1000000			
7		保本销售额及保本销售量的计算			
8		电水壶	暖风机	电磁炉	
9	销售收入（元）	18000000	22000000	12600000	52600000
10	各产品销售收入所占比重	34.22%	41.83%	23.95%	100.00%
11	变动成本（元）	10800000	14800000	16730000	42330000
12	边际贡献（元）	7200000	7200000	-4130000	10270000
13	边际贡献率	40.00%	32.73%	-32.78%	19.52%
14	企业的保本销售额（元）				5121714
15	各产品的保本销售额（元）	1752678	2142162	1226874	
16	各产品的保本销售量（台）	14606	9737	6816	

图 9-43 销售品种结构一定时多品种的保本分析

本 章 实 训

微课视频

（一）实训资料

ZA 公司的机器维修费是一种混合成本。ZA 公司 2021 年机器工时和维修费的数据资料如表 9-3 所示。

表 9-3 ZA 公司 2021 年机器工时和维修费的数据资料

月份	机器工时（小时）	维修费（元）
1	4800	768
2	4680	744
3	4920	756
4	4860	750
5	4812	744
6	5070	784
7	4821	756
8	4620	732
9	4704	750
10	5040	789
11	5220	819
12	5340	826

（二）实训要求

1. 分别利用图表工具和相关函数对机器维修费进行分解。

2. 已知 ZA 公司生产空调每月固定成本为 60000 元，空调单位变动成本为 1700 元/台，销售单价为 3299 元/台，计算空调盈亏平衡点的销售量，并绘制本量利分析动态图表。

第十章
Excel 在投资决策中的应用

▶ **知识目标：**

通过本章学习，要求学生掌握平均报酬率、静态投资回收期、净现值、内含报酬率、获利指数、动态投资回收期等指标的含义与计算。

▶ **技能目标：**

通过本章学习，要求学生熟练掌握计算现值的 PV 函数、计算终值的 FV 函数、计算绝对值的 ABS 函数、计算利率的 RATE 函数、计算净现值的 NPV 函数及计算内含报酬率的 IRR 函数的操作方法，熟悉 MATCH 函数、AVERAGE 函数等的应用场景。

▶ **思政目标：**

2021 年中央经济工作会议要求："要继续实施积极的财政政策和稳健的货币政策。积极的财政政策要提升效能，更加注重精准、可持续。要保证财政支出强度，加快支出进度。实施新的减税降费政策，强化对中小微企业、个体工商户、制造业、风险化解等的支持力度，适度超前开展基础设施投资。"进行基础设施投资前需要对投资方案进行评估和可行性分析，选择投资回报较高的投资项目。

本章从货币时间价值的认识和投资决策指标的计算两个方面来介绍 Excel 在投资决策中的应用，从而提高投资决策的效率。

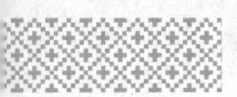

第一节　货币时间价值的认识

一、计算现值

来顺公司计划 5 年后获得一笔资金 100000 元，假设年投资报酬率为 6%，求现值。

（一）计算单利现值

步骤 1 创建工作簿，将其保存为"投资管理.xlsx"。将"Sheet1"工作表重命名为"现值计算"。

步骤 2 在 A1:B3 单元格区域中输入"终值""利率""期数"字段及对应的数值，如图 10-1 所示；在 A5 和 A6 单元格中分别输入"单利现值"和"复利现值"。

步骤 3 按住"Ctrl"键，依次选中 B1 单元格和 B5:C6 单元格区域，单击鼠标右键，选择"设置单元格格式"命令，在"数字"选项卡下，选择"分类"列表框中的"会计专用"选项，设置"货币符号（国家/地区）"为"无"，单击"确定"按钮。

	A	B
1	终值	100000
2	利率	6%
3	期数	5

图 10-1　计算现值的已知条件

步骤 4 选中 B5 单元格，在"公式"选项卡下，单击"函数库"组内的"插入函数"按钮，对于弹出的"插入函数"对话框，在"或选择类别"下拉列表中选择"财务"选项，在"选择函数"列表框中选择"PV"选项，单击"确定"按钮。

> **小贴士**
>
> **PV 函数**
>
> PV 函数可根据固定利率计算投资或贷款的现值，该函数的语法是：PV(rate, nper, pmt, [fv], [type])。参数 rate 指各期利率；参数 nper 指该项投资或贷款的付款总期数；参数 pmt 指每期的付款金额；参数[fv]指未来值或在最后一次付款后希望得到的现金余额；参数[type]指数字"0"或"1"，用以指定各期的付款时间是期初还是期末。

步骤 5 对于弹出的"函数参数"对话框，选择 PV 函数的参数值，单击"确定"按钮，计算单利现值，如图 10-2 所示。

步骤 6 选中 C5 单元格，输入公式"=B1/(1+B2*B3)"，完成单利现值的验算。

（二）计算复利现值

步骤 1 选中 B6 单元格，在"公式"选项卡下，单击"函数库"组内的"插入函数"按钮，对于弹出的"插入函数"对话框，在"或选择类别"下拉列表中选择"财务"选项，在"选择函数"列表框中选择"PV"选项，单击"确定"按钮。

步骤 2 对于弹出的"函数参数"对话框，选择 PV 函数的参数值，单击"确定"

第十章
Excel在投资决策中的应用

按钮，计算复利现值，如图 10-3 所示。

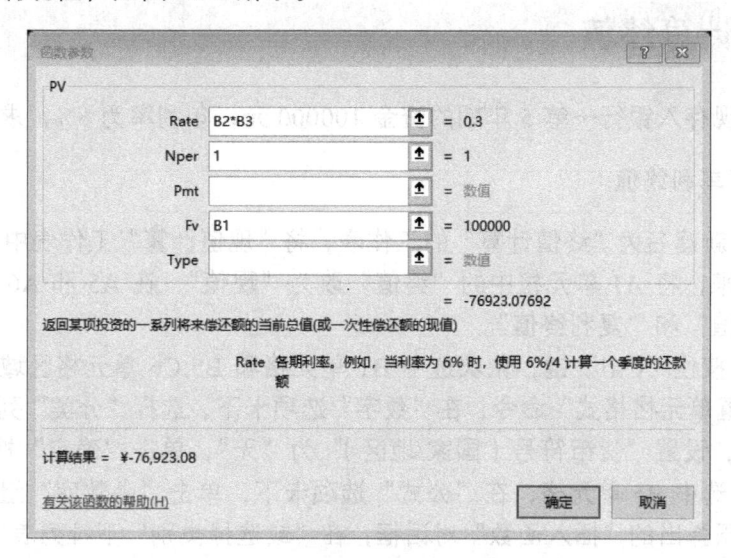

图 10-2　选择 PV 函数的参数值 1

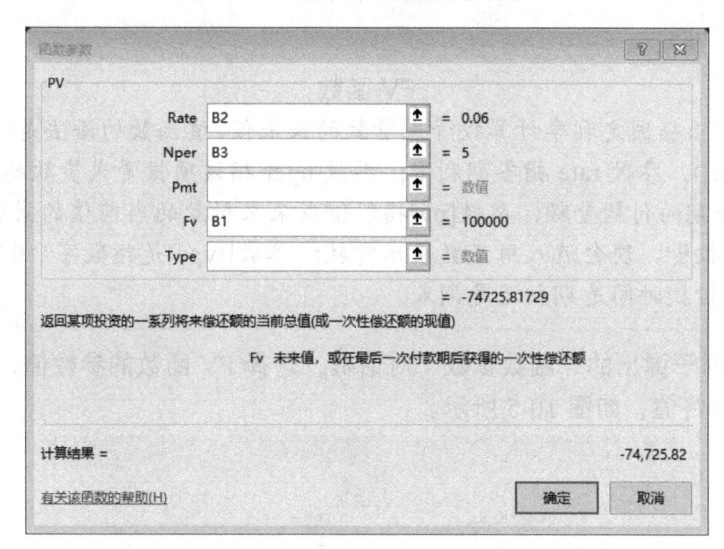

图 10-3　选择 PV 函数的参数值 2

步骤 3 选中 C6 单元格，输入公式"=B1*(1+B2)^-B3"，完成复利现值的验算，如图 10-4 所示。

图 10-4　输入"复利现值"的计算公式

Excel在财务中的应用

二、计算终值

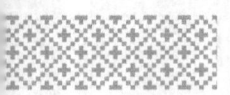

来顺公司现存入银行一笔5年期的资金100000元,年利率为6%,求终值。

(一)计算单利终值

步骤 1 新建名为"终值计算"的工作表,将"现值计算"工作表中的A1:B3单元格区域复制过来,将A1单元格中的"终值"改为"现值",在A5和A6单元格中分别输入"单利终值"和"复利终值"。

步骤 2 按住"Ctrl"键,依次选中B1单元格和B5:C6单元格区域,单击鼠标右键,选择"设置单元格格式"命令,在"数字"选项卡下,选择"分类"列表框中的"会计专用"选项,设置"货币符号(国家/地区)"为"无",单击"确定"按钮。

步骤 3 选中B5单元格,在"公式"选项卡下,单击"函数库"组内的"插入函数"按钮,对于弹出的"插入函数"对话框,在"或选择类别"下拉列表中选择"财务"选项,在"选择函数"列表框中选择"FV"选项,单击"确定"按钮。

> **小贴士**
>
> **FV函数**
>
> FV函数可根据固定利率计算投资或贷款的未来值,该函数的语法是:FV(rate, nper, pmt, [pv], [type])。参数rate指各期利率;参数nper指该项投资或贷款的付款总期数;参数pmt指每期的付款金额;参数[pv]指现值或未来付款的当前值的累积和,现金流出用负数表示投资,现金流入用正数表示贷款;参数[type]是指数字"0"或"1",用以指定各期的付款时间是期初还是期末。

步骤 4 对于弹出的"函数参数"对话框,选择FV函数的参数值,单击"确定"按钮,计算单利终值,如图10-5所示。

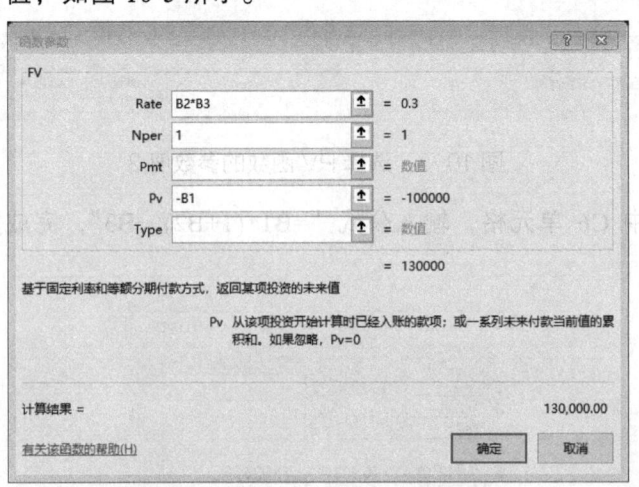

图10-5 选择FV函数的参数值1

步骤 5 选中C5单元格,输入公式"=B1*(1+B2*B3)",完成单利终值的验算。

（二）计算复利终值

步骤 1 选中 B6 单元格，在"公式"选项卡下，单击"函数库"组内的"插入函数"按钮，对于弹出的"插入函数"对话框，在"或选择类别"下拉列表中选择"财务"选项，在"选择函数"列表框中选择"FV"选项，单击"确定"按钮。

步骤 2 对于弹出的"函数参数"对话框，选择 FV 函数的参数值，单击"确定"按钮，计算复利终值，如图 10-6 所示。

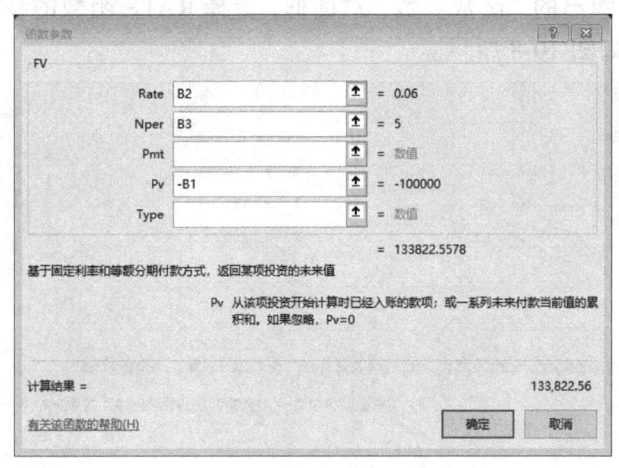

图 10-6　选择 FV 函数的参数值 2

步骤 3 选中 C6 单元格，输入公式"=B1*(1+B2)^B3"，完成复利终值的验算。

> **小贴士**
>
> PV 函数和 FV 函数，在单利与复利条件下的不同
> 单利条件下计息期为 1 期，利率为整个期限的利率，即利率和年限的乘积。
> 复利条件下计息期为实际期数，利率为 1 期对应的利率。

三、计算利率

来顺公司出售一台生产设备，协议约定采用分期收款方式，从销售当年年末起，分 5 年收款，每年 200000 元，合计 1000000 元。假定购货方在销售成立日支付货款，付 800000 元即可，求折现率。

步骤 1 新建名为"利率计算"的工作表。

步骤 2 在 A1:B4 单元格区域中依次输入"期数""每期金额""现值""折现率"字段及对应的数值，如图 10-7 所示。

	A	B
1	期数	5
2	每期金额	200000
3	现值	800000
4	折现率	

图 10-7　计算利率的已知条件

步骤 3 选中 B4 单元格，在"公式"选项卡下，单击"函数库"组内的"插入函数"按钮，对于弹出的"插入函数"对话框，在"或选择类别"下拉列表中选择"财务"选项，在"选择函数"列表框中选择"RATE"选项，单击"确定"按钮。

> **小贴士**
>
> RATE 函数
>
> RATE 函数可返回未来款项的各期利率，该函数的语法是：RATE(nper, pmt, pv, [fv], [type], [guess])。参数 nper、pmt、pv、[fv]、[type]的含义与 PV 函数和 FV 函数相同；参数[guess]是指预期利率，如果省略，则假定其值为"10%"。

步骤 4 对于弹出的"函数参数"对话框，选择 RATE 函数的参数值，单击"确定"按钮，计算利率，如图 10-8 所示。

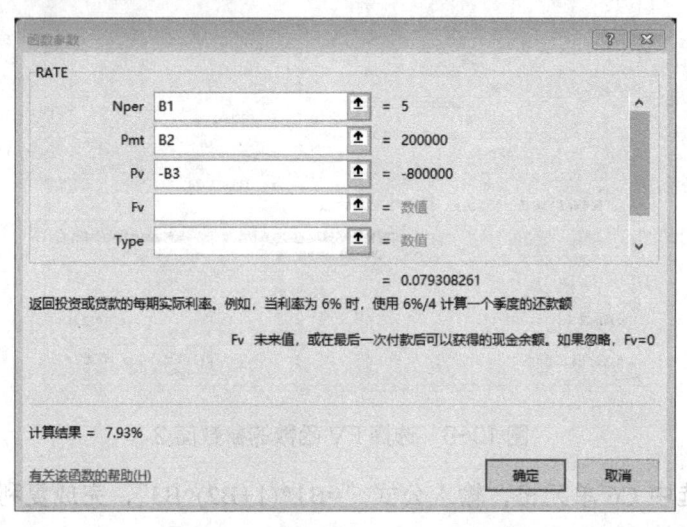

图 10-8　选择 RATE 函数的参数值

步骤 5 选中 B4 单元格，单击鼠标右键，选择"设置单元格格式"命令，在"数字"选项卡下，选择"分类"列表框中的"百分比"选项，默认"小数位数"为"2"。

第二节　投资决策指标的计算

↘ 数据源：

来顺公司为了扩大生产能力，准备新建一条生产线，预计项目初始投资额为 700000 元，预计今后 1~6 年的现金流量分别是 50000 元、100000 元、200000 元、300000 元、200000 元、150000 元，项目的贴现率假定为 7%。

一、静态评价指标

（一）平均报酬率

步骤 1 新建名为"投资决策指标"的工作表。

第十章
Excel在投资决策中的应用

步骤 2 在 A1:H2 单元格区域中输入"年份"和"预计现金流（万元）"字段及对应的数值，如图 10-9 所示。

	A	B	C	D	E	F	G	H
1	年份	0	1	2	3	4	5	6
2	预计现金流（万元）	-70	5	10	20	30	20	15

图 10-9　投资决策的已知条件

步骤 3 选中 A4 单元格，输入"平均报酬率"；选中 B4 单元格，在"公式"选项卡下，单击"函数库"组内的"插入函数"按钮，对于弹出的"插入函数"对话框，在"选择函数"列表框中选择"AVERAGE"选项，单击"确定"按钮。

步骤 4 对于弹出的"函数参数"对话框，单击"Number1"文本框，选中 C2:H2 单元格区域，单击"确定"按钮，计算平均报酬，如图 10-10 所示。

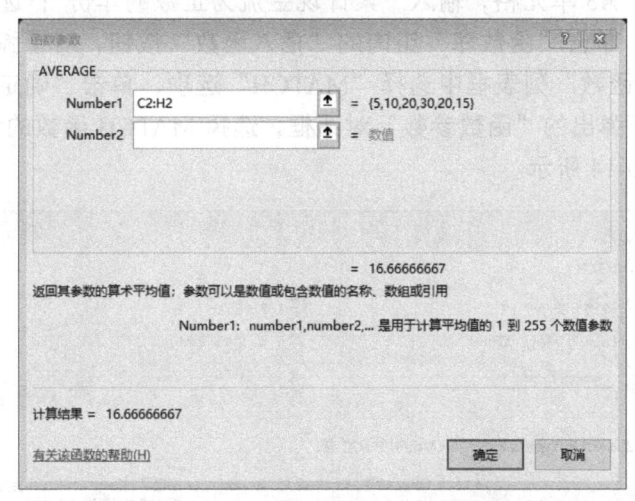

图 10-10　选择 AVERAGE 函数的参数值

步骤 5 选中 B4 单元格，输入公式"=AVERAGE(C2:H2)/ABS(B2)"，如图 10-11 所示。

图 10-11　输入"平均报酬率"的计算公式

步骤 6 选中 B4 单元格，单击鼠标右键，选择"设置单元格格式"命令，在"数字"选项卡下，选择"分类"列表框中的"百分比"选项，默认"小数位数"为"2"，计算结果如图 10-12 所示。

图 10-12　"平均报酬率"的计算结果

Excel 在财务中的应用

（二）静态投资回收期

步骤 1 选中 A3 单元格，输入"累计现金流"；选中 C3 单元格，输入公式"=SUM($B$2:C2)"，如图 10-13 所示；选中 C3 单元格，单击鼠标左键并拖动右下角的填充柄至 H3 单元格。

	A	B	C	D	E	F	G	H
1	年份	0	1	2	3	4	5	6
2	预计现金流（万元）	-70	5	10	20	30	20	15
3	累计现金流		$B$2:C2)					

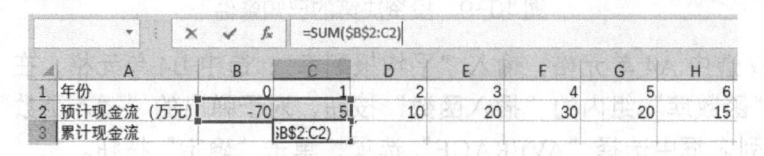

图 10-13 输入"累计现金流"的计算公式

步骤 2 选中 A5 单元格，输入"累计现金流为正数的年份"；选中 B5 单元格，在"公式"选项卡下，单击"函数库"组内的"插入函数"按钮，对于弹出的"插入函数"对话框，在"选择函数"列表框中选择"MATCH"选项，单击"确定"按钮。

步骤 3 对于弹出的"函数参数"对话框，选择 MATCH 函数的参数值，单击"确定"按钮，如图 10-14 所示。

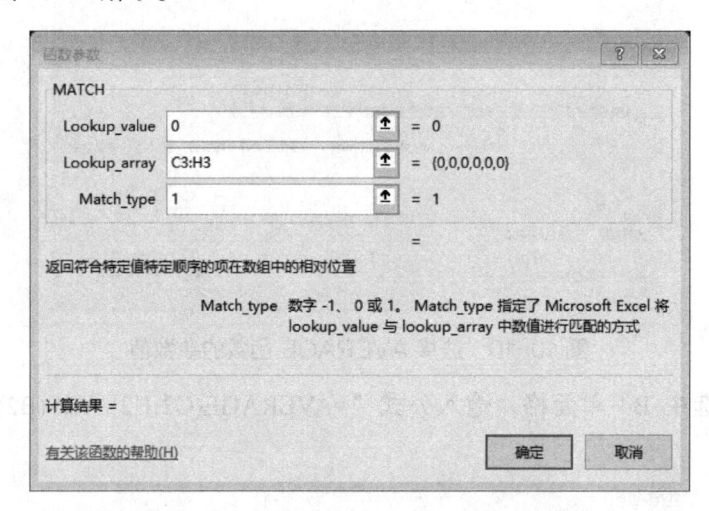

图 10-14 选择 MATCH 函数的参数值

步骤 4 选中 B5 单元格，在编辑栏中添加"+1"，得到"累计现金流为正数的年份"，如图 10-15 所示。

	A	B	C	D	E	F	G	H
1	年份	0	1	2	3	4	5	6
2	预计现金流（万元）	-70	5	10	20	30	20	15
3	累计现金流		-65	-55	-35	-5	15	30
4	平均报酬率	23.81%						
5	累计现金流为正数的年份	H3,1)+1						

图 10-15 输入"累计现金流为正数的年份"的计算公式

步骤 5 选中 A6 单元格，输入"静态投资回收期"，输入公式"=B5-1+ABS(F3)/G3"，完成"静态投资回收期"的计算,如图 10-16 所示。

	A	B	C	D	E	F	G	H
1	年份	0	1	2	3	4	5	6
2	预计现金流(万元)	-70	5	10	20	30	20	15
3	累计现金流		-65	-55	-35	-5	15	30
4	平均报酬率	23.81%						
5	累计现金流为正数的年份	5						
6	静态投资回收期	=B5-1+ABS(F3)/G3						

图 10-16 输入"静态投资回收期"的计算公式

步骤 6 在"开始"选项卡下,单击"数字"组内的"减少小数位数"按钮,将 B6 单元格中的数值调整至保留两位小数。

二、动态评价指标

(一)净现值

步骤 1 打开"投资决策指标"工作表,选中 A7 单元格,输入"净现值"。

步骤 2 选中 B7 单元格,在"公式"选项卡下,单击"函数库"组内的"插入函数"按钮,对于弹出的"插入函数"对话框,在"或选择类别"下拉列表中选择"财务"选项,在"选择函数"列表框中选择"NPV"选项,单击"确定"按钮。

> **小贴士**
>
> **NPV 函数**
>
> NPV 函数通过使用贴现率和一组未来的支出(负值)和收益(正值)来计算一项投资的净现值,该函数的语法是:NPV(rate,value1,[value2],...)。参数 rate 指某一区间的贴现率,参数 value1,[value2],...指代表支出和收益的 1 到 254 个参数。
>
> 需要注意的是:value1, value2, ...在时间上必须具有相等间隔,并且都发生在期末;NPV 函数使用 value1, value2,...的顺序来说明现金流的顺序;一定要按正确的顺序输入支出值和收益值。

步骤 3 对于弹出的"函数参数"对话框,选择 NPV 函数的参数值,单击"确定"按钮,如图 10-17 所示。

步骤 4 选中 B7 单元格,在编辑栏中添加"+B2",完成"净现值"的计算,如图 10-18 所示。

(二)内含报酬率

步骤 1 打开"投资决策指标"工作表,选中 A8 单元格,输入"内含报酬率"。

步骤 2 选中 B8 单元格,在"公式"选项卡下,单击"函数库"组内的"插入函数"按钮,对于弹出的"插入函数"对话框,在"或选择类别"下拉列表中选择"财务"选项,在"选择函数"列表框中选择"IRR"选项,单击"确定"按钮。

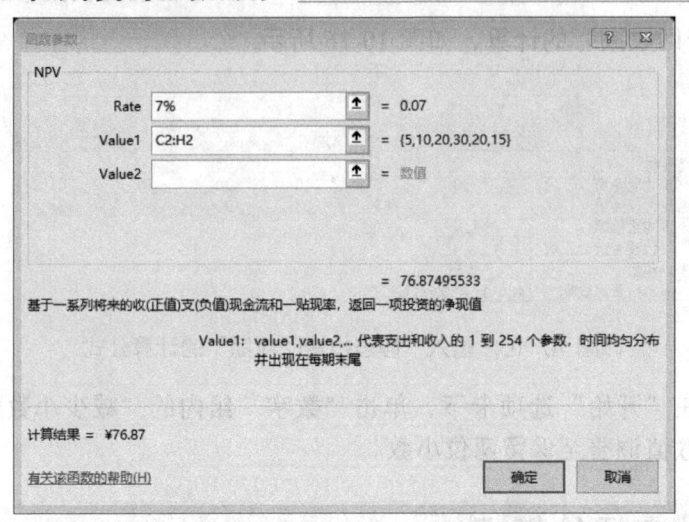

图 10-17 选择 NPV 函数的参数值

图 10-18 输入"净现值"的计算公式

> **小贴士**
>
> **IRR 函数**
>
> IRR 函数用于返回由数值中的数字表示的一组现金流的内部报酬率，该函数的语法是：IRR(values,[guess])。参数 values 指数组或单元格的引用，这些单元格包含用来计算内部报酬率的数字；参数[guess]指对 IRR 函数计算结果的估计值。values 必须包含至少一个正值和一个负值，以计算返回的内部报酬率。多数情况下，不必为 IRR 函数计算提供 guess 值。如果省略 guess，则假定它为"10%"。

步骤 3 对于弹出的"函数参数"对话框，选择 IRR 函数的参数值，单击"确定"按钮，如图 10-19 所示。

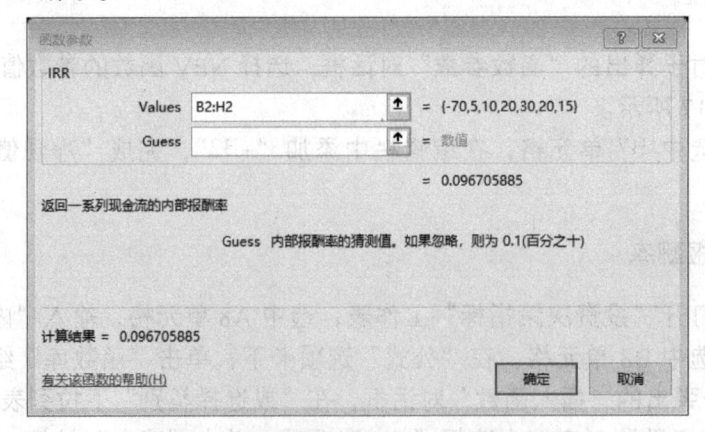

图 10-19 选择 IRR 函数的参数值

第十章
Excel在投资决策中的应用

步骤 4 在"开始"选项卡下,单击"数字"组内的"增加小数位数"按钮,将B8 单元格中的数值调整至保留两位小数,计算结果如图 10-20 所示。

	A	B	C	D	E	F	G	H
1	年份	0	1	2	3	4	5	6
2	预计现金流(万元)	-70	5	10	20	30	20	15
7	净现值	¥6.87						
8	内含报酬率	9.67%						

图 10-20 "内含报酬率"的计算结果

(三)获利指数

步骤 1 打开"投资决策指标"工作表,选中 A9 单元格,输入"获利指数"。

步骤 2 选中 B9 单元格,输入公式"=NPV(7%,C2:H2)/(-B2)",完成"获利指数"的计算,如图 10-21 所示。

	A	B	C	D	E	F	G	H
1	年份	0	1	2	3	4	5	6
2	预计现金流(万元)	-70	5	10	20	30	20	15
7	净现值	¥6.87						
8	内含报酬率	9.67%						
9	获利指数	H2)/(-B2)						

图 10-21 输入"获利指数"的计算公式

(四)动态投资回收期

步骤 1 打开"投资决策指标"工作表,选中"累计现金流"所在的行,单击鼠标右键,选择"插入"命令,连续操作两次。

步骤 2 选中 B3:H4 单元格区域,单击鼠标右键,选择"设置单元格格式"命令,在"数字"选项卡下,选择"分类"列表框中的"会计专用"选项,设置"货币符号(国家/地区)"为"无",单击"确定"按钮。

步骤 3 选中 A3 单元格,输入"现金流现值";选中 B3 单元格,输入公式"=-PV(7%,B1,,B2)",计算每年末"现金流现值",如图 10-22 所示;选中 B3 单元格,单击鼠标左键并拖动右下角的填充柄至 H3 单元格,完成公式填充。

	A	B	C	D	E	F	G	H
1	年份	0	1	2	3	4	5	6
2	预计现金流(万元)	-70	5	10	20	30	20	15
3	现金流现值	7%,B1,,B2)						

图 10-22 输入"现金流现值"的计算公式

步骤 4 选中 A4 单元格,输入"累计现金流现值";选中 C4 单元格,输入公式"=SUM($B$3:C3)",计算"累计现金流现值",如图 10-23 所示;选中 C4 单元格,单击鼠标左键并拖动右下角的填充柄至 H4 单元格,完成公式填充。

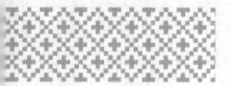

Excel在财务中的应用

	A	B	C	D	E	F	G	H
1	年份	0	1	2	3	4	5	6
2	预计现金流（万元）	-70	5	10	20	30	20	15
3	现金流现值	-70.00	4.67	8.73	16.33	22.89	14.26	10.00
4	累计现金流现值		$B$3:C3					

图 10-23 输入"累计现金流现值"的计算公式

步骤 5 选中 A12 单元格，输入"动态投资回收期"；选中 B12 单元格，输入公式"=MATCH(0,C4:H4,1)+ABS(G4)/H4"，完成"动态投资回收期"的计算，如图 10-24 所示。

	A	B	C	D	E	F	G	H
1	年份	0	1	2	3	4	5	6
2	预计现金流（万元）	-70	5	10	20	30	20	15
3	现金流现值	-70.00	4.67	8.73	16.33	22.89	14.26	10.00
4	累计现金流现值		-65.33	-56.59	-40.27	-17.38	-3.12	6.87
5	累计现金流		-65	-55	-35	-5	15	30
12	动态投资回收期	S(G4)/H4						

图 10-24 输入"动态投资回收期"的计算公式

步骤 6 在"开始"选项卡下，单击"数字"组内的"减少小数位数"按钮，将 B12 单元格中的数值调整至保留两位小数，计算结果如图 10-25 所示。

	A	B	C	D	E	F	G	H
1	年份	0	1	2	3	4	5	6
2	预计现金流（万元）	-70	5	10	20	30	20	15
3	现金流现值	-70.00	4.67	8.73	16.33	22.89	14.26	10.00
4	累计现金流现值		-65.33	-56.59	-40.27	-17.38	-3.12	6.87
12	动态投资回收期	5.45						

图 10-25 "动态投资回收期"的计算结果

本 章 实 训

（一）实训资料

LK 公司是生产电子设备的大中型企业，该公司生产的扫地机器人供不应求。为了扩大生产能力，该公司准备新建一条生产线，拟进行项目投资分析。投资项目预计现金流量表如表 10-1 所示，所得税税率为 25%，折现率为 10%。

表 10-1 投资项目预计现金流量表

年次	预计现金流量（元）
0	-200000
1	80000
2	89000

续表

年次	预计现金流量（元）
3	97000
4	100000
5	80000

（二）实训要求

1. 计算此投资项目现金流量的净现值、内含报酬率、获利指数。
2. 计算此投资项目现金流量的动态投资回收期。

微课视频

第十一章
Excel 在筹资决策中的应用

➤ **知识目标：**

通过本章学习，要求学生掌握资金习性法和销售百分比法进行资金需要量的预测、个别资本成本和加权资本成本的计算、等额本息法和等额本金法的不同之处。

➤ **技能目标：**

通过本章学习，要求学生掌握 PMT 函数、MAX 函数、MIN 函数及 SUMPRODUCT 函数等的操作方法。

➤ **思政目标：**

近年来，小微企业面临融资难、融资贵的问题，而这一问题也受到相关政府部门的高度重视。2019 年 7 月召开的中共中央政治局会议就提出"引导金融机构增加对制造业、民营企业的中长期融资"。12 月 12 日国务院召开常务会议，支持银行增加制造业中长期贷款，部署推动进一步降低小微企业综合融资成本，明确提出，"为企业家营造大胆创业、安心发展的市场化法治化营商环境""切实解决中小企业融资难、融资贵问题""支持中小企业发展的事情能办尽快办"。12 月 13 日央行召开会议传达学习中央经济工作会议精神，强调加大金融对制造业和民营小微企业的支持力度，增加制造业中长期融资。同日，银保监会召开会议强调优化信贷供给结构，增加制造业中长期贷款比重，支持科技创新、先进制造。

本章从资金需要量的预测、资本成本的测算、长期借款筹资的决策分析 3 个方面研究 Excel 在筹资决策中发挥的作用。

第十一章 Excel在筹资决策中的应用

第一节 资金需要量的预测

▶ **数据源：**

来顺公司历史产销量及每年资金占用量情况表如表 11-1 所示。

表 11-1 来顺公司历史产销量及每年资金占用量情况表

年份	产销量（台）	资金占用量（元）
2018	1800	3900000
2019	2100	4350000
2020	2400	4670000
2021	2500	4900000
2022	2700	5300000

来顺公司 2022 年流动资产 360 万元，非流动资产 310 万元，短期借款 15 万元，应付账款 80 万元，其他应付款 100 万元，非流动负债 200 万元，实收资本 260 万元，资本公积 4 万元，留存收益 11 万元。2022 年实际销售 70 万元，销售净利率为 9%。2023 年的预测数据是：年销售额 77 万元，销售净利率预计与上年持平，股利支付率 25%。

假设来顺公司流动资产与销售额的关系较为敏感，会因销售额的增长而增长，长期资产通过挖掘潜力，可以满足 2023 年销售增长的需要。短期借款、非流动负债维持上年水平，留存收益取决于净收益和股利支付。

一、资金习性法预测

（一）高低点法资金需要量预测模型

步骤 1 创建工作簿，将其保存为"筹资管理.xlsx"。将"Sheet1"工作表重命名为"历史数据资料"。

步骤 2 在 A1:C6 单元格区域中，按照表 11-1 的布局和内容输入数据；选中 A1:C6 单元格区域，在"开始"选项卡下，单击"字体"组内的"边框"下拉按钮，选择"所有框线"选项，并调整格式，效果如图 11-1 所示。

步骤 3 选中 A1 单元格，在"插入"选项卡下，单击"表格"组内的"表格"按钮，对于弹出的"创建表"对话框，勾选"表包含标题"复选框，单击"确定"按钮，将指定的单元格区域转换为表对象，如图 11-2 所示。

图 11-1 输入已知信息效果   图 11-2 "创建表"对话框

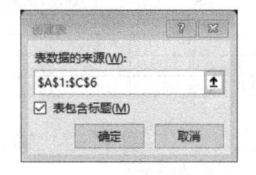

Excel在财务中的应用

步骤 4 在"表设计"选项卡下,在"属性"组内的"表名称"文本框中输入"lssj",如图 11-3 所示。

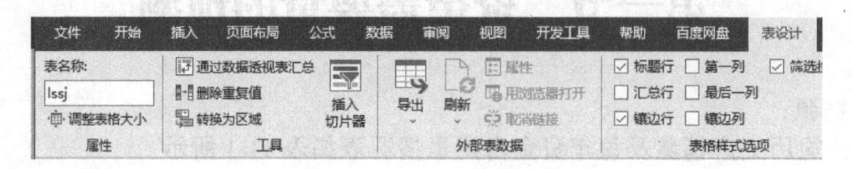

图 11-3 "表设计"选项卡

步骤 5 新建名为"资金习性法"的工作表。

步骤 6 选中 A1 单元格,输入"高低点法";选中 A1:C1 单元格区域,在"开始"选项卡下,单击"对齐方式"组内的"合并后居中"按钮;在 A2:C2 单元格区域中依次输入"项目""产销量(台)""资金占用(元)"标题信息;在 A3:A7 单元格区域中依次输入"产销量高点""产销量低点""预测方程变量项 b""预测方程常量项 a""2023 年预测值"项目信息;选中 A1:C7 单元格区域,在"开始"选项卡下,单击"字体"组内的"边框"下拉按钮,选择"所有框线"选项,并调整格式。高低点法资金需要量预测模型如图 11-4 所示。

图 11-4 高低点法资金需要量预测模型

步骤 7 选中 B3 单元格,输入公式"=MAX(lssj[产销量(台)])",完成"产销量高点"的计算,如图 11-5 所示。

步骤 8 选中 B4 单元格,输入公式"=MIN(lssj[产销量(台)])",完成"产销量低点"的计算,如图 11-6 所示。

图 11-5 输入"产销量高点"的计算公式   图 11-6 输入"产销量低点"的计算公式

步骤 9 选中 C3 单元格,输入公式"=INDEX(lssj[资金占用量(元)],MATCH(资金习性法!B3,lssj[产销量(台)]))",如图 11-7 所示;计算完成后选中 C3 单元格,单击鼠标左键并拖动右下角的填充柄至 C4 单元格。

图 11-7 输入产销量高点资金占用的计算公式

第十一章
Excel在筹资决策中的应用

步骤 10 选中 B5 单元格,输入公式"=(C3-C4)/(B3-B4)",完成"预测方程变量项 b"的计算,如图 11-8 所示。

步骤 11 选中 B6 单元格,输入公式"=C3-B3*B5",完成"预测方程常量项 a"的计算,如图 11-9 所示。

图 11-8　输入"预测方程变量项 b"的计算公式　　图 11-9　输入"预测方程常量项 a"的计算公式

步骤 12 选中 B7 单元格,输入 2023 年预测值"3000";选中 C7 单元格,输入公式"=B6+B7*B5",完成资金占用 2023 年预测值的计算,如图 11-10 所示。

步骤 13 按住"Ctrl"键,依次选中 B5 和 C7 单元格,在"开始"选项卡下,单击"数字"组内的"减少小数位数"按钮,将单元格中的数值调整至保留整数位,效果如图 11-11 所示。

图 11-10　输入资金占用 2023 年预测值的计算公式　　图 11-11　高低点法资金需要量预测模型效果

(二)回归分析法资金需要量预测模型

步骤 1 选中 A9 单元格,输入"回归分析法";选中 A9:C9 单元格区域,在"开始"选项卡下,单击"对齐方式"组内的"合并后居中"按钮;在 A10:A12 单元格区域中依次输入"预测方程变量项 b""预测方程常量项 a""2023 年预测值"项目信息;选中 A9:C12 单元格区域,在"开始"选项卡下,单击"字体"组内的"边框"下拉按钮,选择"所有框线"选项,并调整格式。回归分析法资金需要量预测模型如图 11-12 所示。

图 11-12　回归分析法资金需要量预测模型

步骤 2 选中 B10 单元格,输入公式"=SLOPE(lssj[资金占用量(元)], lssj[产销量(台)])",完成"预测方程变量项 b"的计算,如图 11-13 所示。

图 11-13　输入"预测方程变量项 b"的计算公式

Excel在财务中的应用

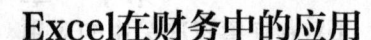

步骤3 选中B11单元格,输入公式"=INTERCEPT(lssj[资金占用量(元)],lssj[产销量(台)])",完成"预测方程常量项a"的计算,如图11-14所示。

图11-14 输入"预测方程常量项a"的计算公式

步骤4 选中B12单元格,输入2023年预测值"3000";选中C12单元格,输入公式"=B11+B10*B12",完成资金占用2023年预测值的计算,如图11-15所示。

图11-15 输入资金占用2023年预测值的计算公式

二、销售百分比法预测

(一)根据销售总额确定融资需求

步骤1 新建名为"销售百分比法"的工作表。

步骤2 在A1:E1单元格区域中依次输入"项目""2022年资产负债表数据""销售百分比""2023年预计""增加额"字段;在A2:A20单元格区域中依次输入"流动资产""非流动资产""资产合计""短期借款""应付账款""其他应付款""非流动负债""负债合计""实收资本""资本公积""留存收益""所有者权益合计""2022年实际销售额""2023年预计销售额""销售增长率""销售净利率""预计股利支付率""资金追加量""外部融资需求量"字段;将数据源中的已知信息输入该工作表中;选中A1:E20单元格区域,在"开始"选项卡下,单击"字体"组内的"边框"下拉按钮,选择"所有框线"选项,并调整格式。销售百分比法资金需要量预测模型如图11-16所示。

图11-16 销售百分比法资金需要量预测模型

第十一章
Excel在筹资决策中的应用

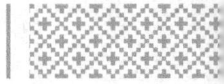

步骤 3 按住"Ctrl"键，依次选中 C2:C13 单元格区域和 B16:B18 单元格区域，在"开始"选项卡下，单击"数字"组内的"百分比"按钮。

步骤 4 分别选中 C2、C6、C7 单元格，输入公式，计算"销售百分比"，如表 11-2 所示。

表 11-2　计算"销售百分比"

单元格	计算公式
C2	=B2/B14
C6	=B6/B14
C7	=B7/B14

步骤 5 分别选中 D2、D3、D4 单元格，输入公式，计算预计资产，如表 11-3 所示。

表 11-3　计算预计资产

单元格	计算公式
D2	=C2*B15
D3	=B3
D4	=SUM(D2:D3)

步骤 6 分别选中 D5、D6、D7、D8、D9 单元格，输入公式，计算预计负债，如表 11-4 所示。

表 11-4　计算预计负债

单元格	计算公式
D5	=B5
D6	=C6*B15
D7	=C7*B15
D8	=B8
D9	=SUM(D5:D8)

步骤 7 分别选中 D11、D12、D13 单元格，输入公式，计算预计所有者权益，如表 11-5 所示。

表 11-5　计算预计所有者权益

单元格	计算公式
D10	=B10
D11	=B11
D12	=B15*B17*(1−B18)+B12
D13	=SUM(D10:D12)

步骤 8 选中 B19 单元格，输入公式"=D4−B4"，计算"资金追加量"；选中 B20

单元格，输入公式"=D4-D9-D13"，计算"外部融资需求量"。根据销售总额确定融资需求计算结果如图 11-17 所示。

	A	B	C	D	E
1	项目	2022年资产负债表数据	销售百分比	2023年预计	增加额
2	流动资产	3600000	514.29%	3960000	
3	非流动资产	3100000		3100000	
4	资产合计	6700000		7060000	
5	短期借款	150000		150000	
6	应付账款	800000	114.29%	880000	
7	其他应付款	1000000	142.86%	1100000	
8	非流动负债	2000000		2000000	
9	负债合计	3950000		4130000	
10	实收资本	2600000		2600000	
11	资本公积	40000		40000	
12	留存收益	110000		161975	
13	所有者权益合计	2750000		2801975	
14	2022年实际销售额		700000		
15	2023年预计销售额		770000		
16	销售增长率				
17	销售净利率		9.00%		
18	预计股利支付率		25.00%		
19	资金追加量	360000			
20	外部融资需求量	128025			

图 11-17　根据销售总额确定融资需求计算结果

（二）根据销售增加额确定融资需求

步骤 1　选中 E4 单元格，输入公式"=D4-B4"，计算资产增加额；选中 C19 单元格，输入公式"=E4"，计算"资金追加量"。

步骤 2　选中 E9 单元格，输入公式"=D9-B9"，计算自然增加的负债。

步骤 3　选中 E12 单元格，输入公式"=D12-B12"，计算增加的留存收益。

步骤 4　选中 C20 单元格，输入公式"=C19-E9-E12"，计算"外部融资需求量"，如图 11-18 所示。

	A	B	C	D	E
			fx	=C19-E9-E12	
7	其他应付款	1000000	142.86%	1100000	
8	非流动负债	2000000		2000000	
9	负债合计	3950000		4130000	180000
10	实收资本	2600000		2600000	
11	资本公积	40000		40000	
12	留存收益	110000		161975	51975
13	所有者权益合计	2750000		2801975	
14	2022年实际销售额		700000		
15	2023年预计销售额		770000		
16	销售增长率				
17	销售净利率		9.00%		
18	预计股利支付率		25.00%		
19	资金追加量	360000	360000		
20	外部融资需求量	128025	9-E9-E12		

图 11-18　输入"外部融资需求量"的计算公式

（三）根据销售增长率确定融资需求

步骤 1　选中 B16 单元格，输入公式"=(B15-B14)/B14"，计算"销售增长率"，如图 11-19 所示。

第十一章
Excel在筹资决策中的应用

	A	B	C	D	E
13	所有者权益合计	2750000		2801975	
14	2022年实际销售额	700000			
15	2023年预计销售额	770000			
16	销售增长率	=(B15-B14)/B14			

图 11-19　输入"销售增长率"的计算公式

步骤 2 选中 D20 单元格，输入公式"=B14*(C2*B16-(C6+C7)*B16-B17*(1+B16)*(1-B18))"，计算"外部融资需求量"，如图 11-20 所示。

	A	B	C	D	E
1	项目	2022年资产负债表数据	销售百分比	2023年预计	增加额
2	流动资产	3600000	514.29%	3960000	
3	非流动资产	3100000		3100000	
4	资产合计	6700000		7060000	360000
5	短期借款	150000		150000	
6	应付账款	800000	114.29%	880000	
7	其他应付款	1000000	142.86%	1100000	
8	非流动负债	2000000		2000000	
9	负债合计	3950000		4130000	180000
10	实收资本	2600000		2600000	
11	资本公积	40000		40000	
12	留存收益	110000		161975	51975
13	所有者权益合计	2750000		2801975	
14	2022年实际销售额	700000			
15	2023年预计销售额	770000			
16	销售增长率	10.00%			
17	销售净利率	9.00%			
18	预计股利支付率	25.00%			
19	资金追加量	360000	360000		
20	外部融资需求量	128025	128025		

图 11-20　输入"外部融资需求量"的计算公式

从图 11-21 中可以看出，销售百分比法 3 种方法计算的外部融资需求量都是相同的。

	A	B	C	D	E
1	项目	2022年资产负债表数据	销售百分比	2023年预计	增加额
2	流动资产	3600000	514.29%	3960000	
3	非流动资产	3100000		3100000	
4	资产合计	6700000		7060000	360000
5	短期借款	150000		150000	
6	应付账款	800000	114.29%	880000	
7	其他应付款	1000000	142.86%	1100000	
8	非流动负债	2000000		2000000	
9	负债合计	3950000		4130000	180000
10	实收资本	2600000		2600000	
11	资本公积	40000		40000	
12	留存收益	110000		161975	51975
13	所有者权益合计	2750000		2801975	
14	2022年实际销售额	700000			
15	2023年预计销售额	770000			
16	销售增长率	10.00%			
17	销售净利率	9.00%			
18	预计股利支付率	25.00%			
19	资金追加量	360000	360000		
20	外部融资需求量	128025	128025	128025	
21		方法1	方法2	方法3	

图 11-21　销售百分比法 3 种方法的计算结果

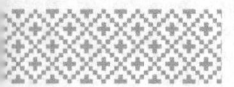

第二节 资本成本的测算

> **数据源：**
> 来顺公司2023年需要资金扩大生产规模。来顺公司2023年筹资渠道情况表如表11-6所示。

表 11-6　来顺公司2023年筹资渠道情况表

筹资方式	金额（元）	利率指标	利率（股利）	筹资费率
银行借款	1000000	利率	6%	1%
债券	500000	利率	5%	2%
优先股	1000000	股利率	6%	4%
普通股	2000000	第一年股利	2元	5%
留存收益	1500000	股利年增长率	5%	
		普通股发行价格	12元	
现有资本合计	6000000	所得税税率	25%	

一、创建资本成本计算界面

步骤 1　新建名为"资本成本"的工作表。

步骤 2　在 A1:E8 单元格区域中，按照表 11-6 的布局和内容输入数据，删除 D2:D6 单元格区域中的内容；选中 E 列，单击鼠标右键，选择"插入"命令，并在 E1 单元格中输入"调节值"字段；选中 A1:F8 单元格区域，在"开始"选项卡下，单击"字体"组内的"边框"下拉按钮，选择"所有框线"选项，并调整格式。筹资渠道已知信息如图 11-22 所示。

步骤 3　在"开发工具"选项卡下，单击"控件"组内的"插入"下拉按钮，选择"表单控件"列表中的"滚动条（窗体控件）"选项。

步骤 4　单击 E2 单元格添加滚动条控件，调整其大小；在该滚动条控件上单击鼠标右键，选择"设置控件格式"命令，在弹出的"设置控件格式"对话框中设置参数，如图 11-23 所示。

图 11-22　筹资渠道已知信息　　　　图 11-23　"设置控件格式"对话框

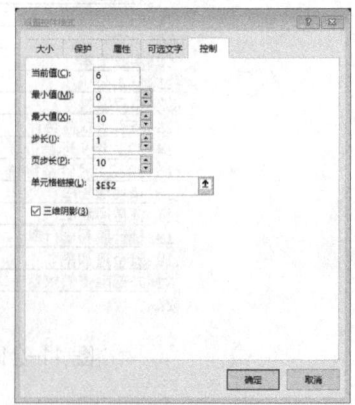

步骤 5 按照前述方法,在"调节值"列的其他单元格中添加滚动条控件,并设置参数,效果如图 11-24 所示。

	A	B	C	D	E	F
1	筹资方式	金额(元)	利率指标	利率(股利)	调节值	筹资费率
2	银行借款	1000000	利率		◁ ▭ ▷ 6	1%
3	债券	500000	利率		◁ ▭ ▷ 5	2%
4	优先股	1000000	股利率		◁ ▭ ▷ 6	4%
5	普通股	2000000	第一年股利		◁ ▭ ▷ 2	5%
6	留存收益	1500000	股利年增长率		◁ ▭ ▷ 5	
7			普通股发行价格	12		
8	现有资本合计	6000000	所得税税率	25%		

图 11-24 添加滚动条控件效果

步骤 6 选中 D2 单元格,输入公式"=E2/100";选中 D2 单元格,单击鼠标左键并拖动右下角的填充柄至 D6 单元格;选中 D5 单元格,输入公式"=E5"。"利率(股利)"计算结果如图 11-25 所示。

	A	B	C	D	E	F
1	筹资方式	金额(元)	利率指标	利率(股利)	调节值	筹资费率
2	银行借款	1000000	利率	6%	◁ ▭ ▷ 6	1%
3	债券	500000	利率	5%	◁ ▭ ▷ 5	2%
4	优先股	1000000	股利率	6%	◁ ▭ ▷ 6	4%
5	普通股	2000000	第一年股利	2	◁ ▭ ▷ 2	5%
6	留存收益	1500000	股利年增长率	5%	◁ ▭ ▷ 5	
7			普通股发行价格	12		
8	现有资本合计	6000000	所得税税率	25%		

图 11-25 "利率(股利)"计算结果

步骤 7 在 A10:D10 单元格区域中依次输入"资本类型""权重""个别资本成本""加权资本成本"字段;在 A11:A16 单元格区域中依次输入"银行借款""债券""优先股""普通股""留存收益""合计"字段;选中 A10:D16 单元格区域,在"开始"选项卡下,单击"字体"组内的"边框"下拉按钮,选择"所有框线"选项,并调整格式。资本成本计算界面如图 11-26 所示。

	A	B	C	D
9				
10	资本类型	权重	个别资本成本	加权资本成本
11	银行借款			
12	债券			
13	优先股			
14	普通股			
15	留存收益			
16	合计			

图 11-26 资本成本计算界面

二、计算个别资本成本

步骤 1 选中 B11:D16 单元格区域,在"开始"选项卡下,单击"数字"组内的"百分比"按钮。

步骤 2 选中 B11 单元格,输入公式"=B2/$B$8"。

步骤 3 选中 B11 单元格,单击鼠标左键并拖动右下角的填充柄至 B15 单元格,"权重"计算结果如图 11-27 所示。

步骤 4 选中 B16 单元格,输入公式"=SUM(B11:B15)",计算权重合计是否为 100%。

步骤 5 选中 C11 单元格,输入公式"=B2*D2*(1-$D$8)/(B2*(1-F2))",完成银行借款资本成本的计算,如图 11-28 所示。

Excel在财务中的应用

图 11-27 "权重"计算结果　　图 11-28　输入银行借款资本成本的计算公式

步骤 6 选中 C11 单元格，单击鼠标左键并拖动右下角的填充柄至 C12 单元格。

步骤 7 选中 C13 单元格，输入公式 "=B4*D4/(B4*(1-F4))"，完成优先股资本成本的计算，如图 11-29 所示。

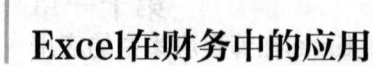

图 11-29　输入优先股资本成本的计算公式

步骤 8 选中 C14 单元格，输入公式 "=D5/(D7*(1-F5))+D6"，完成普通股资本成本的计算，如图 11-30 所示。

步骤 9 选中 C15 单元格，输入公式 "=D5/D7+D6"，完成留存收益资本成本的计算，如图 11-31 所示。

图 11-30　输入普通股资本成本的计算公式　　图 11-31　输入留存收益资本成本的计算公式

三、计算加权资本成本

步骤 1 选中 D11 单元格，输入公式 "=B11*C11"，完成银行借款加权资本成本的

第十一章
Excel在筹资决策中的应用

计算，如图 11-32 所示。

步骤 2 选中 D11 单元格，单击鼠标左键并拖动右下角的填充柄至 D15 单元格。

步骤 3 选中 D16 单元格，输入公式"=SUM(D11:D15)"，完成加权资本成本合计的计算，如图 11-33 所示。

图 11-32 输入银行借款加权资本成本的计算公式

图 11-33 加权资本成本合计的计算结果

步骤 4 选中 C16 单元格，在"公式"选项卡下，单击"函数库"组内的"插入函数"按钮，对于弹出的"插入函数"对话框，在"选择函数"列表框中选择"SUMPRODUCT"选项，单击"确定"按钮。

> **小贴士**
>
> **SUMPRODUCT 函数**
>
> SUMPRODUCT 函数用于返回相应的数组或区域乘积的和，该函数的语法是：SUMPRODUCT(array1，[array2]，[array3]，...)。参数 array1 是指相应元素需要进行相乘并求和的第一个数组参数，是必需项；参数[array2]，[array3]，…是指 2~255 个数组参数，其相应元素需要进行相乘并求和，是可选项。

步骤 5 对于弹出的"函数参数"对话框，选择 SUMPRODUCT 函数的参数值，单击"确定"按钮，如图 11-34 所示。

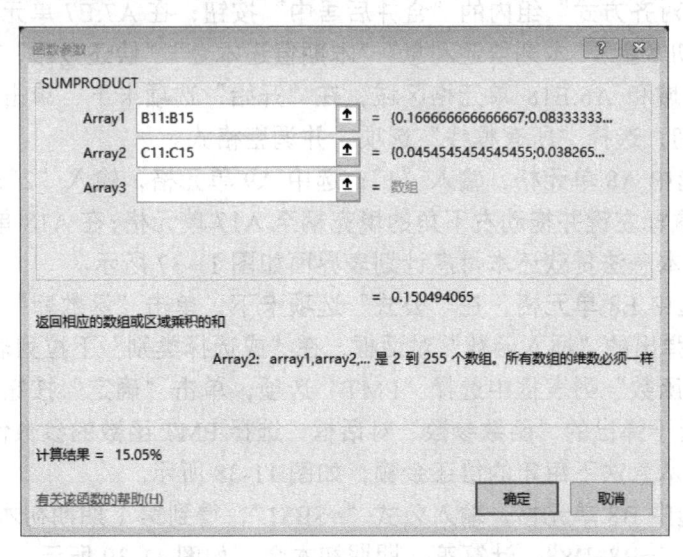

图 11-34 选择 SUMPRODUCT 函数的参数值

步骤 6 C16 单元格中 SUMPRODUCT 函数的计算结果如图 11-35 所示。

	A	B	C	D
10	资本类型	权重	个别资本成本	加权资本成本
11	银行借款	16.67%	4.55%	0.76%
12	债券	8.33%	3.83%	0.32%
13	优先股	16.67%	6.25%	1.04%
14	普通股	33.33%	22.54%	7.51%
15	留存收益	25.00%	21.67%	5.42%
16	合计	100.00%		15.05%

图 11-35　C16 单元格中 SUMPRODUCT 函数的计算结果

步骤 7 当利率、股利、股利增长率发生变化时，调整 E 列的滚动条控件，即可得到变化后的个别资本成本及加权资本成本。

第三节　长期借款筹资的决策分析

▶ 数据源：

来顺公司拟购入一项不动产，由于自有资金不足，需要向银行贷款 1000000 元，年利率为 5.2%，借款年限为 10 年，每年年末还款。

一、编制等额本息法贷款还本付息计划表

步骤 1 新建名为"长期借款筹资"的工作表。

步骤 2 在 A1:A4 单元格区域中依次输入"借款金额""年利率""年限""每年还款期数"字段，将数据源中的已知信息输入该工作表中，如图 11-36 所示。

	A	B
1	借款金额	1000000
2	年利率	5.20%
3	年限	10
4	每年还款期数	1

图 11-36　长期借款已知信息

步骤 3 选中 A6 单元格，输入"等额本息法贷款还本付息计划表"；选中 A6:E6 单元格区域，在"开始"选项卡下，单击"对齐方式"组内的"合并后居中"按钮；在 A7:E7 单元格区域中依次输入"期数""期初本金""本期偿还利息""本期偿还本金""偿还金额"字段；分别选中 A1:B4 单元格区域和 A6:E18 单元格区域，在"开始"选项卡下，单击"字体"组内的"边框"下拉按钮，选择"所有框线"选项，并调整格式。

步骤 4 选中 A8 单元格，输入"1"；选中 A9 单元格，输入"2"；选中 A8:A9 单元格区域，单击鼠标左键并拖动右下角的填充柄至 A17 单元格；在 A18 单元格中输入"合计"字段。等额本息法贷款还本付息计划表界面如图 11-37 所示。

步骤 5 选中 E8 单元格，在"公式"选项卡下，单击"函数库"组内的"插入函数"按钮，对于弹出的"插入函数"对话框，在"或选择类别"下拉列表中选择"财务"选项，在"选择函数"列表框中选择"PMT"选项，单击"确定"按钮。

步骤 6 对于弹出的"函数参数"对话框，选择 PMT 函数的参数值，单击"确定"按钮，计算等额本息法下每年的偿还金额，如图 11-38 所示。

步骤 7 选中 B8 单元格，输入公式"=$B$1"，得到第 1 期期初本金；选中 B9 单元格，输入公式"=B8-D8"，计算第 2 期期初本金，如图 11-39 所示。

步骤 8 选中 C8 单元格，输入公式"=B8*$B$2"，计算第 1 期需要偿还的利息，如图 11-40 所示。

第十一章
Excel在筹资决策中的应用

图 11-37　等额本息法贷款还本付息计划表界面

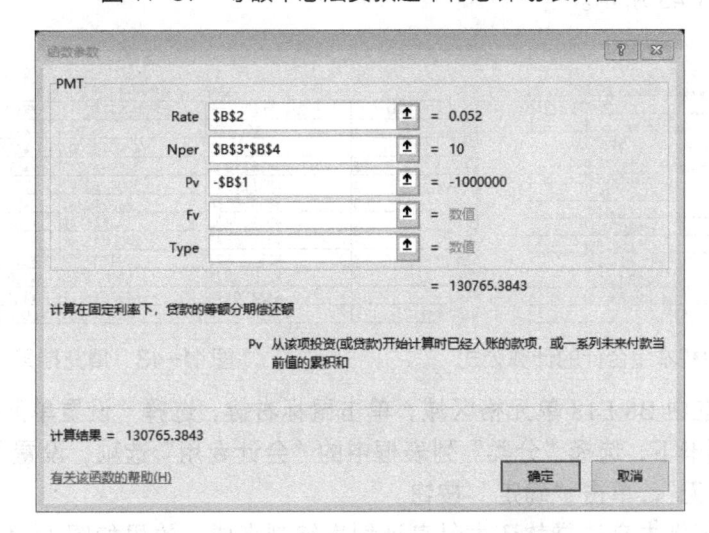

图 11-38　选择 PMT 函数的参数值

图 11-39　输入"期初本金"的计算公式

图 11-40　输入"本期偿还利息"的计算公式

步骤 9 选中 D8 单元格，输入公式"=E8-C8"，计算第 1 期应偿还的本金，如图 11-41 所示。

步骤 10 分别选中 B9 单元格、C8:E8 单元格区域，单击鼠标左键并拖动右下角的填充柄至第 17 行。

| 239 |

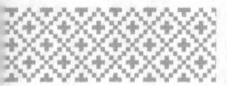

Excel在财务中的应用

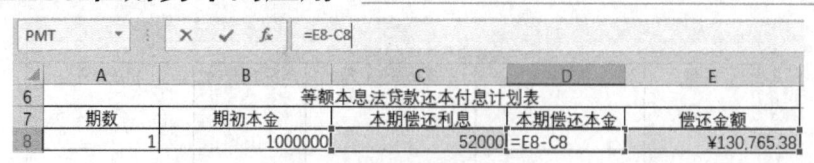

图 11-41 输入"本期偿还本金"的计算公式

步骤 11 选中 B18 单元格，输入公式"=SUM(B8:B17)"，计算期初本金合计，如图 11-42 所示。

步骤 12 选中 B18 单元格，单击鼠标左键并拖动右下角的填充柄至 E18 单元格，填充结果如图 11-43 所示。

图 11-42 输入期初本金合计的计算公式

图 11-43 填充结果

步骤 13 选中 B8:E18 单元格区域，单击鼠标右键，选择"设置单元格格式"命令，在"数字"选项卡下，选择"分类"列表框中的"会计专用"选项，设置"货币符号（国家/地区）"为"无"，单击"确定"按钮。

步骤 14 等额本息法贷款还本付息计划表编制完成，效果如图 11-44 所示。

图 11-44 等额本息法贷款还本付息计划表效果

小贴士

等额本息法和等额本金法的特点

等额本息法的特点是每月偿还的金额相等，在偿还的初期利息支付最多，本金最少，以后利息支付逐渐减少，本金逐渐增加。

等额本金法的特点是在还款期内按期等额归还贷款本金，同时还清当期未归还本金所产生的利息。

二、编制等额本金法贷款还本付息计划表

步骤 1 将等额本息法贷款还本付息计划表所在的 A6:E18 单元格区域复制到 A20:E32 单元格区域，将"等额本息法"改为"等额本金法"，如图 11-45 所示。

	A	B	C	D	E
19					
20			等额本金法贷款还本付息计划表		
21	期数	年初本金	本期偿还利息	本期偿还本金	偿还金额
22	1	1,000,000.00	52,000.00	78,765.38	130,765.38
23	2	921,234.62	47,904.20	82,861.18	130,765.38
24	3	838,373.43	43,595.42	87,169.97	130,765.38
25	4	751,203.47	39,062.58	91,702.80	130,765.38
26	5	659,500.66	34,294.03	96,471.35	130,765.38
27	6	563,029.31	29,277.52	101,487.86	130,765.38
28	7	461,541.45	24,000.16	106,765.23	130,765.38
29	8	354,776.22	18,448.36	112,317.02	130,765.38
30	9	242,459.20	12,607.88	118,157.51	130,765.38
31	10	124,301.70	6,463.69	124,301.70	130,765.38
32	合计	5,916,420.06	307,653.84	1,000,000.00	1,307,653.84

图 11-45 等额本金法贷款还本付息计划表界面

步骤 2 选中 D22 单元格，将原有的公式改为"=$B$1/$B$3"，计算"本期偿还本金"，如图 11-46 所示。

图 11-46 输入"本期偿还本金"的计算公式

步骤 3 选中 E22 单元格，将原有的公式改为"=D22+C22"，计算本期"偿还金额"，如图 11-47 所示。

图 11-47 输入"偿还金额"的计算公式

步骤 4 选中 D22:E22 单元格区域，单击鼠标左键并拖动右下角的填充柄至第 31 行。至此等额本金法贷款还本付息计划表编制完成，效果如图 11-48 所示。

	A	B	C	D	E
20			等额本金法贷款还本付息计划表		
21	期数	年初本金	本期偿还利息	本期偿还本金	偿还金额
22	1	1,000,000.00	52,000.00	100,000.00	152,000.00
23	2	900,000.00	46,800.00	100,000.00	146,800.00
24	3	800,000.00	41,600.00	100,000.00	141,600.00
25	4	700,000.00	36,400.00	100,000.00	136,400.00
26	5	600,000.00	31,200.00	100,000.00	131,200.00
27	6	500,000.00	26,000.00	100,000.00	126,000.00
28	7	400,000.00	20,800.00	100,000.00	120,800.00
29	8	300,000.00	15,600.00	100,000.00	115,600.00
30	9	200,000.00	10,400.00	100,000.00	110,400.00
31	10	100,000.00	5,200.00	100,000.00	105,200.00
32	合计	5,500,000.00	286,000.00	1,000,000.00	1,286,000.00

图 11-48　等额本金法贷款还本付息计划表效果

本 章 实 训

（一）实训资料

HS 公司是一家服装制造企业。HS 公司历史产销量及每年资金占用量情况表如表 11-7 所示。

表 11-7　HS 公司历史产销量及每年资金占用量情况表

年份	产销量（件）	资金占用量（万元）
2018	4500	300
2019	5000	320
2020	5600	350
2021	6500	390
2022	7200	410

为了满足 2023 年的计划产量，HS 公司计划通过多种方式筹资来购买生产线，扩大生产能力。HS 公司 2023 年筹资渠道情况表如表 11-8 所示。

表 11-8　HS 公司 2023 年筹资渠道情况表

筹资方式	金额（元）	利率指标	利率（股利）	筹资费率
银行借款	500000	利率	5%	2%
债券	500000	利率	6%	2%
优先股	500000	股利率	5%	4%
普通股	1000000	第一年股利	2 元	5%
留存收益	1500000	股利年增长率	4%	

续表

筹资方式	金额（元）	利率指标	利率（股利）	筹资费率
		普通股发行价格	9 元	
现有资本合计	4000000	所得税税率	25%	

（二）实训要求

1. 如果 HS 公司 2023 年计划产量为 8000 件，根据产量与资金占用量之间的关系，预测 2023 年的资金需要量。

2. 计算不同筹资渠道的个别资本成本和加权资本成本。

微课视频

第十二章

Excel 在财务分析中的应用

➥ **知识目标：**

通过本章学习，要求学生能够对财务数据进行财务结构分析、财务趋势分析和财务指标分析，熟练掌握评估企业偿债能力、营运能力、盈利能力、成长能力的指标含义与计算。

➥ **技能目标：**

通过本章学习，要求学生熟练运用 Excel 计算财务指标，并用饼图、折线图等对计算结果进行分析。

➥ **思政目标：**

在高校落实"立德树人"的过程中，财务管理专业推行"课程思政"。虽然近年来高校在实行"课程思政"方面进行了大量的理论研究，但是在教学实践中，侧重专业教学、忽视思政教育的情况还是普遍存在的。如何确保"课程思政"得到贯彻落实，并取得预期成效，是当前在财务管理专业教学中要考虑的问题。"课程思政"对财务管理专业教学带来的积极影响基于教学实践，要掌握思政教育与专业知识契合点，依托实习实训渗透思政教育。本章从财务分析的方法入手，要求学生在工作中首先对财务信息质量负责，只有保证财务信息的可靠性，才能做出有效的财务分析。

本章从财务结构分析、财务趋势分析和财务指标分析 3 个方面介绍如何利用 Excel 提高财务分析的效率。

第十二章　Excel在财务分析中的应用

第一节　财务结构分析

▼ 数据源：

来顺公司 2021 年单季度资产负债表如表 12-1 所示。来顺公司 2021 年单季度利润表如表 12-2 所示。这两个表展示了 2021 年来顺公司的财务状况和经营成果。此数据源是本章的背景资料，对本章其他节仍有参照意义。

表 12-1　来顺公司 2021 年单季度资产负债表

单位：元

	2021/3/31	2021/6/30	2021/9/30	2021/12/31
流动资产				
货币资金	2030250	2155500	1585750	1396750
交易性金融资产	706000	446250	105600	280500
应收票据	132625	115225	146300	151125
应收账款	574500	659750	689750	649500
预付款项	69100	80225	87975	90550
存货	777000	787500	862500	830000
流动资产合计	4289475	4244450	3477875	3398425
非流动资产				
发放贷款及垫款	27850	23815	24502.5	23560
其他债权投资	536500	581500	419000	287750
长期应收款	24540	23442.5	27825	27575
长期股权投资	72525	73800	75400	94050
投资性房地产	10140	9157.5	22482.5	22195
固定资产	556000	549000	563750	560500
在建工程	36925	37700	39675	53725
无形资产	385500	414750	446000	441250
商誉	739000	709250	733250	721500
非流动资产合计	2388980	2422415	2351885	2232105
资产合计	6678455	6666865	5829760	5630530
流动负债				
短期借款	81800	119500	115900	99440
应付票据	320000	310200	290200	282500
应付账款	616000	644600	584000	539300
应付职工薪酬	63200	55570	49570	69550

续表

	2021/3/31	2021/6/30	2021/9/30	2021/12/31
应交税费	43300	47480	46680	57580
流动负债合计	1124300	1177350	1086350	1048370
非流动负债				
长期借款	486000	493900	469100	428300
租赁负债	14100	14300	14230	0
长期应付款	5000	4800	6000	5700
长期应付职工薪酬	17100	17880	18380	21600
预计负债	3530	3844	2991	2981
递延收益	11000	10420	8236	7797
非流动负债合计	536730	545144	518937	466378
负债合计	1661030	1722494	1605287	1514748
实收资本（或股本）	69840	70480	70480	70300
资本公积	3873225	3884031	3164133	3095882
盈余公积	79660	79660	79660	79600
未分配利润	994700	910200	910200	870000
股东权益合计	5017425	4944371	4224473	4115782
负债和股东权益总计	6678455	6666865	5829760	5630530

表12-2　来顺公司2021年单季度利润表

单位：元

	2021/3/31	2021/6/30	2021/9/30	2021/12/31
营业总收入	3029000	2148000	1230200	6357000
营业总成本	2748320	1812082	867623	3028700
营业成本	1991000	1334000	635300	2128000
税金及附加	11720	8332	3904	15340
期间费用	372800	234900	114200	442700
销售费用	244100	162400	74570	275200
管理费用	74540	42520	24050	92640
研发费用	87650	53150	25200	101200
财务费用	-33490	-23220	-9601	-26380
其他经营收益				
其他收益	10430	5783	3457	14240
投资收益	19990	10810	5312	23620
公允价值变动收益	-9248	-8019	-8306	17630
信用减值损失	-2043	-1545	-1810	-2476
资产减值损失	-1717	-1782	-1160	-7052

续表

	2021/3/31	2021/6/30	2021/9/30	2021/12/31
资产处置收益	579.7	−178.3	14	−605.2
营业利润	298671.7	340986.7	360084	3373656.8
加：营业外收入	4062	1765	722	3850
减：营业外支出	1395	1057	257.2	2149
利润总额	301338.7	341694.7	360548.8	3375357.8
减：所得税费用	75334.675	85423.675	90137.2	843839.45
净利润	226004.03	256271.03	270411.6	2531518.35

一、分析资产负债表结构

下面以来顺公司2021年第1季度的资产负债表数据为例，演示绘制饼图的操作步骤。

步骤 1 创建工作簿，将其保存为"财务分析.xlsx"。

步骤 2 将"Sheet1"工作表重命名为"资产负债表"。

步骤 3 在 A1:E43 单元格区域中输入资产负债表数据，如图 12-1 所示。

	A	B	C	D	E
1	资产负债表（元）	2021/3/31	2021/6/30	2021/9/30	2021/12/31
2	流动资产				
3	货币资金	2030250	2155500	1585750	1396750
4	交易性金融资产	706000	446250	105600	280500
5	应收票据	132625	115225	146300	151125
6	应收账款	574500	659750	689750	649500
7	预付款项	69100	80225	87975	90550
8	存货	777000	787500	862500	830000
9	流动资产合计	4289475	4244450	3477875	3398425
10	非流动资产				
11	发放贷款及垫款	27850	23815	24502.5	23560
12	其他债权投资	536500	581500	419000	287750
13	长期应收款	24540	23442.5	27825	27575
14	长期股权投资	72525	73800	75400	94050
15	投资性房地产	10140	9157.5	22482.5	22195
16	固定资产	556000	549000	563750	560500
17	在建工程	36925	37700	39675	53725
18	无形资产	385500	414750	446000	441250
19	商誉	739000	709250	733250	721500
20	非流动资产合计	2388980	2422415	2351885	2232105
21	资产合计	6678455	6666865	5829760	5630530
22	流动负债				
23	短期借款	81800	119500	115900	99440
24	应付票据	320000	310200	290200	282500
25	应付账款	616000	644600	584000	539300
26	应付职工薪酬	63200	55570	49570	69550
27	应交税费	43300	47480	46680	57580
28	流动负债合计	1124300	1177350	1086350	1048370
29	非流动负债				
30	长期借款	486000	493900	469100	428300
31	租赁负债	14100	14300	14230	0
32	长期应付款	5000	4800	6000	5700
33	长期应付职工薪酬	17100	17880	18380	21600
34	预计负债	3530	3844	2991	2981
35	递延收益	11000	10420	8236	7797
36	非流动负债合计	536730	545144	518937	466378
37	负债合计	1661030	1722494	1605287	1514748
38	实收资本（或股本）	69840	70480	70480	70300
39	资本公积	3873225	3884031	3164725	3095892
40	盈余公积	79660	79660	79660	79600
41	未分配利润	994700	910200	910200	870000
42	股东权益合计	5017425	4944371	4224473	4115782
43	负债和股东权益总计	6678455	6666865	5829760	5630530

图 12-1　输入资产负债表数据

Excel在财务中的应用

步骤 4 选中 A3:B8 单元格区域，在"插入"选项卡下，单击"图表"组内的"插入饼图或圆环图"下拉按钮，选择"三维饼图"选项，如图 12-2 所示。饼图效果如图 12-3 所示。

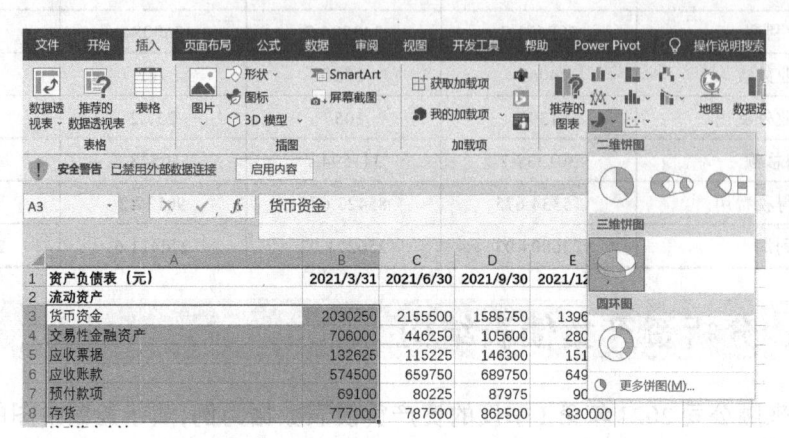

图 12-2 选择"三维饼图"选项

步骤 5 单击"图表标题"所在的文本框，输入标题名称"流动资产"，单击"图表样式"按钮，选择"样式 9"选项，如图 12-4 所示。"流动资产"的饼图如图 12-5 所示。

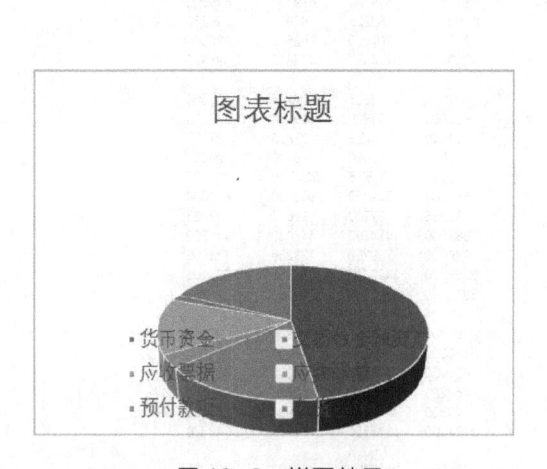

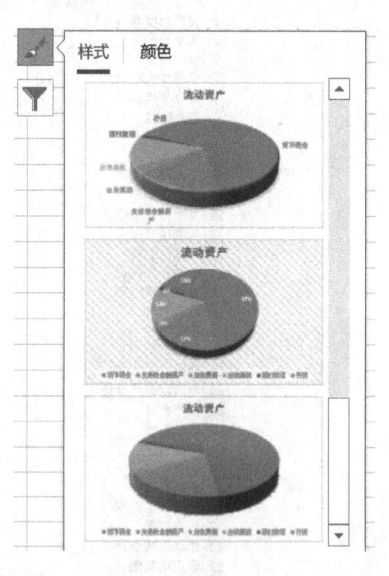

图 12-3 饼图效果　　　　图 12-4 选择"样式 9"选项

步骤 6 选中 A11:B19 单元格区域，按照前述方法，得到"非流动资产"的饼图，如图 12-6 所示。

步骤 7 选中 A23:B27 单元格区域，按照前述方法，得到"流动负债"的饼图，如图 12-7 所示。

步骤 8 选中 A30:B35 单元格区域，按照前述方法，得到"非流动负债"的饼图，如图 12-8 所示。

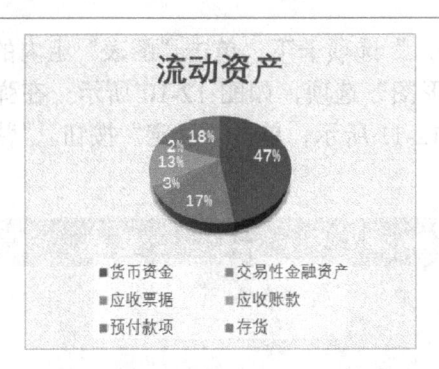

图 12-5 "流动资产"的饼图

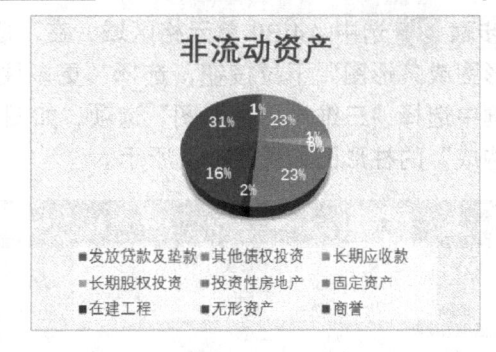

图 12-6 "非流动资产"的饼图

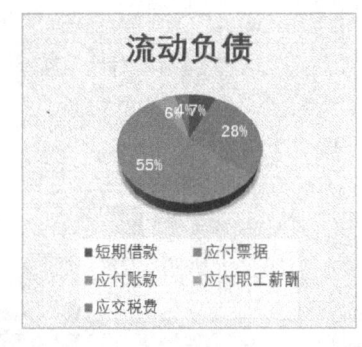

图 12-7 "流动负债"的饼图

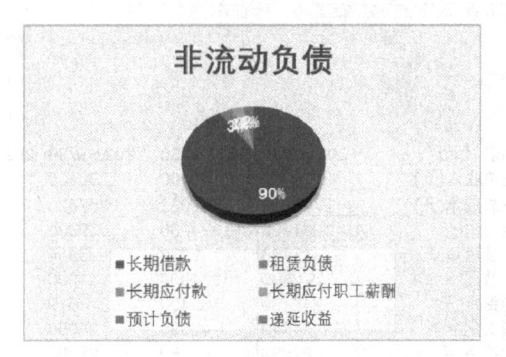

图 12-8 "非流动负债"的饼图

二、分析利润表结构

下面以来顺公司 2021 年第 1 季度的利润表数据为例,演示绘制柱形图的操作步骤。

步骤 1 新建名为"利润表"的工作表。

步骤 2 在 A1:E23 单元格区域中输入利润表数据,如图 12-9 所示。

	A	B	C	D	E
1	利润表(元)	2021/3/31	2021/6/30	2021/9/30	2021/12/31
2	营业总收入(元)	3029000	2148000	1230200	6357000
3	营业总成本(元)	2748320	1812082	867623	3028700
4	营业成本(元)	1991000	1334000	635300	2128000
5	税金及附加(元)	11720	8332	3904	15340
6	期间费用(元)	372800	234900	114200	442700
7	销售费用(元)	244100	162400	74570	275200
8	管理费用(元)	74540	42520	24050	92640
9	研发费用(元)	87650	53150	25200	101200
10	财务费用(元)	-33490	-23220	-9601	-26380
11	其他经营收益(元)				
12	其他收益(元)	10430	5783	3457	14240
13	投资收益(元)	19990	10810	5312	23620
14	公允价值变动收益(元)	-9248	-8019	-8306	17630
15	信用减值损失(元)	-2043	-1545	-1810	-2476
16	资产减值损失(元)	-1717	-1782	-1160	-7052
17	资产处置收益(元)	579.7	-178.3	14	-605.2
18	营业利润(元)	298671.7	340986.7	360084	3373656.8
19	加:营业外收入(元)	4062	1765	722	3850
20	减:营业外支出(元)	1395	1057	257.2	2149
21	利润总额(元)	301338.7	341694.7	360548.8	3375357.8
22	减:所得税费用(元)	75334.675	85423.675	90137.2	843839.45
23	净利润(元)	226004.03	256271.03	270411.6	2531518.35

图 12-9 输入利润表数据

Excel在财务中的应用

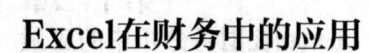

步骤 3 选中 A4:B9 单元格区域，在"插入"选项卡下，单击"图表"组内的"插入柱形图或条形图"下拉按钮，选择"更多柱形图"选项，如图 12-10 所示；在弹出的对话框中选择"三维堆积柱形图"选项，如图 12-11 所示，单击"确定"按钮。"营业总成本构成"的柱形图如图 12-12 所示。

图 12-10 选择"更多柱形图"选项

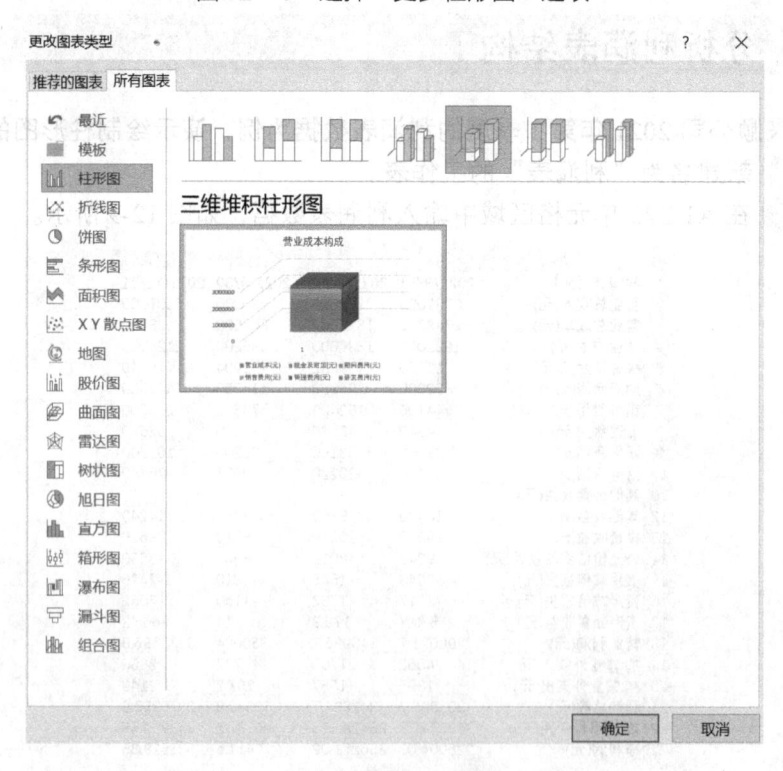

图 12-11 选择"三维堆积柱形图"选项

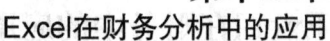

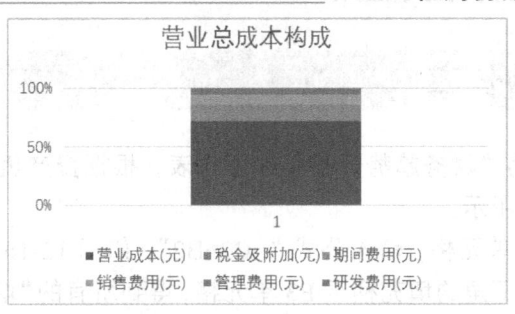

图 12-12 "营业总成本构成"的柱形图

第二节 　财务趋势分析

财务趋势分析既可以分析资产、负债、所有者权益、利润总额的变化，也可以计算增长额和增长率，还可以针对某个资产类、负债类、权益类、损益类的科目余额分析其在每个报告期内的变化。本节以资产总额的变化趋势分析为例进行演示，其他分析可参照此步骤。

一、绘制资产趋势线

步骤 1 打开"资产负债表"工作表，选中 B21:E21 单元格区域，在"插入"选项卡下，单击"图表"组内的"推荐的图表"按钮。

步骤 2 对于弹出的"插入图表"对话框，在"所有图表"选项卡下，选择"折线图"选项，如图 12-13 所示。总资产趋势线如图 12-14 所示。

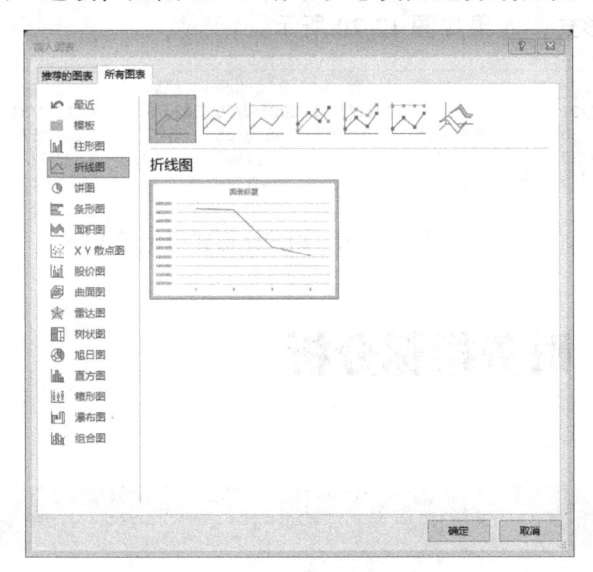

图 12-13　选择"折线图"选项　　　　图 12-14　总资产趋势线

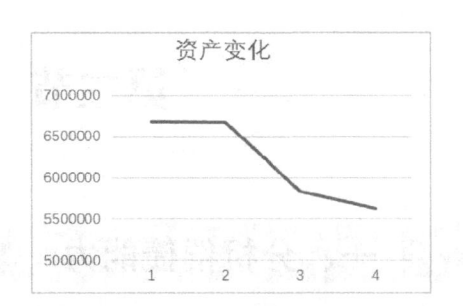

二、计算增长率

步骤 1 新建名为"财务趋势分析"的工作表,根据资产负债表数据,制作资产变化分析表,如图12-15所示。

步骤 2 选中C3单元格,输入公式"=C2-B2",如图12-16所示;选中C3单元格,单击鼠标左键并拖动右下角的填充柄至E3单元格,得到所有的"增长额"数据,如图12-17所示。

图12-15 资产变化分析表

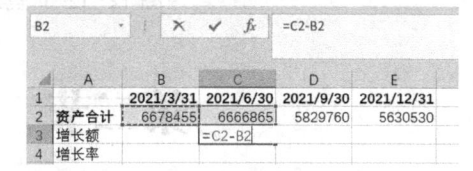

图12-16 输入"增长额"的计算公式

步骤 3 选中C4单元格,输入公式"=(C2-B2)/B2",如图12-18所示;选中C4单元格,单击鼠标左键并拖动右下角的填充柄至E4单元格,得到所有的"增长率"数据,如图12-19所示。

图12-17 得到所有的"增长额"数据

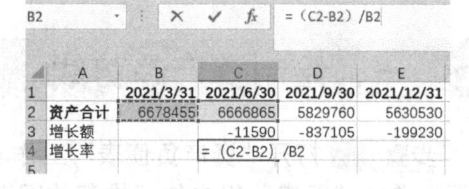

图12-18 输入"增长率"的计算公式

步骤 4 选中C4:E4单元格区域,在"开始"选项卡下,单击"数字"组内的"百分比"按钮,将增长率调整为百分比形式,效果如图12-20所示。

图12-19 得到所有的"增长率"数据

图12-20 百分比形式显示增长率

第三节 财务指标分析

一、分析偿债能力

新建名为"财务指标分析表"的工作表,根据资产负债表和利润表数据,制作财务指标分析表，如图 12-21 所示。

	A	B	C	D	E
1		2021/3/31	2021/6/30	2021/9/30	2021/12/31
2	流动资产合计	4289475	4244450	3477875	3398425
3	非流动资产合计	2388980	2422415	2351885	2232105
4	资产合计	6678455	6666865	5829760	5630530
5	流动负债合计	1124300	1177350	1086350	1048370
6	非流动负债合计	536730	545144	518937	466378
7	负债合计	1661030	1722494	1605287	1514748
8	股东权益合计	5017425	4944371	4224473	4115782
9	负债和股东权益总计	6678455	6666865	5829760	5630530
10	营业总收入(元)	3029000	2148000	1230200	6357000
11	净利润(元)	226004.03	256271.03	270411.6	2531518.35
17	偿债能力				
18	资产负债率				
19	流动比率				
20	权益乘数				
21	营运能力				
22	总资产周转率				
23	总资产周转天数				
24	盈利能力				
25	营业净利率				
26	总资产净利率				
27	权益净利率				
28	成长能力				
29	营业收入增长率				

图 12-21　财务指标分析表

（一）偿债能力的计算

步骤 1　选中 B18 单元格，输入公式"=B7/B4"，如图 12-22 所示；选中 B18 单元格，单击鼠标左键并拖动右下角的填充柄至 E18 单元格，得到所有的"资产负债率"数据，如图 12-23 所示。

	A	B	C
4	资产合计	6678455	6666865
5	流动负债合计	1124300	1177350
6	非流动负债合计	536730	545144
7	负债合计	1661030	1722494
8	股东权益合计	5017425	4944371
9	负债和股东权益总计	6678455	6666865
10	营业总收入(元)	3029000	2148000
11	净利润(元)	226004.03	256271.03
17	偿债能力		
18	资产负债率	=B7/B4	

	17	偿债能力				
	18	资产负债率	24.87%	25.84%	27.54%	26.90%

图 12-22　输入"资产负债率"的计算公式　　图 12-23　得到所有的"资产负债率"数据

步骤 2　根据财务指标公式，依次计算"流动比率"和"权益乘数"。"偿债能力"的计算结果如图 12-24 所示。

17	偿债能力				
18	资产负债率	24.87%	25.84%	27.54%	26.90%
19	流动比率	3.82	3.61	3.20	3.24
20	权益乘数	1.33	1.35	1.38	1.37

图 12-24　"偿债能力"的计算结果

（二）偿债能力的分析

步骤 1　选中 A18:E18 单元格区域，在"插入"选项卡下，单击"图表"组内的"推荐的图表"按钮。

253

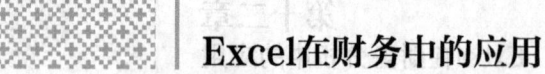

步骤 2 对于弹出的"插入图表"对话框,在"所有图表"选项卡下,选择"折线图"选项,如图12-25所示。"资产负债率"变化折线图如图12-26所示。

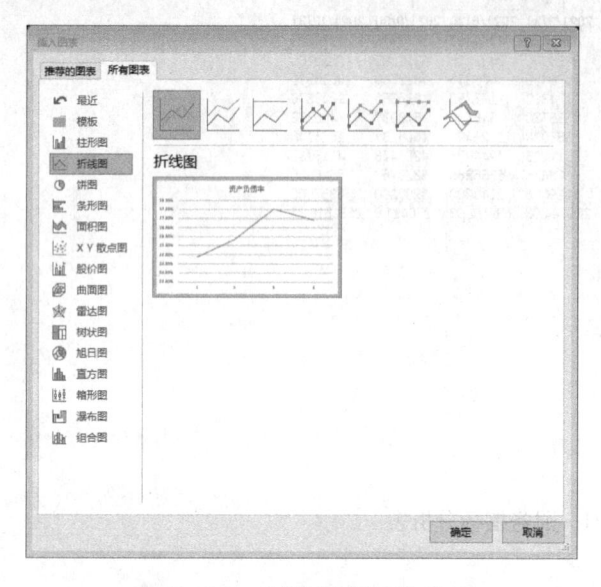

图12-25 选择"折线图"选项 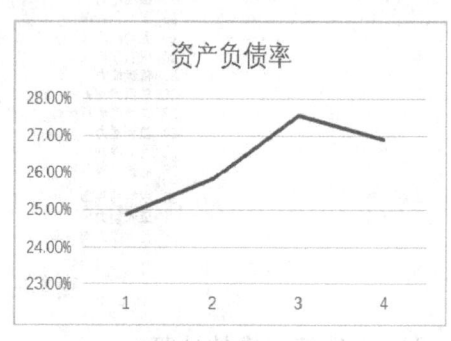　　　　　图12-26 "资产负债率"变化折线图

步骤 3 选中A19:E19单元格区域,按照前述方法,得到"流动比率"变化折线图,如图12-27所示。

步骤 4 选中A20:E20单元格区域,按照前述方法,得到"权益乘数"变化折线图,如图12-28所示。

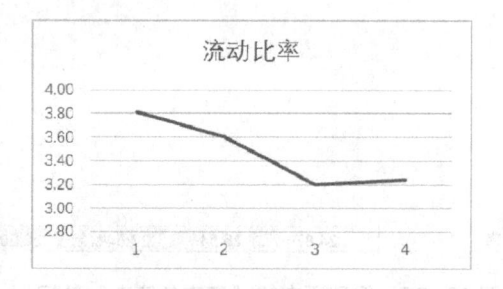

图12-27 "流动比率"变化折线图 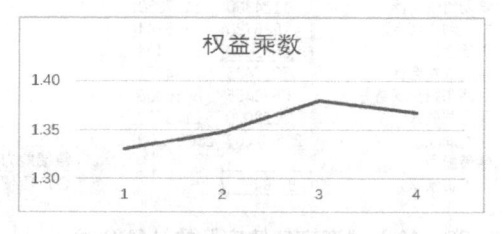　　　　　图12-28 "权益乘数"变化折线图

二、分析营运能力

步骤 1 根据财务指标公式,依次计算"总资产周转率"和"总资产周转天数"。"营运能力"的计算结果如图12-29所示。

21	营运能力				
22	总资产周转率	0.45	0.32	0.21	1.13
23	总资产周转天数	804.77	1132.87	1729.69	323.29

图12-29 "营运能力"的计算结果

步骤 2 选中 A23:E23 单元格区域，在"插入"选项卡下，单击"图表"组内的"插入折线图或面积图"下拉按钮，选择"折线图"选项。"总资产周转天数"变化折线图如图 12-30 所示。

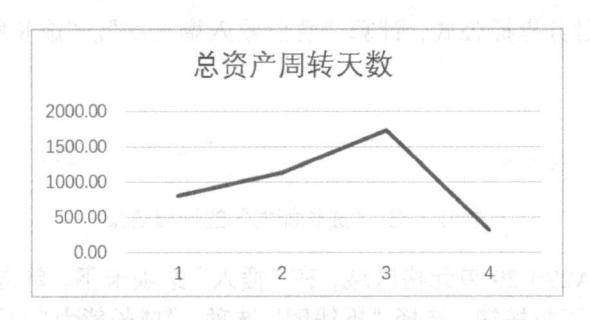

图 12-30 "总资产周转天数"变化折线图

三、分析盈利能力

步骤 1 根据财务指标公式，依次计算"营业净利率""总资产净利率""权益净利率"。"盈利能力"的计算结果如图 12-31 所示。

24	盈利能力				
25	营业净利率	0.07	0.12	0.22	0.40
26	总资产净利率	0.03	0.04	0.05	0.45
27	权益净利率	0.05	0.05	0.06	0.62

图 12-31 "盈利能力"的计算结果

步骤 2 选中 A25:E27 单元格区域，在"插入"选项卡下，单击"图表"组内的"插入折线图或面积图"下拉按钮，选择"折线图"选项。"盈利能力"变化折线图如图 12-32 所示。

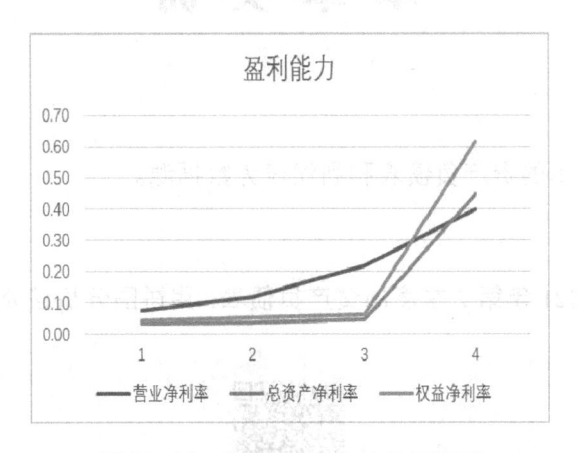

图 12-32 "盈利能力"变化折线图

四、分析成长能力

步骤 1 根据财务指标公式，计算"营业收入增长率"。"成长能力"的计算结果如图 12-33 所示。

28	成长能力				
29	营业收入增长率		-29%	-43%	417%

图 12-33 "成长能力"的计算结果

步骤 2 选中 A29:E29 单元格区域，在"插入"选项卡下，单击"图表"组内的"插入折线图或面积图"下拉按钮，选择"折线图"选项。"成长能力"变化折线图如图 12-34 所示。

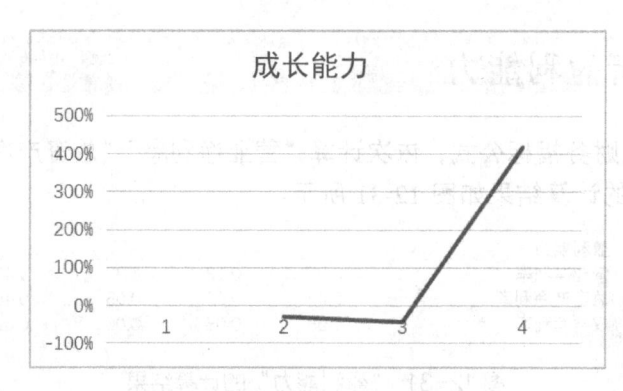

图 12-34 "成长能力"变化折线图

本 章 实 训

（一）实训资料

以本章第一节给出的资产负债表和利润表为数据源。

（二）实训要求

根据来顺公司 2021 年第 2 季度的资产负债表，用饼图分析该公司总资产、总负债的构成情况。

微课视频